普通高等院校经济管理类"十二五"应用型规划教材
经济管理类专业基础课系列

PUBLIC RELATIONS

公共关系学

管玉梅 主　编
夏冬艳 副主编
王新爱 陆璐 詹达谋 周琳琳 刘红英 参　编

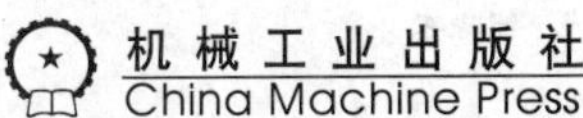

机械工业出版社
China Machine Press

图书在版编目（CIP）数据

公共关系学 / 管玉梅主编 . —北京：机械工业出版社，2014.6（2017.11 重印）
（普通高等院校经济管理类“十二五”应用型规划教材 · 经济管理类专业基础课系列）

ISBN 978-7-111-47017-5

Ⅰ. 公…　Ⅱ. 管…　Ⅲ. 公共关系学 - 高等学校 - 教材　Ⅳ. C912.3

中国版本图书馆 CIP 数据核字（2014）第 123972 号

本书介绍的主要内容包括公共关系的基础知识、基本要素、活动过程、实务应用和发展趋势这五个部分。在每章中除了撰写章节的基本内容外，还结合了学习目标、引例、小结、思考讨论、能力实训、课外导读及大量启发性案例内容。针对应用型本科学生来说，本书非常注重内容的通俗性和可读性，尽量做到生动和易懂，并强调实践与应用。

本书的主要定位是高等学校管理类专业应用型本科教材，同样也可用于高等学校传播类专业应用型本科的入门教材。

出版发行：机械工业出版社（北京市西城区百万庄大街 22 号　邮政编码：100037）
责任编辑：王　昱　　责任校对：殷　虹
印　　刷：北京诚信伟业印刷有限公司　　版　　次：2017 年 11 月第 1 版第 6 次印刷
开　　本：185mm × 260mm　1/16　　印　　张：16.75
书　　号：ISBN 978-7-111-47017-5　　定　　价：30.00 元

凡购本书，如有缺页、倒页、脱页，由本社发行部调换
客服热线：（010）88379210　88361066　　投稿热线：（010）88379007
购书热线：（010）68326294　88379649　68995259　　读者信箱：hzjg@hzbook.com

Preface 前 言

我国高等院校设置经济管理类专业的越来越多，其中除少量院校设置的经济管理类专业偏重理论教学外，绝大部分属于应用型专业。经济管理类应用型专业人才的培养除了要求学生具有比较扎实的理论功底外，更要求学生具有很强的实践能力和创新精神。本教材就是编者根据目前应用型人才培养的要求，结合长期的公共关系课程一线教学心得和经验积累，以及对学生教学内容需求情况的深入了解而编写的。

本教材在内容和体例上的特色如下。

（1）定位清晰。本教材的使用对象定位明确，主要是应用型本科生，可用于高等学校经济管理类专业应用型本科教材，也可用于高等学校传播类专业应用型本科的入门教材。

（2）体例创新。本教材在结构上共分为五篇：基础知识篇、基本要素篇、活动过程篇、实务应用篇和发展趋势篇，既保留了公共关系一般教材的特点，又在体例方面有大胆创新。本教材创造性地构架了发展趋势篇，总结提出了公共关系发展的四个趋势——意识观念趋势：绿色公共关系；传播渠道趋势：网络公共关系；聚焦问题趋势：危机公共关系；传播范围趋势：国际公共关系。同时，本教材强调公共关系的三要素不是主体、客体和传播，而是主体、客体和互动。

（3）内容通俗生动。应用型本科生对深奥和生涩的理论兴趣一般，但是思维活跃，实践应用能力强。因此，本教材非常注重内容的可读性，尽量做到内容丰富、语言简练；使用通俗易懂的语言，用尽量少但是生动的文字阐述观点，避免枯燥的长篇大论。

（4）注重创新思维和实践能力的培养。本教材每章开篇都用引例来引入话题，中间也会列举大量的实际案例启发学生思考与讨论，每章结尾都有小结帮助学生提炼本章的学习重点；有辨析类的思考讨论帮助学生提升公共关系意识与思维，有真枪实战类的能力实训培养学生的实践应用能力；提供经典或前沿的课外导读来开阔学生的思维和视野。

本教材在编写过程中，管玉梅负责编写第 1 章、第 3 章、第 5 章、第 6 章、第 16 章，并负责全书的统稿和修改工作；夏冬艳负责编写第 2 章和第 4 章，并负责全书的校对工作；王新爱负责编写第 14 章、第 15 章和第 17 章；陆璐负责编写第 7 章、第 8 章和第 13 章；詹达谋负责编写第 9 章和第 10 章；刘红英负责编写第 11 章；周琳琳负责编写第 12 章。

本教材在编写过程中，参考了许多相关教材、公共关系类精品课程网站及权威网络信息资料等，并得到了盐城工学院孙开功老师、嘉兴学院张英红老师、武汉理工大学程琦老师和广东工业大学何军红老师的宝贵指导意见，得到了机械工业出版社高伟编辑的大力支持和帮助，在此一并表示感谢。由于编者水平有限，书中若有疏漏和差错，恳请读者批评指正。

编者

2014 年 3 月

教学建议　Suggestion

根据本教材的特点和应用型人才培养的需要，拟从以下几个方面提出教学建议。

教学方式方法和手段建议

公共关系学既是一门科学，又是一门艺术。它的科学性需要学生系统地掌握多学科理论基础知识，它的艺术性要求学生培养创新的思维能力和实践能力。因此，建议教师在以理论教学为主，让学生在系统学习基本理论知识的基础上，广泛使用案例教学和启发式教学，让课堂互动起来，提升学生的思维能力，增强学生主动学习的兴趣。另外，还要通过各种实训题目或参加各种大赛来积极培养学生的实践能力和团队协作能力。

学时分配建议

序号	章节	教学内容	学习要点	学时
1	第 1 章	绪论	公共关系的定义	2
			公共关系工作的基本原则	
2	第 2 章	公共关系的渊源、兴起与发展	公共关系兴起的社会条件	2
			中国公共关系的发展现状与趋势	
3	第 3 章	公共关系理论	管理学理论	4
			传播学理论	
			心理学理论	
			营销学理论	
4	第 4 章	公共关系的主体：社会组织	各种社会组织的公共关系	4
			公共关系公司的基本类型	
			公共关系部的设置方式	
5	第 5 章	公共关系的客体：公众	公众的不同分类	2
			企业常见目标公众的公共关系工作内容	
6	第 6 章	公共关系的互动过程	组织形象塑造的程序	4
			公共关系的传播类型	
			公共关系协调的内容	
7	第 7 章	公共关系调查	公共关系调查的内容	2
			公共关系调查的程序	
			公共关系调查的方法	
8	第 8 章	公共关系策划	公共关系策划的程序	4
9	第 9 章	公共关系实施	公共关系方案实施的过程	2

（续）

序号	章节	教学内容	学习要点	学时
10	第 10 章	公共关系评估	公共关系评估的方法 公共关系评估的内容	2
11	第 11 章	公共关系语言艺术应用	语言沟通传播技巧 公共关系谈判 公共关系演讲	2
12	第 12 章	公共关系写作应用	公关函柬、公关致辞、公关广告文案、公关新闻稿的写法	2
13	第 13 章	公共关系专题活动	公共关系专题活动的基本要求 记者招待会、展览会、赞助活动、庆典活动的工作程序	4
14	第 14 章	意识观念趋势：绿色公共关系	绿色公共关系的沟通传播策略与技巧	2
15	第 15 章	传播渠道趋势：网络公共关系	网络公共关系的优势及面临的挑战 网络公共关系的主要手段 网络传播技巧	4
16	第 16 章	聚焦问题趋势：危机公共关系	公共关系危机的特点 公共关系危机的分类 危机处理的“5S”原则 危机的处理程序 危机处理中的公众对策	4
17	第 17 章	传播范围趋势：国际公共关系	国际公共关系的特点 国际公共关系的主体和客体 国际公共关系的策略技巧	2
18	合计			48

上述学时分配仅供参考，建议教师根据自己的具体课时要求和教学需要，在讲解时进行缩展或整合相关章节内容。比如，公共关系的基本三要素，公共关系活动过程的四个步骤，绪论和公共关系的发展史，公共关系的四个发展趋势，既可以展开来做重点介绍，也可以浓缩为一个笼统的抛砖引玉。

目　录　Contents

第三篇 活动过程篇

第四篇　实务应用篇

第五篇　发展趋势篇

第一篇　基础知识篇

Chapter 1 第 1 章 绪　论

学习目标

掌握：公共关系的定义。

理解：从不同学科角度对公共关系的诠释。

了解：组织从事公共关系活动的原因和动力，组织该如何从事公共关系活动。

引例

公共关系的能量与局限

2011 年上映的美国传记影片《胡佛》，讲述了创造美国联邦调查局神话的传奇人物埃德加·胡佛的故事。联邦调查局题材影片历来是占领影视市场的常青树，但这部力求再现历史真实的电影，却收获惨淡票房。一位网友发牢骚："我们更喜欢酷劲十足、无所不能的联邦调查局，而不是纠结于政治斗争的另一种形式的恐怖分子。这也许是事实，不过为什么要用电影来告诉我们呢？"观众对真实的历史不买账，从一个侧面反衬了联邦调查局形象公关的成功。

联邦调查局形象公关的努力延续多年，在舆论宣传方面下足了工夫。20 世纪初期，联邦调查局做了大量努力以树立探员的高大形象，主动为影视制作人员和媒体提供素材。胡佛的高层人员还曾亲临拍摄现场与演职人员沟通，以增进他们对联邦调查局工作的了解，正面引导受众。多年来，在美国影视作品中，联邦调查局展示了很多经典形象——危难关头，联邦调查局探员破门而入，惩恶扬善。美国威斯康星州马凯特大学教授埃森·希奥哈里斯指出，在大多数美国人眼里，联邦调查局是打击犯罪最有效的机构。

近年来，联邦调查局经历计算机和武器失窃、机密泄漏、双重间谍、考试舞弊等一系列丑闻，但并没有从根本上颠覆美国民众对它的看法。即使还原历史真相，为受众接受也需要一个过程。观众对电影《胡佛》的冷淡反应，或许证明了这一点。不过，惯性的力量总是有限的，联邦调查局的公众形象归根到底还是要取决于其在国家现实生活中的作为。

资料来源：安言．人民日报，2011-12.

讨论： 1. 公共关系是什么？它能帮我们解决什么问题？

2. 开展公共关系工作有什么现实意义？

1.1 公共关系概述

"公共关系"英文为public relations，它含有两层意思。一层意思是public，它可作为名词来理解，表示"公众"、"群体"、"非个人"的意思；也可作为形容词来理解，意思为"公众的"、"群体的"、"公开的"或"公共的"、"非秘密的"。另一层意思是relations，它表示"关系"、"交往"、"联络"等意思；词尾加上s，它表明上述关系不是唯一的，而是多种关系的意思。public relations是一个复合性的多义词，有人把它称作"公众关系"，有人把它称作"公众联络"，有人把它称作"公共关系"，还有人进而把它延伸理解为公共关系是一种社会关系、一种状态、一种活动、一种思想意识、一种现代科学等。

自从公共关系诞生以来，人们给其下一个准确定义的努力就没有停止过。据统计，关于"公共关系"这一概念的定义就有四五百种，甚至有上千种之多。有人不无幽默地说，有多少公共关系学者，便有多少种公共关系的定义。因为公共关系学是一门新兴的科学，又是一门多学科知识交叉的边缘学科。人们可以从多个学科角度审视判定公共关系，自然会得出不同的理解，做出不同的定义。分析几种有代表性的"公共关系"的定义，有助于我们寻找能得到广泛共识和认同的、尽可能科学的定义。

1.1.1 不同学科角度对公共关系的理解和认知

1. 管理说

"管理说"把公共关系看作和计划、控制一样的管理职能，其中美国人莱克斯·哈洛博士的定义便是典型代表。他认为，公共关系是一种特殊的管理职能，它帮助一个组织建立并保持与公众之间的交流、理解、认可与合作，参与处理各种问题与事件，帮助管理部门了解民意，并对其做出反应；它确定并强调企业为公众利益服务的责任；同时，作为社会趋势的监视器，它帮助企业保持与社会同步，并使用有效的传播技能和研究方法作为基本工具。国际公共关系协会同样认为公共关系是一种管理职能，其定义是：公共关系是一种管理功能，它具有连续性和计划性。通过公共关系，组织机构试图赢得与它们有关的人们的理解、同情和支持。借助舆论的作用，依靠有计划的、广泛的信息传播，组织机构赢得更有效的合作，更好地实现它们的共同利益。美国著名公共关系学者斯科特·卡特李普和阿兰·森特认为，公共关系是这样一种管理功能，它能建立和维护组织与公众之间的互利互惠关系，而一个组织的成功或失败取决于公众。

该类观点主要是从管理和管理学角度透视公共关系，该类观点在专业公共关系从业人员中获得广泛认可，因此公共关系学也成为管理学教学中非常重要的组成部分。

2. 传播说

"传播说"侧重于公共关系的传播属性，认为公共关系离不开传播沟通。国外持这种观点的学者不在少数，英国学者弗兰克·杰夫金斯认为，公共关系就是一个组织为了达到与它的公众之间相互了解的确定目标，而有计划地采用一切向内和向外的传播沟通方式的总和。国外一些大型的百科全书或综合词典也从传播或沟通角度来定义公共关系。《美利坚百科全书》中的定义是：公共关系是关于建立一个组织同其既定公众之间相互了解的活动。《大英百科全书》中是这样定义的：公共关系是传递有关个人、公司、政府机构或其他组织的信息，并改善公众对其态度的种种政策或行动。《韦伯斯特新国际词典》认为，公共关系是通过传播大量有说服力的材料，发展邻里的相互交往和估价公众的反应，从而促进个人、公司或机构同他人、各类公众及社区之间的亲善友好关系。

这类观点主要是从传播和传播学角度诠释公共关系，这类观点的重要贡献在于，特别强调了公共关系活动的特有方式和手段是传播，从而也就显示出公共关系活动的特殊价值及这种价值产生的主要原因。在美国的大学中，公共关系专业往往设在新闻传播学院内。

3. 传播管理说

“传播管理说”将管理说和传播说结合起来，明确界定公共关系是组织的一种特定传播管理行为和职能。当代美国公共关系学术权威，马里兰大学的詹姆斯·格鲁尼格教授指出，公共关系是一个组织与其公众之间的传播管理，其目的是建立一种与这些公众互相信任的关系。

4. 关系说

持这种观点的人认为，“关系”体现公共关系的本质属性，公共关系是一种特定的社会关系，正确认识和处理公众关系，是开展公共关系的出发点和归宿。美国普林斯顿大学的资深公共关系教授希尔兹认为，公共关系就是我们从事的各种活动所发生的各种关系的统称，这些活动与关系是公共性的，并且都有社会意义。英国公共关系学会的定义是：公共关系是在组织与它的公众之间建立和维持相互了解的、有目的、有计划的持续过程。《韦伯斯特新国际词典》中的定义为：公共关系是通过传播大量具有说服力的材料，促进社会上人与人之间，或人与公司之间，或公司与公司之间亲密友好的关系。

这类观点是从社会学角度理解公共关系，抓住并强调了公共关系及公共关系活动的社会本质属性，使人们充分注意公共关系、公共关系活动在内容、动力、目的、作用上的深刻社会性。

5. 特征综合说

有的公共关系学者认为，前面几类定义只部分反映了公共关系某一方面的含义或特征，未免失之偏颇，因此他们试图通过一个定义将公共关系的所有内涵或特征都包括进去。如中国劳动与社会保障部编印的《中国职业大词典》对公共关系的定义是：公共关系是从事组织机构公众信息传播、关系协调与形象管理事务的调查、咨询、策划和实施的一种实践活动。对一种复杂的社会现象和社会行为下定义是件困难的事情，难免抓住了某个主要属性而又忽略了其他的特征。鉴于此，美国《公共关系季刊》曾详细罗列了公共关系的 14 个特征。1982 年 11 月，美国公共关系学会在其由一流成员组成的专家小组的努力下，正式采用了一个“关于公共关系的官方陈述”。这一定义除了概念方面的内容外，还将各种活动、结果和对公共关系实践的知识要求包括在内。

6. 科学与艺术说

持这种观点的人认为，公共关系还只是一门不精确的学科，就学科特点而言，公共关系学不仅是一门应用性很强的边缘性学科，在理论上还是一门综合性、交叉性的学科，涉及的学科有社会学、哲学、政治学、经济学、传播学、管理学、营销学、心理学、伦理学等，是以传播学和管理学为基础建立起来的新兴学科。许多公共关系问题不存在唯一正确的答案，公共关系在实际运作中要讲究创造性，讲求形象思维，需要从整体上来把握公共关系及其工作。因此，公共关系也是一种艺术。例如，1978 年 8 月，在墨西哥城召开的世界公共关系协会大会上，代表们经过商讨，提出了这样一个公共关系的定义：公共关系是一门艺术和社会科学。公共关系的实施是分析趋势，预测后果，向机构领导人提供意见，履行一连串有计划的行动，以服务于本机构和公众利益。我国学者余阳明认为，公共关系是社会组织为了塑造组织形象，通过传播、沟通来影响公众的科学和艺术。

7. 现象描述说

除以上公共关系定义外，还有一些从事公共关系工作的专业人员，根据自己的经验，对公共关系进行了通俗的解释。这些解释，五花八门，但言简意赅，均侧重于突出其某种功能，带有浓重的现象描述色彩。比如：

公共关系就是讨公众喜欢。

公共关系就是促进善意。

公共关系就是信与爱的运动。

公共关系是旨在影响特殊公众的说服性传播。

公共关系就是良好的业绩和公众的赞许。

公共关系就是与公众的关系。

公共关系就是博取好感的技术。

公共关系就是争取对你有用的朋友。

公共关系是一种管理当局的职能。

公共关系就是运用有说服力的传播去影响重要的公众。

公共关系是关于一个组织同其既定公众之间相互了解的活动。

公共关系是 90% 靠自己做得对，10% 靠宣传。

公共关系是通过建立良好的人际关系来辅助事业的成功。

公共关系是一个建立公众信任，增进公众了解的计划方案。

公共关系是一门研究如何建立信誉，从而使事业获得成功的学问。

广告是要大家买我，公共关系是要大家爱我。

公共关系就是内求团结、外求发展的管理艺术。

以上各种定义各具特色，各有优缺点，是一些具有代表性的定义，对于推动公共关系的理论研究和实务活动产生了积极的影响。但有些定义也具有相当大的片面性，有待于进一步完善。

1.1.2 公共关系的定义

目前的已有定义是人们在不同时期或从不同角度做出的关于公共关系的定义，或多或少地对公共关系的属性、特征等做出了揭示和反映，这对我们认识和了解公共关系有积极的意义。但是，目前的定义由于研究的时期和观察的视角不同，对公共关系概念的核心内容没有形成较为一致的意见。

1. 公共关系定义的两点考虑

本书根据前人的研究成果，也给公共关系下了自己的定义，该定义除了考虑反映公共关系的基本特征和属性外，还主要考虑以下两个问题。

（1）新时代公共关系角色和地位的转变。在历史进入21世纪之时，社会政治、经济、文化、科技和外交等领域都产生了对公共关系的广泛而迫切的需要。传播媒介的发达和信息技术手段的现代化，使我们当今社会联系得更加紧密，组织的一举一动都会迅速而广泛地影响公众。通过公共关系获得公众的信任和支持，已成为当今组织生存和发展的重要条件。在政府职能转换过程中，迫切需要引入公共关系方法。在社会文化的活跃交流中，公共关系起到了桥梁和纽带的作用。世界进入全球化时代以后，经济发展的主要推动力量和活动条件就是跨国公司的发展，它们构建的公共关系已成为实施全球化的重要工具。公共关系将社会各个部分联系在一起，科学地整合，使社会向着和谐的方向发展。原来人们对公共关系的认识是局部的、单项的，但随着全球化浪潮的推进，公共关系的活动范围在扩大，公共关系的工作领域在拓展，公共关系的地位因社会需要的增加而得到强化和提升。

（2）更宏观、更广义的研究视角需求。之前学者们对公共关系的定义，观察和研究的视角与层面都各不相同，有从管理学角度，有从传播学角度，有从社会学角度，有从利益层面，有从信息层面，等等。对其属性和功能的阐述大多也都是微观的、局部的、技术性的，而宏观的、整体的、全局的较少。随着公共关系在社会实践的各个领域中战略地位的突显，需要更多的宏观观察和诠释视角。

2. 公共关系的定义及定义要点概括

本书对公共关系的定义：公共关系是组织通过形象塑造、传播沟通和关系协调等手段与公众互动，争取他们的理解、信任、支持与合作，营造良好的组织生态环境的一门科学和艺术。

这一定义包括如下内容。

第一，公共关系的主体是组织，客体是公众，基本互动手段是形象塑造、传播沟通和关系协调。

第二，公共关系的直接目的是为组织在公众中树立良好形象，争取内外公众的理解、信任、支持与合作。

第三，公共关系的终极价值是营造良好的组织生态环境，使组织与环境相协调，从而得到健康发展。

第四，公共关系的学科性质是以传播学和管理学为基础的综合性新兴交叉边缘学科，同时应用性很强，讲究策划的创造性和实施的灵活性，是一门艺术。

1.1.3 公共关系的学科性质及与相关学科概念和实践范畴的辨析

1. 公共关系的学科性质

公共关系学是一门综合性的应用学科，它以特定的方法研究组织与公众之间的关系、规律和沟通手段，促进公共关系理论及实务的发展。公共关系学涉及的学科十分广泛，例如，社会学、广告学、管理学、心理学、逻辑学、新闻学、传播学、经济学、市场营销学等。公共关系学横跨许多学科的研究领域，广泛运用管理学、传播学、市场营销学、社会心理学等学科的理论和方法，研究公共关系的许多基本问题。公共关系学是一门综合性、交叉性的边缘科学，它具有完整的独立体系。

2. 公共关系与相关学科概念和实践范畴的辨析

作为一门综合性的应用学科，公共关系涉及许多不同的学科领域和实践范畴。长期以来这门学科在理论和实践上均存在着许多混淆和误解，对这些混淆和误解加以辨析，是正确理解公共关系属性所必需的。

（1）**公共关系与人际关系**。人际关系，或称私人关系，是在社会实践中形成的人与人之间的相互联系、影响和作用。公共关系经常要借助人际沟通的方法来进行，但是，它们之间是有本质区别的。例如，公共关系强调运用大众传播的方式做远距离、大范围的沟通，而人际关系主要靠个人的交际技巧和能力。

（2）**公共关系与宣传**。宣传是向公众说明情况、讲清道理，以使公众了解、信任并支持某项政策或行动的一系列活动。公共关系工作经常要借助各种宣传手段去吸引公众，影响公众。但是宣传只是公共关系工作的一项内容而不是全部内容，公共关系工作的内容是多方面的。

（3）**公共关系与交际**。公共关系工作离不开交际，如代表本组织接待、宴请合作单位代表，出席合作伙伴的庆典活动，双方互访，等等。但是，这些交际活动只是公共关系工作的一些具体内容，公共关系工作包括的内容十分丰富，交际只是公共关系方案实施过程中所要运用的手段之一。

（4）**公共关系与广告**。在宣传组织和塑造组织形象方面，公共关系与广告有类似之处。但是，广告与公共关系是有区别的，如公共关系的目标是“让别人喜欢我”，广告的目标是“让别人买我”。

公共关系将杀死广告吗

美国著名营销大师里斯在《公关第一，广告第二》一书的营销新理念中提到，良好的营销策略应该让公共关系先行，广告随后，即用公共关系创建品牌，用广告维护品牌。里斯的这一观点在营销界引起巨大反响。诚如里斯所言，广告和公关就像古老的伊索寓言中的北风和太阳，当风拼命吹时，人们往往是把大衣裹紧，太阳则利用它的温暖光芒，轻松地让人脱下大衣。

当注意力获得和创意一样成为可能时，里斯先生并不期待他的书是广告死亡的信号。"它甚至意味着要做更多的广告，但那是在一个品牌被发布之后，"他说，"我们不是肯定地说广告死亡了……你能用广告使火焰烧得更旺，但你不能用广告点火。"

资料来源：黄昌年．公共关系学教程[M]．2版．杭州：浙江大学出版社，2007．

讨论：

1. 公共关系是否可以完全取代广告？

2. 公共关系和广告到底哪个重要，你是怎么看的？

（5）**公共关系与市场营销**。公共关系与市场营销的关系是紧密的，公共关系工作在企业中几乎与市场营销融合在一起，公共关系可以涉及市场营销的各个角落。但是它们之间的区别也是明显的，比如公共关系比市场营销有更广泛的社会性，应用范围也更为广阔。除企业外，公共关系还涉及政府、学校、医院等各种组织，远远超过了经济领域。

（6）**公共关系与庸俗关系**。所谓庸俗关系，是指为了谋取个人或小团体的某些私利而不惜采取各种手段进行"拉关系"、"走后门"，建立"关系网"或"关系户"的行为。在这种情形下双方的关系是以权钱交易或损公肥私，损害社会公众或国家利益为前提的"合作关系"。公共关系与庸俗关系有着本质上的区别，如公共关系通过正式渠道公开地进行活动，其活动是正大光明的。而庸俗关系则建立在市侩经验的基础上，参与者尽量掩盖其所作所为，进行幕后交易，这些活动不能在公众场合下公开进行，只能在暗地里偷偷地进行。

小姐善于讨债，公关能力强吗

S公司欠某制药厂30 000元。制药厂厂长曾多次派会计老张去讨债，S公司就是不还。后来，药厂厂长从厂里挑了两个漂亮的女青年作为公关小姐，又在一间宾馆设下宴会，请S公司经理赴宴。席间，由两位小姐陪S公司经理喝酒。饭后，又由两位小姐陪S公司经理去KTV包厢唱歌、跳舞。尽兴之后，两位小姐提出还钱之事，S公司经理爽快地答应了。第二天，S公司经理派人送来了30 000元。药厂厂长很高兴，要给这两位小姐发奖金，并称赞她们"公关能力强"。

资料来源：黄昌年．公共关系学教程[M]．2版．杭州：浙江大学出版社，2007．

讨论：

1. 案例中的关系到底是公共关系，还是庸俗关系？

2. 如果不按案例中的做法，怎样才能把钱讨回来？

1.2 公共关系的作用

现代公共关系之所以能在全世界得以迅速发展，并正越来越成为现代组织参与社会竞争的重要手段，在经济与社会生活中的作用越来越大，是因为它有独特的价值。公共关系在现代社会中的独特地位，以及所具有的影响个人、组织和社会的巨大作用正日益被人们所认知。

1.2.1 公共关系对个人的作用

公共关系对个人的作用不仅表现在对个人思想观念的影响上，而且表现在对个人实际能力的促进上。

1. 公共关系对个人的思想观念有深刻的影响

（1）**促使人们形成注重个人形象的观念**。个人形象不仅影响个人，而且影响组织，因为良好的个人形象可以赢得他人的好感与合作，这不仅对个人有利，也对个人所在的组织有利。

（2）**促使人们形成尊重他人的观念**。“公众第一”是公共关系的一个基本精神、基本原则，这种精神和原则的坚持，使人们养成利他主义的思想和他人至上的意识，从而正确地认识他人与自身的依存关系，并善于正确地处理这种关系，通过对他人的尊重而求得他人对自身的尊重。

（3）**促使人们形成交往沟通的观念**。“鸡犬之声相闻，老死不相往来”，这与现代公共关系所强调的基本精神是背道而驰的，是应该摒弃的传统落后观念。人们在日常的工作、学习和生活中，难免发生一些冲突和误会，如果“以血还血，以牙还牙”，就会使疙瘩越结越大，隔阂越来越深，到一定程度后就会造成剧烈的冲突。公共关系的发展，引导人们立场和观点的开放性变化，形成宽容、谅解、交际、沟通的思想观念和行为习惯。

（4）**促使人们形成合作的观念**。“万事不求人”在以往的社会条件下不一定完全行不通，但在分工与协作关系日益发展的现代社会，人与人的合作不是一种主观的愿望，而是一种客观的需要。公共关系所倡导的合作意识与行为，必然对每个人产生良好的促进作用，使人们重视和善于合作，在合作中生存和发展。

2. 公共关系对个人实际能力的提高有着重要的促进作用

公共关系是技巧性、艺术性很强的实践活动，通过公共关系的学习研究和实践活动，可以提高个人自身的能力。

（1）**有助于个人表达能力的提高**。公共关系的工作需要直接与公众接触，进行面对面的传播，这就促使人们的口头表达能力得以在实践中不断提高。公共关系的工作需要进行文书写作和大众传播，这就促使人们提高书面表达能力。

（2）**有助于个人社交能力的提高**。公共关系工作的对象是多层次、多类型的，这就要求人们必须懂得各种场合的礼仪、礼节，善于待人接物、处理各类复杂的人际关系，从而能够为组织及个人广结良缘、营造“网络”。

（3）**有助于个人应变能力的提高**。组织面临的公众环境是发展着的动态系统，在运行过程中难免发生突然变故和偶发事件，这就要求人们反应灵活、思维敏捷、临变不惊、机智勇敢地处理事件。

（4）**有助于个人组织能力的提高**。在公共关系工作中有相当一部分是专题类的活动，这往往涉及众多人员、较长时间、纷繁环节，就要求活动的组织者长于思考、善于计划、组织严密、办事周到，从而使活动有条不紊、顺利进行，保证取得预期的效果。

（5）**有助于个人创新能力的提高**。在竞争激烈的现代社会，要求人们在公共关系的工作中打破常规、大胆设想，敢于想别人没想的事，善于做别人没做的事。这样经常不断的努力，必然使人们形成创新的习惯，提高创造的能力。

此外，公共关系还有助于人们理解能力、协调能力、自控能力、预测能力、审美能力的提高，它有助于人们形成良好的能力结构。

1.2.2 公共关系对组织的作用

公共关系对组织生存、发展都有很强的影响与作用，主要表现在两个方面：导向作用和增强组织实力的作用。

1. 导向作用

（1）**观念导向**。公共关系为组织设计并培养独特的组织精神、组织文化、组织哲学和组织方针，使组织能顺应形势，在竞争中有精神支柱，发挥组织的综合实力和优势。

（2）**政策导向**。公共关系理论的导入，为组织制定经营政策、质量政策及多种有效措施增添了新鲜内容，使之更具生命力。

（3）**行为导向**。公共关系对组织的员工素质提出了新的要求，对组织自身整体行为也提出了新的要求，这对于改善组织的经营作风与工作效率，提高组织的工作质量与服务质量都很有意义，有利于为组织赢得良好的信誉。

（4）**形象导向**。公共关系的主要任务是为组织塑造形象。公共关系将争取公众的活动变成一项自觉、科学的系统工程，例如，运用公共关系技巧提高组织的知名度和美誉度，科学地进行组织形象设计、定位和确立，为组织创造巨大的无形资产。

（5）**舆论导向**。公共关系将组织放在信息社会之中去考查它的生存与发展，利用各种传播媒介与手段来传播组织的形象、观念与政策，赢得公众的理解与支持。在现代信息产业迅速发展的社会中，社会舆论正在发挥越来越大的作用。

2. 增强组织实力的作用

强大的实力是组织在竞争中立于不败之地的基础。公共关系作为组织竞争中的一大资源，若能合理开发利用，可以产生巨大的能量，有效地增强组织实力、创造无形资产、促进有形资产积累。

（1）**增强组织内部的凝集力，使整体大于各个部分之和**。公共关系可以使组织与内部公众之间更好地连接，产生新的要素、功能和力量，使整体大于各个部分之和。

（2）**增强组织外部吸引力，为之赢得更好的外部资源和条件**。当公共关系使组织建立起良好的外部公众关系，赢得来自媒介、顾客、社区和政府的支持时，它们就为组织节省了因关系不好而产生法律诉讼，消除了抵制组织的活动等费用，为组织创造了效益。

（3）**降低成本，增强组织的竞争力**。公共关系的良好应用，可以使组织与利益共同体保持长期、持续的良好关系状态，可以与价值链上下游商家进行更好的合作，降低寻找和选择合作者及新的合作关系的开发成本，获得最大收益，增强组织的竞争力。

1.3 公共关系工作

在搞清了公共关系是什么，公共关系的地位和作用之后，第三个问题就是公共关系实践活动到底该怎么做？有哪些工作方法，要遵循哪些原则，有哪些是不能为之的？

1.3.1 公共关系活动的工作方法

公共关系活动可以分为三种类型：常规活动、提升活动和危机处理，不同类型的公共关系活动，公共关系的工作方法和职能有所区别。

1. 常规活动

（1）**搜集监测**。公共关系的搜集监测工作是指公共关系通过广泛搜集、整理和分析有关组织生存发展的信息，了解组织的现状，预测组织发展的未来趋势，帮助组织及时调整自己的政策和行为，使之与变动的社会环境保持动态平衡。

（2）**咨询决策**。公共关系的咨询决策工作是指公共关系在组织经营管理决策过程中，发挥着咨询、建议、参谋的作用，协助决策者分析复杂的社会因素，平衡复杂的社会关系。从社会公众和整体环境角度评价决策的社会影响和社会后果，使决策目标能够反映公众的利益，使决策方案具备一定的社会适应力和社会应变力，使决策实施的效果有利于树立组织的良好形象。

（3）**传播沟通**。公共关系的传播沟通是公共关系活动中最重要、最常见的方法之一。而在常规状态下，传播沟通的主要任务是建立起有效的信息渠道，让公众知道并正确地了解组织，为组织和公众之间架设一条没有障碍的通路。通过建立良好的公共关系沟通传播机制，增强组织与公众之间的相互了解，避免与公众的纠纷。

2. 提升活动

（1）**关系协调**。公共关系的关系协调就是要改善社会组织与内外部公众之间的社会联系状态，使组织与公众之间的关系向着密切、和谐、融洽和平衡的状态转化，从而形成有助于组织生存发展的内部生命系统和外部生态环境。提升活动阶段表现在尽量避免各种来自于内外部摩擦的产生，同时通过有效的预警机制及时地防止矛盾扩大。

（2）**教育引导**。提升活动阶段的组织，不但不会触碰道德底线，甚至会高于普遍社会水准，这就形成了教育引导的过程。不管是积极投身于赈灾，或是参与公益事业，或是提倡环保，作为具有影响力的组织，在形成自身良好形象的同时，无形中也为整个社会的和谐发展起到了教育引导和身体力行的双重作用。

（3）**传播沟通**。提升活动阶段，组织通过传播沟通得以强化舆论，扩大影响，即运用各种现代媒介加强公众对组织的印象，深化公众对组织的了解，提高组织的社会知名度和美誉度，为组织及其产品推广形象，扩大影响。

3. 危机处理

（1）**危机处理**。组织在运行过程中，难免会有因自身的过失、错误而与公众发生冲突的时候。一旦发生，必然导致相关公众对组织的不满，使组织面对一个充满敌意和冷漠的舆论环境。如果对这种状况缺乏正确的认识，对问题处理不当，就会产生公共关系纠纷，导致严重的公共信任危机，对组织、公众、社会都会带来极大的危害。而公共关系的危机处理，就是抵御和应对这些情况的发生。

（2）**关系协调**。危机处理阶段的关系协调具有非常明确的指向性。对外，针对危机事件涉及的外部利益相关者要进行行之有效的积极善后，同时尽力协调他们与组织及彼此之间的关系，尽可能修补已造成损伤的关系，同时避免可能造成新的不良后果。对内，尽量通过有效的关系协调实现创伤平复及信任重建的使命。

（3）**传播沟通**。危机处理阶段的传播沟通难度最大，而且常常是在被动状态下的被迫应对。在新传播时代危机状态下的组织与公众之间的信息差极度缩小，因此传播沟通必须建立全新思维，即全向传播、真诚沟通。组织不要试图隐瞒或打压，传播不实之词，扰乱视听，而要抢在众多信息源爆发之前告知真相，起到传播沟通的真正作用。

1.3.2　公共关系工作的基本原则

1. 真实性原则

公共关系的真实性原则是指社会组织的公共关系工作，要以事实为基础，真实全面地传递信息、反映情况。公共关系的职能之一是通过传播和交流来确立良好的组织形象。因此，信息的真实准确就成了公共关系工作获得成功的基本前提。组织要做到信息真实准确，就要据实、客观、公正、全面。据实，就是尊重事实，是好说好、是坏说坏，有一说一、有二说二，不掩饰、不夸大、也不缩小。客观，就是在调查研究的基础上，客观地反映现实，不以主观想象代替客观事实。公正，就是给公众和其他相关组织同等说话的机会，同时对事实采取公众可接受的立场，不袒护、不推诿。

2. 互惠互利原则

互惠互利原则是指公共关系应以公众利益为导向，使公众的利益要求得到满足，谋求组织与公众的共同发展。公共关系是以一定物质利益为基础的，但公共关系工作并非仅考虑组织利益，而是在公众利益的基准点上，以保证公众利益的实现和需求的满足，来获得自身的盈利与发展，只有这样，才能实现组织与公众之间真正的沟通与合作，争取到社会各方的支持。所以说，没有互利互惠原则就没有公共关系。

越后屋“借”雨伞

日本有一家著名的衣料店名叫“越后屋”。每逢下雨时，许多没有带伞的顾客或路人，纷纷聚集在屋檐下或店堂里避雨。此时，店员便拿出一把把雨伞“借”给他们，让他们能早点回家，这些雨伞上都印有醒目的“越后屋”三个大字。顾客们打着伞走了，“越后屋”的名字随之到了各处，即便有人忘了归还也无妨。借伞的人，常怀有感激之情，一买衣料就免不了想到“越后屋”。“越后屋”的名字伴随一把把雨伞传到了各处，“越后屋”的情义和美誉也传到了各处。

资料来源：蔡志刚．公共关系原理与实务 [M]．西安：西北工业大学出版社，2010：60．

评析：

衣料店用一点眼前小利益——雨伞，满足了公众需求，并获得了自身的长远发展和美誉，这是互利互惠给我们的启示。

3. 双向沟通原则

公共关系十分强调双向沟通。一方面，组织要经常调查了解民情民意和社会舆论，以不断地调整和完善自己；另一方面，组织又要不断地将自己的有关信息对外传播，使公众认识和了解自己，从而取得公众的支持与合作，促使组织目标的实现，同时帮助决策者准确地把握形势，使政策的制定更正确。双向沟通可以清除外界对组织机构的误解，减少或避免摩擦，为组织机构创造“人和”的社会环境。在信息爆炸的时代，任何一个组织都必须不断地宣传自己，并对外界的信息随时做出反应，做到既有信息的传播，也有信息的反馈。

4. 长远观点原则

由于公共关系是建立互惠互利关系的过程，这个过程既包括向公众传递信息的过程，也包括影响并改变公众态度的过程，甚至还包括组织转型，如改变现有形象、塑造新形象的过程。所有这一切，都不是一朝一夕就能完成的，必须经过长期艰苦的努力。因此，在公共关系工作中，公共关系组织和公共关系人员要着眼于长远利益，只要持续不断地努力，付出总有回报。公共关系是组织的一项长久性的工作，在利益上，公共关系着眼于长远利益。

5. 全员公关原则

全员公关是指组织的全体员工都参加组织的公共关系活动，组织的每一个成员都是从事公共关系工作的人员。因此，要求组织的全体成员都要注意树立公共关系观念，都能积极、主动、自觉地参与组织的公共关系活动，并做出贡献。一是最高层的决策者必须支持公共关系工作，具备强烈的公共关系意识。二是全体员工自觉地支持、关心公共关系工作，自觉地认识到组织形象是组织的无形资产，维护好组织形象和声誉人人有责，这需要全体员工的共同努力。

顾客争抢座位时，肯德基怎么办

江西第一家肯德基餐厅落户南昌，开业数周，一直人如蜂拥，非常火爆。不想一月未到，就有顾客因争抢座位被殴打而向报社投诉肯德基，造成一场不小的风波。

事件经过大致如下：一位女顾客在用所携带物品占座位后去排队购买套餐，座位被一位男顾客坐住而发生争执。先是两位顾客因争抢座位发生口角，尽管已引起其他顾客的注意，但都未太在意，此时餐厅的员工也未能及时平息两人的争端。接着两人口角上升到大声争吵，店内所有顾客都开始关注事态发展，邻座的顾客则停止用餐，离座回避，带小孩的家长担心事情危险和小孩受到粗话影响，开始领着小孩离店。最后二人争吵上升到斗殴，男顾客大打出手，殴伤女顾客后离店，别的顾客也纷纷离座外逃或远远地看热闹。女顾客非常气愤，当即要求肯德基餐厅对此事负责，并加以赔偿。但餐厅经理表示“这是顾客之间的事情，肯德基不应该负责”，拒绝了女顾客的要求。女顾客马上打电话向《南昌晚报》和《江西都市报》两报投诉。两报立即派出记者到场采访。女顾客陈述了事件的经过并坚持自己的要求，而餐厅经理在接受采访时对女顾客被殴表示同情和遗憾，但是认为餐厅没有责任，不能做出道歉和赔偿。两报很快对此事做了报道，结果引起众多市民的议论和有关法律专家的关注。事后，根据《中华人民共和国消费者权益保护法》，肯德基被认为对此事负有部分责任，并向女顾客公开道歉，赔偿了部分医药费，两报对此也都做了后续报道。

资料来源：韩宝森．公共关系理论、实务与技巧 [M]．北京：北京大学出版社，2009：205-206．

讨论：

1. 从公共关系角度来看，顾客争抢座位，肯德基到底该不该管？
2. 通过这一事件，我们应该吸取哪些教训？

1.3.3 公共关系有所不为

从世界范围来说，公共关系理论的出现已有近百年的历史，它在现代政治、经济及其他社会活动中的重要性已被普遍承认。人们对它已不感到陌生和好奇。现在把公共关系理解成夜总会的人已经越来越少了，但是把公共关系理解为是炒作，是网上水军做攻击，是专门买通媒体处理危机的人却越来越多了。当一些人用“公共关系”做幌子，用片面的操作方式干一些不光彩的事时，人们又开始感到困惑：公共关系究竟是什么？公共关系到底该怎么做？

公共关系的主要职能就是帮助组织解决与公众的沟通问题。对于合情合理、有理有据的事，应该去做，但必须做到不浮夸、不贬损；出了问题之后，应妥善善后，不隐瞒真相、不误导舆论，更不打着公共关系的幌子，以公共关系费名义进行“桌底下的游戏”。公共关系行为的适度合理运用可以使组织的发展如鱼得水，得到推波助澜的效果。反之，公共关系的片面或不顾道德和触动谴责的行为，就是一剂剧烈的毒药。

公共关系不是万能的，而且公共关系更不能成为扰乱市场、攻击同行和混淆视听的帮凶和打手。公共关系是一门沟通的艺术，是组织与媒介、消费者、政府等进行互动沟通和交流互信的重要手段。当组织纯粹将公共关系当作征战的刀枪随意挥舞时，最终受伤的不仅是公众，也将是组织本身。

这是公共关系的失误吗

1972 年，美国爆出“水门事件”。传说，总统尼克松唆使手下对自己的政敌采用了耸人听闻的非法窃听手段。一时间，舆论哗然，包括《华盛顿邮报》在内的大小报纸纷纷登载与此有关的各种新闻。白宫对此表示沉痛，尼克松对他的两位高级助手说：“我们对此少说为妙，传闻自会过去，不必为此忧虑。”白宫的做法更引起人们对“水门事件”的强烈关注，《华盛顿邮报》的两位记者对此更是紧抓不放。白宫则开始了一系列拒绝调查、掩盖真相的活动。

尼克松命令助手开出了一份记者中反政府人士的“敌对分子名单”。他认为，直接盯住这些特殊的人，就能瓦解他们揭开“水门事件”真相的团结和努力。

1973 年年初，众议院“水门事件”调查委员会要求总统和他的助手出席接受调查，但尼克松政府用“行政特权”拒绝了委员会的调查。

在“水门事件”大陪审团和联邦调查局帮助下，尼克松政府采取各种掩盖事实真相的做法，如做伪证、用巨额金钱收买被告等，并以“国家安全”为由进行自我辩护。

1973 年 7 月，最高法院做出决定，要尼克松交出他在办公室谈话的所有秘密录音带，这个可能有关于“水门事件”的证据。然而，尼克松再次拒绝了。10 月，首席检察长理查德森迫于尼克松的压力辞职，副检察长拉克尔·肖斯和特别检察官考克斯则被免职，这被人戏称为“周末夜残杀”。至此，“水门事件”被重新提及。1974 年 7 月末，尼克松因“妨碍司法程序、滥用职权，以及因不肯交出秘密录音带犯了藐视国会罪”被弹劾。8 月 8 日，尼克松宣布辞职，第二天生效。于是，尼克松成为美国历史上第一位辞职的总统。

尼克松下台后，曾沉痛地总结了教训：“这是公共关系的失误。”

资料来源：赵宏中．公共关系学 [M]．3 版．武汉：武汉理工大学出版社，2005．

讨论：

1. 你是如何看待“水门事件”的？
2. 这真的是公共关系的失误吗？为什么？

小　结

自从公共关系诞生以来，人们给其下一个准确定义的努力就没有停止过。本书基于新时代公共关系角色和地位的转变及更宏观、更广义的视角，提出了公共关系的定义：公共关系是组织通过形象塑造、传播沟通和关系协调等手段争取内外公众的好感、理解与支持，营造良好生态环境的一门科学和艺术。公共关系的学科性质是一门综合性、交叉性的边缘新兴应用学科，长期以来这门学科在理论和实践上均存在着许多混淆和误解。公共关系与人际关系、宣传、交际、广告、市场营销、庸俗关系等有着千丝万缕的联系，但是又有着本质的区别。现代公共关系之所以能在全世界得以迅速的发展，是因为它独特的价值和地位。公共关系活动对个人、组织和社会都产生积极作用。公共关系活动的基本工作方法有形象塑造、关系协调和沟通传播。公共关系工作应遵循真实、互利互惠、双向沟通、长远观点、全员公关的基本原则。公共关系有所不为。

思考讨论

1. 公共关系的定义有很多种，从第 1 章所列的诸多定义中，选出你认为最满意的一个，并说明理由。
2. 有人说公共关系就是真善美的事业，谈谈你的看法。
3. 如何理解公共关系与人际关系、庸俗关系的区别？
4. 在未学公共关系学以前，你是怎样理解公共关系的？你希望从本课程中学到什么内容？你为什么学习公共关系学？

能力实训

中文“公共关系”是个多义词，请指出下列语句中“公共关系”的含义。

（1）北京饭店的公共关系不错。

（2）赵先生是干公共关系的。

（3）钱同学是学公共关系的。

（4）孙女士有公共关系头脑。

（5）李小姐最擅长庆典类的公共关系。

（6）有人说，张骞通西域，郑和下西洋是中国的公共关系。

课外导读

[1]　里斯．广告的没落　公关的崛起 [M]．寿雯，译．修订版．太原：山西人民出版社，2009．

[2]　斯科特．新规则：用社会化媒体做营销和公关 [M]．赵俐，谢俊，张婧妍，译．北京：机械工业出版社，2011．

[3]　道·纽森，朱迪·范斯里克·杜克，迪恩·库克勃格．公共关系本质 [M]．于朝晖，等译．上海：复旦大学出版社，2011．

[4]　罗伯特 L 戴伦施耐德．企业公关实务手册 [M]．王俊杰，甄寒，译．北京：经济科学出版社，2013．

[5]　井之上乔．公关力：从避免崩溃到有效传播的战略要素 [M]．陆一，王冕玉，译．北京：东方出版社，2010．

[6]　詹姆斯·格鲁尼格．卓越公共关系与传播管理 [M]．卫五名，译．北京：北京大学出版社，2008．

[7]　权裕．儒家学说与东方公关意识——东方公关论 [M]．西安：陕西人民教育出版社，1993．

Chapter 2
第 2 章

公共关系的渊源、兴起与发展

学习目标

掌握：现代公共关系的发展阶段。

理解：公共关系兴起的历史条件。

了解：中国公共关系发展的历程。

引例

人的社会性

马克斯说过：人们在生产中不仅仅影响自然界，而且也互相影响。他们只有以一定方式共同活动和互相交换其活动，才能进行生产。为了进行生产，人们相互之间便发生一定的联系和关系；只有在这些社会联系和社会关系的范围内，才会有他们对自然界的影响，才会有生产。⊖

从这个意义上说，人是名副其实的社会动物，是天生的社会动物，同社会交往及同人们交往是人最基本的需求，因而人类发生社会关系是必然的。有一种说法：世界上有了两个人，就有了“人际关系”；世界上有了两群人，就产生了“公共关系”。

2.1 公共关系的渊源

2.1.1 人类早期的公共关系活动

考古学家在伊拉克发现了一块石板，上面镌刻着一份公元前 1800 年的农场报告，内容是告诉农民如何种地、如何灌溉、如何对付田鼠和如何收获庄稼等，类似于现代社会某些农业组织公共关系部的宣传资料。

在古希腊，社会对于沟通技术非常重视，并对从事这门技术的人给予很高的评价和奖酬，

⊖ 马克斯恩格斯选集 . (1)：344.

杰出的演说家常常被推选为首领。法国卢浮宫的壁画《雅典的思辨》，生动地再现了当时杰出的学者们思辨的场景。古希腊著名的哲学家、曾担任过亚历山大老师的亚里士多德在其《修辞学》中详细地阐述了运用语言影响听众的方法。在他看来，政治家要想获得民众的支持和拥戴，就必须与民众筑起一座宽阔而坚固的桥梁，通过它将自己的思想、观点有效地传递给民众，而这座桥梁是靠修辞来构成的。因此，亚里士多德将修辞视为争取和影响听众思想、行为的艺术，并认为一个人的修辞能力是参与政治活动的重要条件。西方公共关系界的一些学者将《修辞学》视为人类历史上最早的公共关系著作。

在古罗马时期，凯撒大帝在任执政官时设置官方公告牌，将元老院每天的重要活动事项公布在公共场所，成为争取民众支持的重要政治手段。同时，他在率军作战过程中，经常派人把他和军队的情况写成通俗而又生动的书面报告送到罗马，在罗马广场上传播。为了有效地进行自我宣传，他还专门写了一本记载自己功绩的纪实性著作《高卢战记》，他在书中声称："民众的声音，就是上帝的声音。"这种舆论性的宣传工作，得到了民众的拥护，使他确立了自己的统治地位。

在我国古代时期，带有公共关系意识的思想或事例更是举不胜举。例如，商代盘庚迁都的故事，故事中的盘庚在三次演说词中都提出"朕及笃敬，恭承民命"，证明他已懂得顺民意、得民心，办事要向民众说明原因，用意才能实现。《左传・襄公三十一年》中记载的郑国"子产不毁乡校"的故事，也是古代公共关系思想的极好表现。乡校是古代养老和比赛射箭的场所，老百姓常在那里议论和批评政府。有人建议毁掉乡校，子产说："其所善者，吾则行之，其所恶者，吾则改之，是吾师也。"在春秋战国时期，各个诸侯国为谋求霸主地位，纷纷豢养大批说客，专门从事游说活动，宣传各自的政治主张。其中最有名的当属苏秦和张仪，苏秦主张"合纵"，促使当时的齐、楚、燕、赵、魏、韩六国结成同盟，共同抗秦；而秦国的张仪则主张"连横"，采取各个击破的政策，四处交游，离间各国，瓦解了六国的政治军事同盟，使秦国终于成就霸业。在三国时期，诸葛亮以其雄辩之才，说服孙权与刘备联合，共同对抗北方的曹操，取得赤壁之战的胜利，奠定了三国鼎立的局面。汉代张骞出使西域，明代郑和下西洋等，这些活动都说明具有公共关系意识的方法、技巧的运用与实际活动的开展在我国由来已久。

2.1.2　人类早期公共关系活动的特点

1. 具有明显的自发性与盲目性

古代社会在各个领域中存在的公共关系思想、认识和活动，都比较零散，大多数是一种个人的行为，并且通过不自觉的方式表现出来，因而具有自发性的特征。由于它不是人们有意识、有组织开展的公共关系活动，因此缺乏现代公共关系明确的目的性，从而呈现出一种盲目性。

2. 具有强烈的政治色彩和伦理色彩

现代公共关系是一种专门的管理职能，而古代公共关系则依附于其他生产活动和社会活动，没有明确的职能。春秋战国时期的“士”、“门客”充其量只不过是一种“说客”、一种“御用工具”，其存在主要是服从政治上的需要，为统治阶级服务。从其发挥作用的社会领域和范围来看，由于生产力相对低下、经济相对落后，人与人之间的经济关系还相当简单，所以人类早期的公共关系活动主要发生在政治领域，带有强烈的政治色彩和伦理色彩。

3. 传播手段简单

传播手段简单，主要靠演讲者的演讲才能和智谋来影响和打动他人。

2.2　公共关系的兴起

现代公共关系产生于20世纪初期的美国，它是当时美国及资本主义社会的基本矛盾，以及政治、经济、科学技术、文化等诸多条件综合作用的结果，是社会发展到一定阶段的必然产物，是社会文明进步的必然结果。

2.2.1　公共关系兴起的社会条件

1. 政治条件

民主政治取代专制政治是公共关系产生和发展的社会政治条件。美国是资本主义国家中的后起之秀，其本身就是建立在一种区别于西欧神权主导的三权分立的民主政治制度上的，这种政治有利于公共关系的发展。具体表现为以下三点。

（1）民众社会地位提高，民众队伍形成，民众有了维护自己合法权利的可能。

（2）民主制度的建立，提高了民众的参与意识，而民主政治的每一步都需要公共关系活动的配合。

（3）言论自由、出版自由是民主制度的重要支柱，也是公共关系运行的重要保证。

2. 经济条件

公共关系产生的经济条件主要表现为社会生产分工的加剧和商品经济的高度发展，特别是买方市场的形成。

18世纪中期之后，在机器的轰鸣声中，商品经济率先在欧洲突破了封建自然经济的束缚，产生了工厂制度，发展了专业协作，使封闭的小生产逐步转化为开放的社会化大生产。在这种社会经济条件下，劳动分工日益细密，专业化程度不断提高。此外，随着商品经济的进一步发展，消费者的消费需求发生了转变，由早期的满足基本需要转变为满足选择性需要，使企业之间的竞争更加激烈，促使商品交换逐步由卖方市场转变为买方市场。

3. 技术条件

传播手段和通信技术的进步是公共关系产生和发展的物质技术条件。在自然经济社会中，经济水平不发达，科技水平落后，交往沟通工具单一。例如，哪怕是叱咤风云的帝王，要传播谕令与信息，充其量也不过是“烽火报信”、“快马加鞭”。这种极为简陋的传播方式不仅传播速度极慢，传播范围相当狭小，而且信息失真率极高。而在资本主义大工业时代，各种形式的传播技术与理论迅速发展。印刷技术日益普及与提高，报刊媒介遍及千家万户；电子技术不断进步，更带来广播、电视、电影、电话等电子传播媒介的普及；在微型电子计算机、人造通信卫星、互联网全球普及的现代信息社会，具有极高的传播广度、速度、深度和高保真度。这些大众传播手段的迅猛发展，为人们进行大规模的交往提供了可能性，并为公共关系的产生提供了必要的技术与方法。

4. 文化条件

美国的文化根基是很浅的，美国是由移民组成的一块新大陆。美国文化体系中有三个突出的特性：个人主义、英雄主义和理性主义。个人主义使美国人富于自由浪漫的色彩；英雄主义使美国人崇拜巨头伟人，富于竞争的精神；理性主义使他们注重最严密的法规，崇尚教条、数据和实效。这种尊重人性、尊重个人感情和尊严，人文的、开放的、人性的文化，是公共关系得以产生的精神源泉。

2.2.2　公共关系发展时期的划分

公共关系作为一种全新的观念、科学和一种专门化的社会职业，产生于 19 世纪中期至 20 世纪初期的美国，有学者将此称为“美国现象”。因此，我们在这里追溯美国公共关系的发展历史，以此来把握国际公共关系的发展变革。

1. 巴纳姆时期：单向吹嘘式的公共关系

19 世纪 30 年代，美国出现了内容通俗，以大众读者为对象，发行量巨大的《便士报》。为了节省广告费用，获得报纸的免费宣传，雇用专门的人员来制造煽动性新闻，制造关于自己的神话，以此来扩大影响。报纸为了迎合大众读者的阅读心理，也乐于发表。这样两两配合，就出现了美国历史上有名的报刊宣传活动。费尼斯·泰勒·巴纳姆是这一时期最有代表性的报刊宣传代理人，也是新闻代理活动的开创者。他的信条是“凡宣传皆好事”。这一时期的报刊宣传活动基本上都以“制造”的“新闻”吸引读者，以离奇的故事吸引大众读者的好奇和对自己的注意，根本没有职业道德的顾忌，这种行为完全违背了现代公共关系的宗旨，是公共关系史上不光彩的一页，被称为“公众被愚弄的时期”、“反公共关系的时期”或“公共关系的黑暗时期”。

巴纳姆事件

费尼斯·泰勒·巴纳姆是 19 世纪美国一家马戏团的团长，因宣传、推动马戏演出闻名于世。他曾在 19 世纪 50 年代编造了一个“神话”：马戏团有位名叫海斯的黑人女奴，曾在 100 年前养育过美国首任总统华盛顿。报纸披露这一消息后，立即引起轩然大波。巴纳姆借机以不同的笔名向报社寄去“读者来信”，人为地开展争论。巴纳姆认为，只要报纸没有把他的名字拼错，随便怎么说也无妨。他的信条是“凡宣传皆是好事”。“神话”给巴纳姆带来的是每周从那些希望一睹海斯风采的纽约人那里获得 1 500 美元的收入。海斯死后，解剖发现，海斯不过 80 岁左右，与他吹嘘的 160 岁相距甚远。对此，巴纳姆厚颜无耻地说“深感震惊”，他还说自己也“受了骗”。其实，这一切都是他刻意策划的。

资料来源：韩宝森．公共关系理论、实务与技巧 [M]．北京：北京大学出版社，2009：5．

评析：

从巴纳姆事件可以看出，在报刊宣传运动时代，每个报刊宣传员在争取顾客的关注时，都是不择手段地制造“神话”，甚至不惜愚弄公众。他们只顾为企业赚钱，完全不顾公众的利益，甚至公开嘲笑、谩骂公众。所以，报刊宣传运动还不是真正意义上的公共关系，从思想实质上来看，这一时期实际上是一个反公众、反公共关系的时期。不过，当时巴纳姆等人运用报刊等大众传播媒介为组织进行宣传，已经具有了现代公共关系活动的萌芽。

2. 艾维·李时期：单向传播式的公共关系

19 世纪末期 20 世纪初期，美国资本主义进入垄断时期。伴随着垄断的形成，经济上日益繁荣的美国出现了严重的社会危机。具体表现为，为数不多的垄断资本家集团控制着整个国家的经济命脉，支配着政府的权力。为了攫取最大限度的垄断利润，巩固垄断地位，一些垄断集团全然不顾公众利益，不择手段、巧取豪夺、横行霸道。很多垄断集团甚至以“公众对其运作知道得越少，集团的效率和利润就会提高，其社会作用就会越大”为信条。在这些众多的丑恶现象后面，社会各阶层、集团之间的利益冲突日益尖锐，公众对公司寡头充满敌意。终于在 1903 年前后爆发了以揭露垄断集团丑行和阴暗面为主题的揭丑运动，史称“扒粪运动”。在美国政府的直接推动下，一些新闻记者和知识分子通过报纸杂志，把焦点对准垄断集团的缺陷，无情地揭露和严厉地谴责资本家不顾公众利益的种种恶劣行径。据统计，1903 年至 1912 年间，揭露和抨击垄断集团的种种不道德行为的文章就有 2 000 多篇。

艾维·李（1877—1934），出生于佐治亚州的一个牧师家庭，就读于普林斯顿大学。毕业后先后受聘于《纽约日报》、《纽约时报》、《纽约世界报》当记者。5 年后，他辞去了记者职务，开始了公共关系活动的生涯。1903 年，他为纽约市长组织了一次宣传活动。1904 年，总统竞选期间，被请去协助乔治·帕克为罗斯福竞选组织公共关系活动。之后不久，与乔治·帕克一起在纽约成立了第一家通过向客户提供劳务而收取佣金的职业公共关系公司。该公司的成立，成为现代公共关系诞生的标志。

1906 年，艾维·李被邀请去帮助处理一件煤矿工人罢工事件时，通过报纸发表了著名的具有里程碑性质的《原则宣言》，全面阐明了他公司的宗旨：“我们的计划是代表公司和公共机构坦率地并且公开地向新闻媒介和公众提供迅速和准确的信息，这些信息涉及公众感到值得和有兴趣知晓的有关问题。”这反映了他的信条：“公开事实真相”和“维护公众利益”，即“说真话”和“公众必须被告知”。这些思想纠正了巴纳姆新闻代理时代宣传的欺骗性和非道德性，为公共关系的健康发展奠定了坚实基础。艾维·李认为，一方面一个组织要获得良好的声誉，就必须把真相告诉公众；如果真相的披露对组织不利，那么就应该调整组织的行为；组织与其员工和公众关系的紧张与摩擦，主要是由于组织管理者采取保守秘密的做法妨碍了意见和信息的充分沟通。另一方面他积极协助组织管理者改革旧的政策和做法，尤其是改善对待员工和公众的态度，使组织的一言一行，迎合公众和新闻媒介的要求。艾维·李在其从事公共关系工作的 31 年中，将他的工作范围从“纯粹的代理”转变为担任“我们为之工作的组织智囊团”。他的实践和说教，使得公共关系成为一门职业，使公共关系这门学科从对一些简单问题的探讨上升为探求带有某些规律性的原则和方法。由于他的杰出贡献，他被人称为“现代公共关系之父”。但是，由于时代的局限，艾维·李的咨询指导主要是凭借经验和直觉进行的，缺乏对公众舆论严密、大量的科学调查。因此，有人批评他的公共关系咨询只有艺术性而无科学性。但不可否认，艾维·李作为公共关系职业的先驱者是无可争议的。

3. 爱德华·伯尼斯时期：双向沟通式的公共关系

公共关系职业化的发展，促进了公共关系由简单零碎的活动上升为较系统完整的专业活动，并逐渐形成了公共关系的原则与方法。这使公共关系成为一门独立的学科，自立于学科之林。美国学者爱德华·伯尼斯以其杰出的研究，成为公共关系学的创始人，他使公共关系进入了学科化阶段。

与艾维·李相比，伯尼斯更注重于对公共关系理论的研究，将研究的重心逐渐转向了教学和研究工作，并于 1923 年出版了《公众舆论之形成》一书。这是第一部研究公共关系理论的专著，因而被视为公共关系发展史上的又一个里程碑。在这本书中，他对公共关系的实践进行了系统的研究，使之形成一整套理论。他提出了“投公众所好”的根本原则，主张一个组织在做决策之前，首先应了解公众喜好什么、需要什么，在确定公众的价值取向以后，再有目的地从事宣传工作，以便迎合公众的需要。在伯尼斯的理论中，公共关系已经完全超越了新闻代理时代“宣传”和“告知”的单向传播时期，进入组织和公众的双向沟通时期。

伯尼斯的思想比艾维·李前进了一步，他认为不仅是在事情已经发生之后对公众说真话，而且要求组织通过对公众的调查，根据公众的态度开展公共关系工作。同时，他将艾维·李的活动与 1897 年美国《铁路文献年鉴》中出现的“公共关系”一词结合了起来，使这一词语具有了科学的含义，并在社会上流行开来。从此，公共关系正式从新闻领域分离出来，成为一门独立而又系统的管理科学。1928 年，伯尼斯出版了《舆论》一书。1952 年，教材《公共关系学》的出版，对公共关系理论进行了更为系统、详尽的阐述和发挥。

在伯尼斯看来，公共关系咨询有两项作用：一是向组织推荐它们应该采纳的政策，这种政策的实施可以保证组织的行为符合社会利益；二是把组织执行的合理政策和采取的有益行为向公众广为宣传，帮助企业赢得公众的好感及信任。

4. 现代时期：双向对称式的公共关系

第二次世界大战后，公共关系的实践和理论发展都进入了一个全新的阶段。这一时期，以卡特利普、森特和杰夫金斯为代表的一大批公共关系专家和大师，在理论和实践上把公共关系推向了一个新的历史发展时期。其中，又以卡特利普和森特在《有效的公共关系》一书中提出的“双向对称式”公共关系最具有代表性。

双向对称式的公共关系强调“双向沟通、双向平衡、公众参与”。该模式提出的理论前提有两个：一是把公共关系看作封闭系统还是开放系统；二是把公共关系看作一种“工作”还是一种“职能”。将公共关系看作封闭系统和一种“工作”的做法是将公共关系人员放在沟通技术实施者的位置上，定期进行新闻发布，保持和增进公众对组织的良好印象，而忽视将有关环境的信息传递给组织。将公共关系看作开放系统和一种“职能”的做法是将组织与公众关系的维持和改变建立在产出—反馈—调整诸环节相互作用的基础之上，公众意志可以被吸收到决策之中。公共关系不仅能在决策中发挥参谋与顾问的作用，而且有预警作用，可以阻止潜在危机的发生。

《有效的公共关系》一书中，还提出了“四步工作法”，这成为公共关系工作中最重要的工作流程。至此，现代公共关系学的理论框架基本构成，进入了成熟时期。此后，公共关系的技巧虽然不断发展，但体系已经基本稳定下来。

【阅读资料】美国公共关系人物语录

巴纳姆：“凡宣传皆好事”。

艾维·李：“公众必须被告知”。

伯尼斯：“投公众所好”。

卡特利普和森特：“双向传播与沟通”。

格鲁尼格：“组织与公众对信息理解的一致性”。

2.3 公共关系在中国的发展

2.3.1 公共关系在中国的发展历程

在中国，公共关系首先进入中国台湾和香港地区。随着1978年改革开放政策的实施，20世纪80年代初期公共关系传入中国大陆后，其作为一种新的经营管理方法，由南向北，从东到西，迅速传播开来。

1. 引进和开创时期（20世纪80年代初期至1986年）

20世纪80年代初期，深圳、珠海、汕头等经济特区相继宣告成立，一批中外合资的酒店、宾馆先后在沿海和内地的一些重要城市落成。这些合资企业由于工作的需要，按照国外同类企业的发展模式在其内部设立了公共关系机构，根据企业的需要开展公共关系业务活动。当时的公共关系从业人员尤其是管理者，大多来自国外或港澳地区，经过专业训练，具有较高的从业素质，为公共关系在全国的普及和发展起到了良好的示范作用。

随后，公共关系活动开始由沿海地区向北京、上海等特大城市延伸，并引起国有大中型企业的重视。1984年11月，广州白云山制药厂设立公共关系部，并每年拨出其产值的1%的资金作为“信誉投入”，开创了大陆企业公共关系的先河。受其影响，1980年年中之后，国内许多大企业和部分优秀的小企业都设立了自己的公共关系部，开展公共关系活动。与此同时，一些国外的公共关系机构纷纷抢先登陆中国市场。1984年，美国伟达公共关系公司率先在北京设立办事处。1986年，美国博雅公共关系公司进入中国并促成了我国第一家公共关系公司——

中国环球公共关系公司的诞生。中法公共关系公司成立，这是我国第一家合资公共关系公司。随后，营利性的公共关系职业机构和专职人员在各地涌现，一些学术研究机构和教育出版界也积极以文章、书籍、培训和讲座等形式涉足公共关系领域，中国本土的公共关系产生了。

2. 适应和发展时期（1986 年至 1993 年）

20 世纪 80 年代中期至 90 年代初期，曾一度出现“公共关系热”，许多企业都设立了公共关系部。但由于对公共关系理念不能准确地把握，实践中又缺乏专业公共关系人员，因此，导致许多企业的公共关系工作处于浅层次的操作状态。例如，在不少企业里，公共关系部仅充当着“接待部”的角色。更有一些企业，公然打着公共关系的招牌大搞“庸俗关系”活动，后来受到社会各方面的批评。20 世纪 90 年代初期，在一些企业里出现了撤销公共关系部的举动，形成“过疲”现象。公共关系在实践中暴露出的这些问题，实质上是我国市场经济体系、法律法规不完善，企业经营竞争压力和动力的不足等深层次体制弊端形成的。这一时期，尽管公共关系在一些企业的实践中遭遇到来自各方面的批评，但仍有不少成功企业表现杰出。例如，广东“健力宝”从“运动饮料”的产品定位到“体育公共关系”战略的实施，与中国的体育事业相伴相随，企业知名度不断提升，使这个曾是广东三水县不过百人的“小作坊”，发展成为名声远扬、实力雄厚的大型企业集团。再如，北京“亚都”环境科技公司于 1991 年在天津举办的“亚都加湿器向天津市民有偿请教”的公共活动，不仅大大增强了公众对公司及产品的了解，同时还带来了良好的经济效益。

1991 年，中国国际公关关系协会（CIPRA）成立。1992 年，党的十四大报告正式确立社会主义市场经济体制的改革目标之后，我国公共关系的理论研究更加深入，一大批有识之士结合中国的政治、经济和文化的特点来探索中国公共关系的一些重大理论问题。

3. 竞争和专业化分工时期（1993 至今）

这一时期，一些企事业单位和社会机构曾设立的公共关系部、公共关系处等纷纷改名换牌，一些规模较小、业务能力较差、服务水平落后的公共关系公司相继改行或倒闭。这体现了市场经济优胜劣汰的竞争法则：一个机构、一个部门或一个人，如果仅仅因为赶时髦而投身于公共关系行业，而缺乏对公共关系工作真谛的充分理解，其在行业的市场竞争中被淘汰是必然的结局。与此同时，那些立足于专业基础和专业分工的职业公共关系机构却日趋活跃，呈现出良好的发展态势。自 1992 年结束与美国博雅公共关系公司 6 年的合作期后，中国环球公共关系公司以发展民族公共关系业为己任，独立承担起海内外公共关系市场开拓的重任，并得以迅速发展和壮大。

同时，以公共关系原理为运作基础的策划、咨询和组织形象识别系统（CIS）设计等职业活动开始活跃。各种公共关系策划专家或专家组在全国有近百个，他们服务于近千家企事业单位，这在一定程度上说明了公共关系职业在专业分工上的进一步细化。

在理论研究上，中国公共关系协会委员会组织国内数十位公共关系学者，每年召开全国公共关系理论研讨会，理论联系实际地探索中国公共关系之路，先后编辑出版了有关公共关系的十余部书籍，对我国公共关系理论的研究、普及和提高起到了推动作用。

进入21世纪以后，随着经济全球化趋势的发展及我国对外开放政策的深化，公共关系开始在更广泛的社会经济领域发挥积极作用，并且在该领域的重要性日益显现。在越来越多的跨国企业将全球投资发展重心转移到中国的同时，国内企业也陆续跨出国门，走向国际市场参与竞争，在世界经济的融合中得到发展。公共关系作为重要的传播沟通工具，在提升竞争力和促进经济社会协调发展等方面发挥着越来越重要的作用。

2.3.2 中国公共关系发展中存在的问题

1. 采取了"拿来主义"

中国公共关系直接照搬西方的公共关系理论，而较少考虑中国国情和大众的思维习惯，尤其是改革开放后，这方面的案例屡见不鲜。例如，雀巢咖啡的广告语，原来"速溶，方便"的诉求，就很难唤起中国消费者的欲望。

2. 公共关系发展不平衡

中国公共关系在沿海城市和中心城市发展较快，而在西部或其他非中心城市发展较慢。另外，公共关系从业人员专业能力参差不齐，相对而言，规模较大、实力较强和年资较长的公共关系公司专业能力较强，反之较弱。公共关系服务主要在技术层面较多，而进入决策层面服务的较少。

3. 公共关系市场亟待培育

中国公共关系虽然在20世纪80年代中期至90年代初期经历了一个大众传播阶段，先后出版了近400多种公共关系的书籍，但是大众对公共关系的理解仍然肤浅，仍有很多人对公共关系不了解，公共关系市场运作的程序还不够规范。

2.3.3 中国公共关系的发展趋势

公共关系自20世纪80年代引入中国大陆后，在蓬勃发展的过程中大致呈现出如下几种趋势。

1. 公共关系意识日益普及化

社会改革和市场经济进程的推进使组织处在更加复杂的环境中，组织经营管理面临更强的约束条件，每一个希望在市场中立足的组织都在寻求所有能帮助其提高管理水平、建立核心能力和竞争优势的途径和办法。通过树立自身形象、提高知名度和美誉度等一系列公共关系活动来获得消费者的青睐，进而达到提高组织的经营效益的目的。除企业外，政府、社会团体，甚至包括个人在内，在与其他国家、民族特别是西方发达国家的合作和交流过程中，树立形象、提高知名度等现代公共关系意识也在不断增强。

2. 公共关系的专业化、职业化程度不断提高

市场经济体制在我国确立后，公共关系作为一种全新而独特的社会职业在我国得到了较

大发展，并日益为人们尊重和向往。“公共关系经理”在国人的心目中再也不是“端茶倒水、迎来送往”的角色，而是“高级白领”的象征。今天的公共关系经理已经成为管理层的一分子，能够在董事会上提出建议，并且进行策划及处理复杂的公共关系。公共关系教育进入了正规化阶段，在中国高等教育的许多专业中，比如经济、管理类专业和新闻传播类专业等，几乎都开设了公共关系课程。此外，一些职业教育机构也从事公共关系方面的理论与实践培训活动。我国公共关系专业人员的队伍正在逐步扩大并且日趋成熟，为公共关系在我国的大力发展发挥着重要作用。

3. 公共关系理论体系日趋系统化和科学化

在公共关系引入我国大陆的初期，主要在实务方面发挥作用。虽然也有学者编译了一些海外的资料，介绍海外公共关系的理论与实践，但由于受到体制的制约，很不全面并且有些也不符合中国国情。1984 年，《经济日报》中“研究社会主义公共关系”社论的发表，掀起了国内公共关系理论研究的热潮，并于 1990 年前后达到了高峰。国内学者在吸收、借鉴国外先进公共关系理念的基础上，结合我国的国情，进行了许多有益的探索，基本上形成了一套独具中国特色的公共关系理论体系。

4. 公共关系行业日趋规范化

在早期，一些人错误地把公共关系理解为“攻关”或“攻官”，将金钱和美色视为组织获取项目和资金支持等的捷径。随着公共关系实践和理论的发展，我国公共关系界越来越多的人士认识到，必须给公共关系行业制定一个标准，在实现自律的同时，也让公众了解公共关系的职业道德，于是《中国公共关系职业道德准则》诞生了。同时，为了提高公共关系从业人员的素质，从 20 世纪 90 年代末期开始，我国实行公共关系从业人员的资格考试制度。所有这些都表明，公共关系行业在我国已经开始走上规范化的道路。

5. 公共关系的技术手段日益现代化

随着现代信息科学技术的迅速发展，电子技术、网络技术、通信卫星技术等现代化传播媒介和信息传播手段都应用到了公共关系领域。公共关系人员利用它们对信息进行分类、储存、分析和加工，以便做出准确的市场和环境预测。网络在信息传播方面的快速性及广泛性也被公共关系人员所重视，应用到公共关系活动中。

总之，公共关系作为一门管理学科和艺术，从国外进入到国内，尽管在发展过程中经历过“过热”和“过疲”现象，但是最后还是走向健康、稳步发展的轨道。随着我国公共关系事业的发展，无论是在理论方面还是实践方面，或是在培训教育方面，都取得了长足发展。公共关系在我国社会生活中发挥着越来越大的作用，成为推动我国各行各业发展的动力之一。

小　结

公共关系作为一种客观存在的社会关系、社会现象和社会活动，在世界各国均可追溯到远古时期。而作为一种组织的自觉行为，其最早的实践产生于美国。经过巴纳姆的单向吹嘘时期、艾维·李的单向传播时期、爱德华·伯尼斯的双向沟通时期、卡特利普、森特和杰夫金斯的双向对称式的现代时期，公共关系已经作为一门独立的学科和职业获得了长足的发展。我国在20世纪80年代后引入公共关系，经过引进、适应、创新几个阶段，公共关系开始在我国的社会生活中发挥着越来越大的作用，成为推动我国各行各业发展的动力之一。

思考讨论

1. 现代公共关系为何会最先在美国产生，而不是英国，或其他国家？
2. 为什么艾维·李被称为"现代公共关系之父"？
3. 新传播时代下的公共关系有哪些发展与变化？

能力实训

在公共关系发展早期，艾维·李就提出"讲真话"的思想。但直到今天，这一思想在公共关系实际工作中仍然会遭遇尴尬。请做试验，了解人们为什么不愿意说真话？说真话的阻力来自何方？如何克服这种阻力？

课外导读

[1] 白巍.《论语》的公关思想 [M]. 北京：中国经济出版社，2012.
[2] 温德尔·波特. 致命操纵（公关技术如何成就了美国保险业的百年暴利）[M]. 高红霞，译. 海口：南海出版公司，2011.
[3] 孔祥军. 发展公共关系学：一种中国式的视角 [M]. 北京：人民出版社，2007.
[4] 毛经权. 公共关系的最新发展趋势 [M]. 上海：上海外语教育出版社，2007.

Chapter 3
第 3 章
公共关系理论

学习目标

掌握：公共关系基本理论在实践中的应用。

理解：公共关系基本理论的核心观点。

了解：公共关系基本理论的产生和发展过程。

引例

文化就是力量

美国密歇根大学管理学院一位教授对通用电气公司执行总裁杰克·韦尔奇评价道："20世纪有两个伟大的企业领导人，一位是通用的斯隆，另一位则是韦尔奇。但两个人比较起来，韦尔奇又略胜一筹。因为韦尔奇为21世纪的经理人树立了一个榜样。"韦尔奇是在1981年坐上通用电气公司第一把交椅的，那时候他只有45岁，是通用电气公司历史上最年轻的总裁。1998年，公司的市场价值从原来的120亿美元，增值到2 800亿美元。韦尔奇的管理模式可用一个简单的英文单词表示——力量（force）：f代表弹性（flexible），o代表条理（organizational），r代表以"结果"挂帅（result-orientated），c代表沟通（communication），e代表教育（education）。韦尔奇这套管理原则，展示了独特的企业文化，巧妙地印证了"文化就是力量"的名言，不但为通用电气公司获得了巨大的成绩，也为管理界留下了新的文化模式。

资料来源：企业文化建设案例分析及答案．百度文库．http://wenku.baidu.com/view/c203c9fcfab069dc50220176.html.

讨论：请用公共关系理论分析韦尔奇的"force"文化模式。

现代公共关系从诞生至今的100余年中，虽然在实践活动领域颇有建树，但其基础和核心理论的建设依然显得薄弱和滞后，成为妨碍公共关系发展的重要障碍，甚至在一些人看来，公共关系没有理论可言。一门学科，如果没有自己的理论基础，就不是完整的学科，也是没有发展前途的。事实上，公共关系是有理论的，与公共关系存在密切关联的管理学、传播学、心理学、营销学及社会学等基本原理，共同形成了公共关系的理论体系。公共关系学已经大量地吸收了其他学科的优秀成果，这些优秀成果与公共关系理论互相渗透、互为支撑，并且在公共关系实践中被大量应用。

3.1 管理学理论

管理学系统地研究了管理活动的基本规律和科学方法。公共关系活动作为组织众多的管理活动之一，必须严格地以科学管理原则和管理方法进行，才能保证组织所预期的最终结果。

3.1.1 经典管理理论

1. 人性假设理论

（1）**“经济人”假设和“社会人”假设**。人性的两种明确的假设——“经济人”假设和“社会人”假设，是美国著名行为科学家麦格雷戈最著名的理论。“经济人”假设是假设人都是缺乏上进心的，不喜欢工作，总想回避责任，并且必须在严格的监督下才能有效地开展工作。而“社会人”假设的观点却恰恰相反，“社会人”假设是假设人能够进行自我管理，勇于承担责任，并把工作看作像休息和娱乐一样自然的事。麦格雷戈相信“社会人”假设最符合人的人性特质，应该用于指导管理实践。

（2）**“自我实现人”假设**。这是美国心理学家马斯洛提出的观点。他认为人的需求是多层次的，人有着最大限度地利用和开发自我才能的需求，希望能够有机会获得自我发展与成熟。“自我实现人”假设是工作的最大动力，组织给予员工挑战自我的任务，才能激发其强烈的工作热情。

（3）**“复杂人”假设**。美国学者艾德佳·沙因在综合“经济人”假设、“社会人”假设和“自我实现人”假设这三种人性假设的基础上，提出了“复杂人”假设的观点。他认为，人的需要和潜在愿望是多种多样的，而且这些需要的模式随着年龄、在社会中所扮演的角色、所处的境遇和人际关系方面的变化而不断地发生着变化。应当说，沙因的观点弥补了前几种人性假设的缺失，是比较全面的。

2. 期望理论

美国心理学家费鲁姆提出期望理论。他认为，只有当人们预期到某一行为能给个人带来有吸引力的结果时，才会采取这一特定行为。根据这一理论，人们对待工作的态度取决于对下述三种联系的判断。

（1）**努力——绩效的联系**。需要付出多少努力才能达到某一绩效水平，个人是否真能达到这一绩效水平，概率有多大？

（2）**绩效——奖赏的联系**。当个人达到这一绩效水平后，会得到什么奖赏？

（3）**奖赏——个人目标的联系**。这一奖赏能否满足个人的目标，吸引力有多大？

期望理论的基础是自我利益，它认为每个员工都在寻求获得最大的自我满足。期望理论的核心是双向期望，管理者期望员工的行为，员工期望管理者的奖赏。

3. 公平理论

亚当斯于 1965 年提出公平理论。这种激励理论讨论的是工资报酬分配的公平性对员工积极性的影响。人们将通过两个方面的比较来判断其所获工资报酬的公平性，即横向比较和纵向比较。横向比较是将自己和他人相比来判断自己所获工资报酬的公平性，纵向比较是将自己目前和自己过去相比。当人们觉得工资报酬是公平的，就可能会因此保持工作的积极和努力程度；若觉得不公平，工作的积极和努力程度则会下降，除非管理者给其增加工资报酬。因此，管理者在对员工激励的过程中，不仅要注意绝对的工资报酬，也应注意相对的工资报酬，员工的心理平衡也是很重要的。

案　例　华为公司人才激励之道的功与过

国内各大媒体争相报道了华为公司才华横溢的年轻工程师胡新宇因病毒性脑炎死亡一事。胡新宇死亡的直接原因是病毒性感染，但繁重的工作和巨大的心理压力使他身体免疫力下降则是病毒侵入的前提条件，这为医生和华为公司新闻发言人所认同。胡新宇在华为公司倡导的“狼文化”、“床垫文化”及激烈的竞争压力下，必须每天像战士一样承受压力并不断地努力拼搏。在进入华为一年多的时间里，他基本每个工作日都加班到晚上 10 点才坐公司班车回家。在临去世前的 4 月，由于开发新项目，他几乎天天在公司过夜。事件发生后，社会上关于“华为公司没有真正关爱员工”的责难声沸沸扬扬。但是，作为年销售收入达 453 亿元，上缴国家税收达 40 亿元的中国标杆企业，华为公司无论在员工个人的事业发展、工资待遇方面，还是日常的食宿、娱乐设施的配备等生活福利方面，都优于国内众多知名大企业，更是一般中小企业所不可比拟的。华为公司的人才激励机制，主要有以下几个方面。

（1）建立以自由雇用为基础的人力资源管理体系，不搞终身雇用制。干部没有任期，需要不断提高个人素质，不断提高工作能力。

（2）建立内部劳动市场，允许和鼓励员工更换工作岗位，实现内部竞争与选择。对于一个空出或即将空出的职位，领导和专家组成评审委员会，根据应聘者的竞聘报告和现场表现，当场拍板任职人选。

（3）高工资，提供外企般的待遇。华为公司称为“三高”企业，指的是高效率、高压力和高工资。

（4）提供持续的开发培训。华为公司实行在职培训与脱产培训相结合，自我开发与教育相结合的方式，使员工素质适应企业的发展，同时让员工有充分机会得到个人能力的提高。

（5）公平竞争，不唯学历，注重实际才干。大量起用高学历人才的同时，也提拔读函大的高中生。华为公司有年仅 19 岁的高级工程师，也有工作 7 天就提升为高级工程师的。

（6）知识资本化、知识职权化。把员工知识劳动应得的一部分报酬转化为股权，通过股权的分配来实现知识资本化。员工的股权是不可转让的，持有的越多，离开的代价也就越大。

资料来源：根据华为的激励机制案例分析和华为的激励机制技巧．世界经理人论坛．http://www.ceconlinebbs.com/LT/ 华为的激励机制 .htm. 删减整理。

讨论：

用激励理论来分析华为激励之道的功过是非。

3.1.2 当代管理新论

管理学牢牢地扎根于管理实践的沃土。如今，我们已经进入一个全球化、网络化、世界经济一体化的时代，管理环境的变化和管理实践的发展促使新的管理课题不断诞生，管理理论和管理实践领域所关注和思考的问题也不断产生新的重心，管理学研究的问题朝着更复杂、更综合及更多元的方向发展，这对管理学学科的发展和理论的研究提出了更多的挑战。

1. 企业文化理论

企业文化是在石油危机背景下，美国企业管理界通过对本国企业管理与日本企业管理相比较研究，而产生的一种管理新论。企业文化理论认为，企业管理的基本原则是以人为本，即以尊重人的人格、促进人的发展为中心。成功企业之所以取得成功，不在于它们的资金、技术、设备、建筑物、销售网络等硬件，而在于其有致力于人的发展的企业文化。截至 21 世纪初期，美国企业已基本普及"以人为中心"这一全新的管理思想。

2. 学习型组织理论

20 世纪 90 年代以来，伴随着知识经济的到来，信息与知识成为重要的战略资源，于是诞生了学习型组织理论。学习型组织是彼得·圣吉在其著作《第五项修炼》中正式提出的。彼得·圣吉认为，传统型的组织设计是用来管理以机器为基础的技术，而新型的组织设计是用来处理思想和信息的。也就是说，新型组织是以知识为基础的。传统的组织类型已经越来越不适应现代环境的发展要求，现代组织是一个系统，这个系统可以通过不断学习来提高生存和发展的能力。《第五项修炼》提供了一套使传统型组织转变为学习型组织的方法，使组织通过学习提升持续的创新能力，不断创造未来。

3. 核心竞争力理论

最早提出企业核心竞争力理论的是哈默和普拉哈拉德。企业核心竞争力是企业长时期形成的，蕴涵于企业内质中的，由企业独具的，支撑企业过去、现在和未来竞争优势，并使企业在长时间内的竞争环境中取得主动的核心能力。首先，核心竞争力应该有助于企业进入不同的市场，它应成为企业扩大经营的能力基础。其次，核心竞争力对创造企业最终产品和服务的顾客价值贡献巨大，它的贡献在于实现顾客最为关注的、核心的、根本的利益，而不仅是一些普通的、短期的好处。最后，企业的核心竞争力应该是难以被竞争对手所复制和效仿的，是一种能够长期获得竞争优势的能力。

4. 战略联盟理论

战略联盟理论最早是由美国 DEC 公司总裁简·霍普兰德和管理学家罗杰·内格尔于 20 世纪 90 年代提出的，随即在理论界和商业界得到普遍赞同。战略联盟是指两个或两个以上具有一定优势的企业为实现自己在某个时期的战略目标，在保持自身独立性的同时，通过股权参与或合作协议方式结成的长期的、动态的联合体，以达到资源互补、风险共担、利益共享的目的。首先，战略联盟是具有优势的企业之间的合作。这种合作包括互补性企业之间的合作与实力相当的企业之间的合作。没有任何竞争优势的企业是没有企业与之合作的。其次，战略联盟是为了实现某种战略目的而组建的，企业之间日常交往中的互助协作和其他形式的企业或组织之间的非正式合作不是战略联盟。再次，战略联盟是一种长期的合作。短则3～5年，长则10多年，几个月就结束的合作不是战略联盟。最后，战略联盟是一个动态的联合体。它不同于一体化的企业联合体，各个合作的企业仍是具备独立法人资格的经营实体。它是一种较为动态的组织形式，“合则聚，不合则散”的指导思想贯穿于战略联盟的始终。由于产品的特点、行业的性质、竞争的程度、企业的目标和自身的优势等因素的差异，企业间采取的战略联盟形式自然也呈现出多样性。比如联合技术开发、合作生产与后勤供应、分销协议、合资经营等。

5. 创新理论

美籍奥地利经济学家熊彼特在1912年发表的《经济发展理论》一书中从经济学角度提出了创新理论，是第一个系统地、完整地描述创新理论的人。熊彼特认为，所谓的“创新”实际上是指建立一种新的生产组合函数，即通过一种生产要素与生产条件的重新组合，使企业获得潜在的超额利润。这个概念包括下列5种情况：采用一种新的产品，采用一种新的生产方法，开辟一个新的市场，获取或控制原材料或半制成品的一种新的供应来源，建立新的企业组织形式。熊彼特强调了组织创新、管理创新、制度创新、社会创新和技术创新之间的联系，他认为“创新是新的、重新组合的或再次发现的知识被引入经济系统中的过程”，“创新才是资本主义增长的主要源泉”。

6. 柔性管理理论

柔性管理是在研究人们心理和行为规律的基础上，采用非强制方式，在人们心目中产生一种潜在的说服力，从而把组织意志变为人们自觉的行动。这个理论的主题词是“规律”、“非强制性”、“潜在”和“自觉”。这也正体现了这一理论所涵盖的四个基本方面：依据是心理和行为的规律，方式是非强制性的，对人的影响是潜在的，最终目标是人们自觉的行动。理论的本身告诉人们，柔性管理的确是一种更加深刻、更加高级的管理，因而也是难度很大的管理，是丰富多彩的管理。柔性管理是现代管理的重要标志之一，它的科学性和重要性已经得到了普遍的承认和重视。

3.2　传播学理论

传播学是研究人类如何运用符号进行社会信息交流的学科。传播作为公共关系活动的主要手段，对于公共关系活动的最终效果具有非常重要的价值。因此，认真理解和把握传播学理论对公共关系人员来讲意义重大。

3.2.1　5W传播模式

1948年，美国著名的政治学家哈罗德·拉斯韦尔在《社会传播的结构与功能》一文中，提出了界定传播研究范畴的经典模式——5W模式。拉斯韦尔把人类传播活动明确概括为由 5 个环节构成的过程，即传播者——谁（who）、传播内容——说什么（says what）、传播媒介——通过什么渠道（in which channel）、传播的目标受众——对谁（to whom）、传播效果——取得了什么效果（with what effect）。这 5 个要素构成了传播学研究的 5 个基本内容，即控制分析、内容分析、媒介分析、对象分析和效果分析。

第一，传播的控制分析。它主要包括传播的法规与政策，传播者的社会控制与自我控制，传播者对传播的影响，传播者的社会责任等。

第二，传播的内容分析。它主要包括传播的分类，传播的符号，传播的宣传方法等。

第三，传播的媒介分析。它主要包括传播的媒介环境，传播的媒介特点等。

第四，传播的对象分析。它主要包括传播对象的心理，传播对象的劝服等。

第五，传播的效果分析。它主要包括传播的效果类型，影响传播效果的要素，测定传播效果的定量方法等。

拉斯韦尔的 5W 模式是早期传播学的经典理论，奠定了传播学研究的基础，但这一模式将传播过程视为单向直线运动过程，忽视了受众在传播过程中的主动性和“反馈”作用，并未完整地展示现实生活中的传播现象。

3.2.2 香农—韦弗的信息论模式

克劳德·香农和沃伦·韦弗于 1949 年在《传播的数学原理》一书中，运用数学原理，提出了关于传播的信息论模式，这种模式是一种单向直线传播模式，它在传播学上具有广泛影响，被称为香农—韦弗信息论模式。该模式是一个由 5 个正面要素和 1 个负面要素构成的传播过程，即信源、发射器、信道、接收器、信宿和噪声。信源就是信息的发出者，信道就是信息传递的途径和渠道，发射器和接收器是发收信息的设备，信宿是信息的接受者。信号在信道里传递时，会受到干扰，即“噪声”，它是干扰正常传播的要素，结果使得信息在传递过程中发生不同程度的偏差。

香农—韦弗信息论模式开拓了传播研究的视野，模式中的“噪声”表明了传播过程的复杂性，过程内外的各种障碍要素会形成对信息的干扰。我们必须重视各种干扰要素的负面影响，提高传播的有效性。但是该模式仍然是一个单向直线运动过程，未能注意到“反馈”这一人类传播活动中极为常见的要素。

3.2.3 施拉姆的双向循环传播模式

美国传播研究的集大成者韦尔伯·施拉姆提出了传播的双向循环模式，这一模式引入了反馈机制，把传播理解为一种互动的循环往复的过程。在传播过程中，传播者和接受者都要根据他们的知识和技能进行编码或译码。在反馈过程中，接受者要把自己对信息的解释进行编码后传回给传播者。传播者也必须对反馈信号进行译码。实际上，在这种情况下，接受者变成传播者，而传播者则变成了接受者。施拉姆的双向循环模式克服了单向传播模式的缺点，认为信息会产生反馈，并为传播双方所共享，也更强调传受双方的相互转化。它的出现打破了传统的直线单向模式一统天下的局面。但是这一模式也存在缺陷，它未能区分传受双方的地位差别，因为在实际生活中传授双方的地位很少是完全平等的。因此，这个模式虽然能够较好地体现人际传播，尤其是面对面传播的特点，对大众传播过程却不能适用，因为大众传播是一种不平衡的非等量的传播。

3.2.4　枪弹论

枪弹论又称“皮下注射论”，即新闻宣传作用极大，如同注射器一样，可以将思想、观念、信仰注射入听众、公众的头脑中，从而直接控制他们的行为。枪弹论认为，大众传播媒介具有强大威力，所向披靡。它能够影响和改变社会公众的观念，并控制他们的行为。这正如同子弹射向靶子一样，只需把枪口对准靶子射击，靶子就会应声倒下。枪弹论将传播效果绝对化，将传媒作用不分时间、地点、对象、环境地夸大化。

3.2.5　两级传播模式

1940 年，美国社会学家拉扎斯菲尔德提出了“两级传播”的假设。他认为，信息往往先从媒介（广播、报刊等）流向一部分意见领袖，然后再由这些意见领袖传递给周围的受众。也就是说，信息传递是按照“媒介——意见领袖”和“意见领袖——受众”这种两级传播模式进行的，媒介的信息大多通过意见领袖的过滤才能影响受众，因而，人际关系的影响要比媒介更显著。拉扎斯菲尔德的两级传播模式揭示了意见领袖在传播中对公众的影响力。“意见领袖”又称“舆论指导者”，是指社会活动中能有较多机会接触来自各种渠道信息的“信息灵通人士”，或对某领域有丰富的知识与经验的“权威专家”。其态度和意见对他人影响较大，具有极其重要的作用。因此，在公共关系传播策划中，应该善于开展名人公关，高度重视专家名人效应，借助于他们的传播力量来强化组织的对外影响力。

3.2.6　“把关人”理论

“把关人”又称为“守门人”，是传播学四大奠基人之一库尔特·勒温提出的理论。勒温认为，在研究群体传播时，信息的流通是在一些含有“门区”的渠道里进行的，在这些渠道中，存在着一些把关人，只有符合群体规范或把关人价值标准的信息才能进入传播渠道。在传播学中，“把关人”是一种普遍存在的现象。在传播者与受众之间，“把关人”起着决定继续或中止信息传递的作用。“把关人”可以是个人，也可以是集体。从整个社会角度来看，传播媒介是全社会信息流通的“把关人”；从大众传播媒介内部角度来看，不同的大众传播媒介具有不同的“把关人”；从报纸、广播、电视等传统大众传播媒介角度来看，在新闻信息的提供、采集、写作、编辑和报道的全过程中存在着许多的“把关人”，其中，编辑对新闻信息的取舍是最重要的。“把关人”的把关行为可以分为“疏导”与“抑制”，前者是指“把关人”准予某些新闻信息流通的行为，后者则是指禁止某些新闻信息流通或将其暂时搁置的行为。“把关人”的把关标准主要是来自于自身原有经验、看法、兴趣等的总和的预存立场，同时也受到周围环境诸如上级、同僚及受众反馈等的影响。总之，“把关人”是根据自己对受众需要和兴趣的理解在众多的新闻信息中加以选择的。任何一个传播过程中都存在着“把关人”的把关行为，不管这些行为是自觉的还是不自觉的。

3.2.7 沉默的螺旋理论

德国女传播学家伊丽莎白·诺埃勒·诺依曼在对历史进行研究的基础上，又经过多年的民意调查实证研究，于20世纪70年代提出了一种描述舆论形成的理论假设——“沉默的螺旋”。沉默的螺旋理论基本描述了这样一个现象：人们在表达自己想法和观点的时候，如果看到自己赞同的观点，并且受到广泛欢迎，就会积极参与进来，这类观点就会被越发大胆地发表和扩散；而看到某一观点无人或很少有人理会（有时会有群起而攻之的遭遇），即使自己赞同它，也会保持沉默。意见一方的沉默造成另一方意见的增势，如此循环往复，便形成一方的声音越来越强大，另一方则越来越沉默下去的螺旋发展过程。

3.2.8 议题设置理论

议题设置理论是指大众传播对某些议题的着重强调和这些议题在公众中受重视的程度构成强烈的正比关系，即在大众传播中突出某一事件，多次大量地报道某一事件，就会使社会中的公众突出地议论这一话题。此理论是20世纪70年代传播理论研究中最热门的理论之一，其中，传播学者麦考姆斯是其中最杰出的研究者之一。

议题设置理论的核心思想在于，媒介选择集中的报道对象，以此来制造社会的中心议题，并左右社会舆论的形成。议题设置理论基于以下两个观点：一是各种媒介对传播信息具有“过滤作用”，媒介对极为浩繁的信息是经过选择后才传达给公众的，只有传播媒介热点介绍的某个新闻事件，才有可能成为公众关注的“议题”。二是面对传播过多的信息环境，公众常常感到无所适从，他们需要有人出面对复杂的信息加以整理，画出重点和优先顺序，为他们选出那些值得关心和注意的事件，这正是“把关人”的作用所在。因此，在公共关系传播中，应该高度关注公众的议题和媒介的热点，并据此进行新闻策划，使组织的行为和产品（服务）等成为报道的热点，成为公众关注的“议题”及舆论关注的对象，以取得良好的传播效果。

案例 华南虎事件中的“议程设置”和“沉默的螺旋”

10月12日，陕西省安康市镇坪县村民周正龙，称其拍摄到清晰的野生华南虎照片，经陕西省林业厅组织专家鉴定，照片是真实的，从而宣告失踪了20多年的野生华南虎重新被发现。这一令人兴奋的好消息被各媒体争相报道。10月15日，网上出现了一个贴子，“陕西华南虎又是假新闻?”，引来了不少对野生华南虎照片表示质疑的声音，广大网友对照片存在的疑点进行鉴定，得出老虎为真，虎照为假的结论。10月16日，最早认可这些照片并视之为珍宝的陕西省林业厅对于照片“造假说”予以反驳。很快，网络上围绕野生华南虎照片出现支持虎照为真的“挺虎派”和认为虎照为假的“打虎派”，展开辩论。几大中文论坛的中心议题几乎都是野生华南虎照片。网络热议后，引来媒体的广泛关注。最初参与报道的媒体，几乎也是泾渭分明：以《华商报》为代表的陕西当地媒体，多为“拥护者”、“挺虎派”；以广东媒体为代表的外地媒体，多为“质疑者”、“打虎派”。从官方发布信息，到网友提出质疑，再到媒体追问真相，事件走过了最初的“三步曲”。11 月 16 日，攀枝花一位网名叫“攀枝花 XYDZ”的网友称，“华南虎”出自他挂在自家墙上的老虎年画。发现老虎年画后，全国的媒体报道与评论掀起了一个新的高潮，出现了大量主流媒体评论：《“华南虎事件”让谁蒙羞》、《“华南虎事件”是时候翻底牌了》、《华南虎事件，怎样才是对全国人民负责》、《一切造假者都是纸老虎》。有媒体分析指出华南虎事件背后暗藏的利益诉求：镇坪县想借虎势虎威开发旅游资源。后来华南虎事件的处理结果并未明朗化，至今仍有学者要求对此事展开彻查，以真相告知天下。

资料来源：曾卫伟．网络传播中的“议程设置”和“沉默的螺旋”理论——以华南虎事件为例．传媒人网 .http://www.chuanmeiren.cn/bencandy-10-354-1.htm.

讨论：

1. 为什么如此强大的议程设置和舆论攻势没有成功？
2. 网络时代，传统的“议程设置”和“沉默的螺旋”理论将受到怎样的挑战？

3.2.9　培养理论

美国传播学教授乔治·格伯纳提出的培养理论，又称“培养分析”、“教化分析”或“涵化分析”，它是一种关于大众传播的潜移默化的效果理论。培养理论认为，在现代社会里，大众传媒提示的“象征性现实”对人们认识和理解现实社会具有重大影响。由于大众传媒所具有的倾向性，它所提示的“象征性现实”，使人们在心目中描绘的“主观现实”与实际存在的“客观现实”之间出现很大的偏离。大众传媒对受众的这种影响不是短期的、显现的，而是一个长期的、潜移默化的过程。这个过程对受众起着一种实际的“培养”作用，在不知不觉中影响、制约人们的现实观，格伯纳等人将这一研究称为“培养分析”。格伯纳认为，大众传媒不仅是现代社会的“故事讲解员”，而且是缓和社会各种异质部分的矛盾与冲突的“熔炉”。从这个意义上讲，大众传媒业是维护现存制度的“文化武器”。因此，大众传媒在形成社会的“共识”方面，已远远超越了传统社会教育和宗教的作用。

康乐氏橄榄油产品传播策略

康乐氏橄榄油正式进入中国市场之后，康乐氏虽然是在全球享有盛誉的国际性大品牌，但国内消费者对其还知之甚少，采用最低的广告成本，将品牌最大限度地传播出去，成为康乐氏橄榄油专家顾问们绞尽脑汁思索的问题。经过慎重策划，项目团队决定根据产品的功用及市场定位，为产品选择一名形象代言人，并将形象代言人定位为“健康、智慧、美丽”。康乐氏极富创意地在北大、清华两大国内顶尖高校征集女博士来担任形象代言人。消息一经传出，由于社会上对女博士话题的敏感性而在网上引发了网友们的热烈讨论：世界上有三种人，男人、女人和女博士，女博士是灭绝师太，女博士担任形象代言人能否做好科研，等等。招募形象代言人的活动，首先就在国内高校及网络上引起了广泛的关注与讨论，成为红极一时的话题，从而有效地传播了康乐氏品牌，因此，选用代言人的过程为康乐氏做了一次成功而又免费的“广告宣传”。最终，形象清丽可人、阳光健康的北大女博士遇辉，因完全吻合康乐氏“健康源泉、美丽伴侣”的形象定位，脱颖而出。中央电视台、凤凰卫视、《北京青年报》、《中国青年报》、新浪网等各大媒体抓住女博士这个易为普通人误解的特殊群体进行深度挖掘，掀起了对女博士应聘产品形象代言人事件报道的热潮。

资料来源：郝渊晓．公共关系学[M]．广州：中山大学出版社，2009．

讨论：

运用传播学的一些基本原理和理论分析该企业的成功。

3.3 心理学理论

心理学是一门研究人类及动物的心理现象、精神功能和行为的科学，心理学研究涉及知觉、认知、情绪、人格、行为和人际关系等许多领域。公众心理，是指在公共关系情境中公众受组织行为的影响和大众影响方式的作用所形成的心理现象和心理变化规律。公众心理是公共关系活动的承受者对主体行为的感知与反映，它是组织调整自身行为以塑造良好形象的根据，要想获得公众的理解与认同必须把握公众心理及其规律。

3.3.1 需求层次理论

亚伯拉罕·马斯洛是一位人道主义心理学家，他提出了人类需求的五层次理论：生理需求、安全需求、社交需求、自尊需求和自我实现需求。从激励角度来看，马斯洛认为，需求层次中只有在较低层次需求得到满足之后，下一层次需求才会被激发。而且，在某种需求被充分满足后，它就不再对行为产生激励作用。

3.3.2 受众选择“3S”理论

经过长期的观察和研究，传播学者发现受众在接触媒介和接收信息时有很大的选择性，这就是受众心理的自我选择过程。受众并不是不加区别地对待任何媒介内容，而是更倾向于那些与自己固有的立场和态度一致或接近的信息；选择性接收的结果，往往进一步强化了受众固有的立场和态度，而不是导致它的改变。这个选择过程表现为三种现象，选择性注意、选择性理解和选择性记忆，简称“3S”。

第一，选择性注意。选择性注意是指在信息接收过程中，受众的感觉器官虽然受到诸多信息的刺激，但是他们不可能对所有信息的刺激都做出反应，只能是有选择地加以注意。

第二，选择性理解。选择性理解是指不同的受众对于同一信息做出不同意义的解释和理解，是受众心理选择过程的第二个环节，也就是受众接收信息传递的第二关。

第三，选择性记忆。选择性记忆是指受众往往只记住对自己有利的信息，或只记住自己愿意记的信息，而其余信息往往被忘却。这种记忆上的取舍，称为选择性记忆。

以上三个环节可以看作受众心理的三层“防卫圈”。信息如果不合乎受众的个人需求，则被挡在“防卫圈”之外。因此，对传播者来说，要特别注意受众的这种选择行为特征，了解其内在联系，才能真正实现预期的传播效果。

3.3.3　公众心理效应

公众心理效应是指在一定社会条件下，由于人与环境的相互作用而产生的公众对某一对象共同的心理准备状态与一致的行为倾向。它是在具体事件中表现出来的，主要反映当事人个体的心理趋向。公众心理效应一旦形成，就对公众以后的感知、记忆、思维、情感等心理活动及行为活动起着正向的或反向的推动作用。常见的心理效应如下。

1. 首因效应

首因效应是指人们根据最初获得的信息所形成的印象不易改变，甚至会左右对后来获得的新信息的解释。首因效应体现在先入为主上。这种先入为主给人带来的第一印象是鲜明的、强烈的、过目难忘的。

2. 近因效应

近因效应是指在人际沟通过程中，知觉对象最近给人留下的印象。近因效应指的是某人或某事的近期表现在人的头脑中占据优势，从而改变了其对该人或该事的一贯看法。

3. 光环效应

光环效应又称“晕轮效应”，是指对他人知觉的一种偏差倾向，当一个人对另一个人的某些主要品质有过良好的印象之后，就会认为这个人的一切都良好，这个人就被一种积极的光环所笼罩；反之，则被赋予其他不好的品质。

4. 刻板效应

刻板效应是指人们头脑中存在的关于某一类人的固定印象的心理现象。社会心理学认为，那种用老眼光看人造成的影响称为“刻板效应”。

5. 从众效应

从众效应是指在群体作用下进行个人调整与改变，使自己变得与其他人更相似。

6. 暗示效应

暗示效应是指在无对抗的条件下，用含蓄、抽象、诱导的间接方法对人的心理和行为产生影响，从而诱导其按照一定的方式行动或接受一定的意见，使其思想、行为与暗示者期望的目标相符。

7. 名人效应

由于接受名人的暗示所产生的信服和盲从现象被称为名人效应。

8. 角色效应

在现实生活中，人们以不同的社会角色参加活动，这种因角色不同而引起的心理或行为上的变化被称为角色效应。

9. 奖惩效应

奖励和惩罚是对学生行为的外部强化或弱化的手段，它通过影响学生的自身评价，对学生的心理产生重大影响。由奖惩所带来的行为的强化或弱化，就叫作奖惩效应。

10. 皮格马利翁效应

皮格马利翁效应是指人们基于对某种情境的知觉而形成的期望或预言，会使该情境产生适应这一期望或预言的效应。赞美、信任和期待具有一种能量，它能改变人的行为。当一个人获得另一个人的信任、赞美时，他便感到获得了社会支持，从而变得自信、自尊，获得一种积极向上的动力，并尽力达到对方的期待，以避免对方失望，从而维持这种社会支持的连续性。

11. 门槛效应

心理学家查尔迪尼在替慈善机构募捐时，仅仅是附加了一句话"哪怕一分钱也好"，就多募捐到一倍的钱物，这就是著名的门槛效应。门槛效应指的是由低要求开始，逐渐提出更高的要求。

12. 拆屋效应

先提出很大的要求，接着提出较小、较少的要求，在心理学上被称为拆屋效应。

13. 链状效应

有一句俗话是"近朱者赤，近墨者黑"，在心理学上这种现象被称为"链状效应"。它是指人在成长中的相互影响以及环境对人的影响。人对环境的改造是微弱的，而环境对人的影响则是深刻的、巨大的。

14. 花盆效应

花盆效应又称局部生境效应。花盆是一个半人工、半自然的小生境。一是它在空间上有很大的局限性；二是由于人为地创造出非常适宜的环境条件，在一段时间内，作物和花卉可以长得很好。但只要离开人的精心照料，它经不起温度的变化，更经不起风吹雨打。

15. 蝴蝶效应

蝴蝶效应是指一件表面上看起来毫无关系、非常微小的事情，可能带来巨大的改变。此效应说明，事物发展的结果对初始条件具有极为敏感的依赖性，初始条件的极小偏差将会引起结果的极大差异。

16. 手表效应

手表效应是指每个人都不能同时挑选两种不同的行为准则或者价值观念，否则他的工作和生活必将陷入混乱。

17. 禁果效应

禁果效应也称作“罗密欧与朱丽叶效应”，即越是禁止的东西，人们越要得到，这与人们的好奇心与逆反心理有关。在生活中常常会遇到这样的情况：你越想隐瞒一些事情或信息不让别人知道，就越会引来别人更大的兴趣和关注，人们对你隐瞒的东西充满好奇和窥探的欲望，甚至千方百计通过其他渠道试图获得这些信息。而一旦这些信息失去控制，进入传播领域，就会因为它所具有的“神秘”色彩而被许多人争相获取，并产生一传十、十传百的效果，从而与你隐瞒该信息的愿望背道而驰。这一现象被称作传播中的“禁果效应”。

18. 超限效应

超限效应是指刺激过多、过强或作用时间过久，会引起极不耐烦或逆反的心理现象。

19. 责任分散效应

责任分散效应也称为“旁观者效应”，是指对某一件事来说，如果是单个个体被要求单独完成任务，责任感就会很强，会做出积极的反应。但如果是要求一个群体共同完成任务，群体中的每个个体的责任感就会很弱，面对困难或遇到责任时往往会退缩。因为前者独立承担责任，而后者期望别人多承担责任。“责任分散”的实质就是人多不负责，责任不落实。

20. 配套效应

配套效应是指人们在拥有了一件新的物品后不断配置与其相适应的物品，以达到心理平衡的现象。

21. 马太效应

马太效应是指强者越强、弱者越弱的现象，广泛应用于社会心理学、教育学、金融学以及科学等众多领域。所谓强者越强、弱者越弱，即一个人如果获得了成功，什么好事都会落到他头上。人最大的敌人是自己，如果你态度积极、主动、执著，那么你就赢得了物质或者精神财富。当获得财富后，你的态度更加强化了你的积极、主动、执著，如此循环，就能把马太效应的正效果发挥到极致。

22. 詹森效应

有一名运动员叫詹森，平时训练有素，实力雄厚，但在竞技场上却连连失利。人们借此把那种平时表现良好，但由于缺乏应有的心理素质而导致在竞技场上失败的现象称为詹森效应。

23. 鲶鱼效应

鲶鱼效应是指采取一种手段或措施，刺激一些企业活跃起来投入到市场中积极参与竞争，从而激活市场中的同行业企业。其实质是一种负激励，是激活员工队伍之奥秘。

24. 瓶颈效应

瓶颈效应指的是在一定社会心理过程中各个因素、环节的相互关系。社会角色扮演者在进行某项创造活动，或某一学习、工作和生活的角色行为时，要求与之相关的各因素、环节配合与协调并进，如果其中某一因素、环节跟不上，就会成为“瓶颈”，卡住整个活动和某一行为的正常进行。

案例 “椰菜娃娃”诞生记

在美国的玩具市场上，首屈一指的就算是“椰菜娃娃”。就是这个身长40厘米的“椰菜娃娃”，使得人们在圣诞节前后，冒着寒气逼人的北风，在玩具店前排起长队，竞相“领养”。原来，这是奥尔康公司的总经理罗勃所创造的一个别出心裁的营销方式。几年前，一场“家庭危机”的浪潮席卷了美国社会，破碎的家庭越来越多，父母离异给儿童造成了心灵创伤，也使得不能抚养子女的一方失去了感情的寄托。为了弥补这方面的感情空白，罗勃决定开发“椰菜娃娃”，要让这种娃娃成为人们心目中真正的婴儿。他根据欧美玩具市场正由“电子型”、“智力型”转向“温柔型”的趋势，采用先进的计算机技术，设计出了千人千面的“椰菜娃娃”。这些娃娃具有不同的发型、肤色、容貌、服饰，千姿百态，可供人们任意“领养”。为了让“椰菜娃娃”达到更逼真的效果，奥尔康公司每生产一个娃娃，都要在娃娃身上附有出生证、姓名、脚印，臂部还盖有“接生人员”的印章。在消费者“领养”时，要庄严地签署领养证，以确立“养子与养父母”的关系。

饶有兴趣的“领养”首战告捷之后，罗勃对“椰菜娃娃”采取全速前进的市场策略。一方面，公司不惜投资巨款在电视上广泛宣传，在每周六早上儿童最受欢迎的卡通片时间里密集播放，使儿童对“椰菜娃娃”产生了特别的感情。另一方面，罗勃亲自出征，周游各地，在各大城市亲自或派代表主持儿童博物馆举行的“集体领养椰菜娃娃”的仪式。每举行一次“领养”仪式，都会在举办城市掀起一场领养“椰菜娃娃”的热潮。为了能够长久地保持这种“领养”的热潮，罗勃继续千方百计地了解消费者的心理需求，根据消费者情感上的需要，他又做出了一系列创造性的决定。首先，公司在美国各地开设了“娃娃总医院”，由公司的职员装扮成医生或护士。“椰菜娃娃”问世以后，放在摇篮里等待“收养”，造成了一种娃娃真正有生命的感觉。好奇的人们川流不息地踏入“医院”一睹“领养”风采。其次，“椰菜娃娃”被领养后，公司还建立了生日档案，每当娃娃的生日时，娃娃的“领养父母”或“养护人”都会收到一份公司寄来的生日贺卡，以进一步联络公司与消费者的感情。最后，绝妙的是奥尔康公司还销售与“椰菜娃娃”相关的商品，例如娃娃用的床单、尿布、推车、背包和各种玩具。既然在消费者“领养”娃娃时，把它当作真正的婴儿和感情上的寄托，当然要购买娃娃必不可少的用品。

从这些独特的创意中，奥尔康公司赚取了高额利润，仅在这一年中，销售额就超过10亿美元。为了让“椰菜娃娃”立于不败之地，罗勃又略施小计，控制“椰菜娃娃”的产量，人为地造成供不应求的现象。有时消费者为了能“领养”到“椰菜娃娃”不惜贿赂售货员，这种抢购风也使得“椰菜娃娃”的身价上涨。

资料来源：任焕琴．公共关系实用教程 [M]．北京：北京大学出版社，2012：27-28．

讨论：

运用心理学基本原理分析“椰菜娃娃”的创意取得空前成功的原因？

3.4 营销学理论

作为重要的营销工具，公共关系活动在市场营销行为中的参与程度较深，在市场营销活动中发挥着重要作用。因此，营销学的基本原理和公共关系理论之间也存在着非常重要的互相补充的关系。

3.4.1 4P 营销理论、4C 营销理论、4R 营销理论

1. 4P 营销理论

4P 营销理论，是由美国营销学家麦卡锡在 1960 年提出的，这是在营销学理论中占据重要地位的概念，由此确定了营销学理论的 4 个组合因素，即产品（product）、价格（price）、渠道（place）和促销（promotion）。这 4 个因素的英文单词都以 P 开头，所以习惯称其为 4P，4P 营销理论作为营销教育和实践的重要基石，居于稳定地位长达 20 多年。4P 营销理论以满足市场需求为目标，但没能把消费者的行为和态度变化作为思考市场营销战略的重点，使得这一理论不能完全适应市场的变化。

2. 4C 营销理论

1990 年，美国学者劳特朋教授从消费者角度出发，提出了与传统营销的 4P 营销理论相对应的 4C 营销理论，即消费者的需求与欲望（consumer needs and wants）、消费者愿意付出的成本（cost）、购买商品的便利（convenience）和沟通（communication）。在 4C 营销理论的指导下，越来越多的企业更加关注市场和消费者，试图与消费者建立一种更为密切的动态关系。这一营销理论强调，企业首先必须了解和研究消费者，根据消费者的需求来提供产品。同时，企业提供的不仅是产品和服务，更重要的是由此产生的消费者价值。企业应通过与消费者进行积极有效的双向沟通，建立基于共同利益的新型企业与消费者之间的关系，不再是企业单向地促销和劝导消费者，而是在双方的沟通中找到能同时实现各自目标的途径。

从表面上看，4C 营销理论与传统的做法相对立，其实更重要的是它从一个新角度开拓了新的视野。但是，4C 营销理论是从消费者角度思考问题，没有侧重从企业整体运作角度看待问题，更没有侧重从营销的核心目的分析问题。4P 营销理论和 4C 营销理论都是对营销过程中重点因素的静态描述。

3. 4R 营销理论

4R 营销理论是由美国整合营销传播理论的鼻祖舒尔茨在 4C 营销理论的基础上提出的

新营销理论。4R 分别是指关联（relevance）、反应（reaction）、关系（relationship）和回报（reward）。该营销理论认为，随着市场的发展，企业需要从更高层次上，以更有效的方式在企业与消费者之间建立起有别于传统的新型的主动性关系。企业必须通过某些有效的方式在业务、需求等方面与消费者建立关联，形成一种互助、互求、互需的关系，把消费者与企业联系在一起，减少消费者的流失，以此来提高消费者的忠诚度，赢得长期而稳定的市场。

4R 营销理论的最大特点是以竞争为导向，在新的层次上概括营销的新框架。4R 营销理论根据市场不断成熟和竞争日趋激烈的情况下，着眼于企业与消费者的互动与双赢。4R 营销理论体现并落实了关系营销的思想，通过关联、关系和反应，提出了如何建立关系、长期拥有消费者、保证长期利益的具体操作方式，这是一个很大的进步。

3.4.2 大市场营销理论

在 20 世纪 80 年代，美国著名的市场营销学家菲利普·科特勒教授建立了“大市场营销理论”，先后提出了 6P 营销理论和 11P 营销理论。

1. 6P 营销理论

6P 营销理论与 4P 营销理论的不同在于加上的两个 P：权力（power）和公共关系（public relations）。科特勒认为，企业能够而且应当影响自己所在的营销环境，而不应单纯地顺从和适应环境。在国际和国内市场竞争都日趋激烈，各种形式的政府干预和贸易保护主义的再度兴起的新形势下，要运用政治力量和公共关系，打破国际或国内市场上的贸易壁垒，为企业的市场营销开辟道路。同时他还发明了一个新的单词“ mega marketing”（大市场营销），来表示这种新的营销视角和战略思想。

2. 11P 营销理论

1986 年 6 月，菲利普·科特勒教授又提出了 11P 营销理念，即在 6P 之外加上调研（probe）、区隔（partition）、优先（priorition）、定位（position）和员工（people），并将产品、价格、渠道、促销称为战术 4P，将调研、区隔、优先、定位称为战略 4P。该理论认为，企业在战术 4P 和战略 4P 的支撑下，运用另外 2P，即员工和公共关系，可以排除通往目标市场的各种障碍。

3.4.3 关系营销理论

1985 年，美国著名营销学专家巴巴拉·本德·杰克逊提出了关系营销的概念，使人们对市场营销理论的研究又迈上了一个新的台阶。关系营销理论一经提出，迅速风靡全球。所谓关系营销，是把营销活动看作一个企业与消费者、供应商、分销商、竞争者、政府机构及其他公众发生互动作用的过程，其核心是建立和发展与这些公众的良好关系。无论在哪一个市场上，关系具有很重要的作用，甚至成为企业市场营销活动成败的关键。关系营销的本质特征体现在以下四个方面。

第一，双向沟通。在关系营销中，沟通应该是双向而非单向的。只有广泛的信息交流和信息共享，才可能使企业赢得各个利益相关者的支持与合作。

第二，实现双赢。关系营销旨在通过合作增加关系各方的利益，而不是通过损害其中一方或多方的利益来增加其他各方的利益。

第三，满足情感。关系营销不只是要实现物质利益的互惠，还必须让参与各方能从关系中获得情感的需求满足。

第四，保持关注。通过有效的信息反馈，用以跟踪消费者、分销商、供应商及营销系统中其他参与者的态度，由此了解关系的动态变化，及时采取措施消除关系中的不稳定因素和不利于关系各方利益的共同增长因素。

3.4.4　整合营销传播理论

20 世纪末期，在广告界和营销界流行整合营销传播（integrated marketing communication，IMC）。目前对它的中文表述不完全一致，但就其主要含义而言，采用“整合营销传播”这一表述更贴切。在国际上整合营销传播已成为 21 世纪的大趋势，正如该理论的倡导者美国舒尔茨教授在其代表作《整合营销传播》一书的副标题所示，IMC 是“21 世纪企业决胜之关键”。整合营销传播，即以消费者为核心，综合运用各种手段来传递“一个声音”，以求给消费者传递统一而清晰的信息，从而实现自己的传播目的。这里的各种传播手段，常用的主要是新闻、广告、公共关系活动、促销等。整合营销传播是一个系统工程，追求 1 + 1 > 2 的效果。

1. 以消费者为核心

在整合营销传播中，消费者处于中心地位。一方面，唯有消费者才是组织生存的根本，一切传播活动必须围绕消费者展开；另一方面，消费者在处理组织所传递的信息上有很大的主动权。如果哪些信息与已有的信息不相关或是互相冲突，那么他们会拒绝这些信息，从而造成传播的失败。因此，传播者必须了解消费者，或是让消费者对传播者的信息有所了解。

2. 以资料库为基础

公共关系调研与信息管理在营销领域的延伸，有赖于组织在长期的营销过程中所建立的资料库。消费者的方方面面，包括人口统计特征、心理统计特征、购买历史、购买行为、使用行为和习惯等，都是整合营销传播的基础。组织在建立资料库之后，还必须不断地分析流入和持续加强的信息，从消费者的反应中分析走向、趋势变化和消费者的关心点。

3. 以建立消费者和品牌之间的关系为目的

整合营销传播的一个核心是培养真正的“消费者价值”，与那些最有价值的消费者保持长久的紧密的联系。这意味着从消费者第一次接触品牌到品牌不能再为其服务为止，组织都必须整合运用各种传播手段，使其与品牌的关系越来越密切，彼此互相获利。

4. 以“一个声音”为内在支持点

现在的组织能在相当程度上控制消费者对其产品信息的接触。组织可能通过付费和非付费的媒介来控制信息的流动。随着信息的大量增加，消费者获得产品和服务信息的机会也更多，接下来的趋势就越来越明显，消费者因自身的需求而主动接触信息，不是经过现行的由组织主导和控制的信息流通系统。因此，组织不管用什么媒介，其中的产品或服务的信息一定要清楚一致。如果经过多种媒介传递的信息相互矛盾，就很可能会被消费者所忽视。

5. 以各种传播媒介的整合运用为手段

消费者可以通过各种接触方式获得信息，即由各种各样的媒介接收各种形式、不同来源、种类各异的信息。这些信息只有保持“一个声音”才能发挥最大的作用。

整合营销传播与传统的营销传播运作模式不同，我们清楚地发现，整合营销传播主要是以整合、优化、合力、一致性和完整性等为优点，综合、协调地使用各种形式的传播方式，传递本质上一致的信息，以达到宣传目的的一种营销手段。我们可以将这一新型的理论应用到公共关系的实际工作中来，以实现组织树立良好形象的传播目标。

康复中心救助“三陪女”

项目背景

中国康复研究中心是目前国内规模最大、康复手段最齐全、康复流程最规范，集医、教、研于一体的现代化综合性大型康复机构，是以康复医学为重点，对残疾人进行全面康复的全国唯一的三级甲等康复专科医院。随着中国康复医学事业的发展，中国康复研究中心渴望在更高层次上，宣传自己的康复特色，提高知名度，扩大影响，以吸引更多的患者来院就医，争取在创造社会效益的同时，带动医院的经济效益。

四川煤矿工人的女儿唐胜利去成都劳务市场寻找工作，被诱骗做“三陪”接客，唐胜利宁死不从，跳楼致腰椎爆裂性骨折，脊髓严重损伤，腰以下完全瘫痪。“唐胜利事件”通过新闻媒体的报道，在全国引起巨大轰动。

项目调查

康复中心得知唐胜利的遭遇后，为她宁折不弯的精神深深感动，认为在她最困难的时候，应该伸出热情的双手去帮助她。康复中心进一步调查核实“唐胜利事件”的确凿性和来龙去脉，又通过长途电话与唐胜利正在就诊的四川华西医科大学附属医院联系，详细询问了唐胜利的伤情和康复治疗上的需求。最后，康复中心迅速做出决定，正式邀请唐胜利到北京，免费为其进行康复治疗。

项目策划

康复中心为迎接唐胜利的到来，全院上下齐动员，迅速调集力量，对唐胜利的救助工作有条不紊地进行缜密的策划。

（1）精心做好迎接唐胜利来京的准备，成立唐胜利康复专门机构。

（2）全力以赴，调集经验丰富的专家，配置最好的设备，安排最好的环境，为唐胜利康复提供最好的条件。

（3）向新闻媒体通报康复中心义务救助唐胜利的善举。邀请新闻媒体记者前往车站迎接，并追踪采访，以求达到轰动效应。

（4）邀请国家有关部委领导探望慰问唐胜利，既达到匡扶正义的目的，又可扩大康复中心的影响。

项目实施

（1）唐胜利康复联络协调小组通过《中国妇女报》总编室介绍，辗转与其驻四川记者站的记者联络，迅速与唐胜利取得了联系，并向她表达了康复中心全体医护人员的关切之情和免费邀请她来京康复治疗的计划。

（2）在很短的时间内，康复中心调集了脊柱脊髓损伤康复科、泌尿康复科、骨科、中医康复科、社会职业康复科有关科室的专家，组成了唐胜利康复医疗小组，配备了相应的加强护理班子，腾出了条件最好的病房。

（3）唐胜利康复联络协调小组在其来京之前，精心撰写了《中国康复研究中心救助宁死不做“三陪女”的唐胜利》等新闻通稿，提前向新华社、中央电视台、《人民日报》等中央和地方 20 多家新闻媒体散发，引起了新闻媒体的高度重视。

（4）今天是唐胜利抵京的日子。康复中心确定了以院长吴弦光教授带队的迎接人选、迎接仪式和欢迎词，以烘托现场气氛；准备了唐胜利乘坐并配备抢救设备和担架的救护车及康复中心领导和医护人员乘坐的公务车。当唐胜利抵达车站时，共有 20 多家主要新闻媒体的文字、摄影、摄像记者不顾刺骨的寒风，赶来采访。

（5）中央电视台在唐胜利抵京当晚 22 点的《晚间新闻》节目中，借助自己的优势，率先播出了《中国康复研究中心救助川妹唐胜利》的新闻。从第二天起，中央人民广播电台、新华社、《人民日报》、《中国青年报》、《法制日报》、《北京青年报》、《北京日报》、《北京晚报》等中央和地方及海外数十家媒体都以较大的篇幅和在突出的位置上，以新闻消息、专题、通信、特写、图片等形式，报道了中国康复研究中心救助宁死不做“三陪女”的唐胜利的消息。在这以后的日子里，这些媒体不惜篇幅，连篇累牍地对康复中心救助唐胜利的动态，进行“地毯式”的连续不断的报道，国内外其他媒体也闻风而动，纷纷前来进行追踪采访。

（6）康复中心又不失时机地先后邀请全国妇联副主席书记处书记刘海荣等领导来康复中心慰问唐胜利。所有这些活动，都安排新闻媒体前来采访报道，使唐胜利来康复中心接受免费康复治疗的消息，成为当时全国轰动性新闻。

（7）在唐胜利康复治疗的日子里，康复中心调用了最先进的康复手段、最精良的医疗护理班子、最现代化的康复设施、最好的医疗康复环境，对她提供了全方位的医疗康复服务。4 个月后，唐胜利终于离开了久卧的病榻，脚踏实地地站了起来，并能用拐杖行走，在很大限度上恢复了生活自理能力并取得了显著的康复效果。

（8）5 月 14 日上午，康复中心又举办了由中央和地方 38 家新闻媒体单位和 50 多位记者参加的“宁死不做‘三陪女’的唐胜利康复出院新闻发布会”，由医院领导通报了 4 个月来唐胜利康复治疗的进展情况。唐胜利的父亲唐相和代表全家向康复中心敬献了锦旗，表达了他们对康复中心匡扶正义、全力救助唐胜利的善举的赞誉。

（9）5 月 15 日，唐胜利乘坐特快列车返回四川，中国康复研究中心的领导和医护人员代表及被邀请的数十家新闻媒体的记者前往北京西客站采访送行。

项目评估

1. 树立了康复中心良好的公众形象

（1）经过精心策划，康复中心免费救助宁死不做“三陪女”的唐胜利，成为街头巷尾人尽皆知的事件，极大地提高了康复中心良好的公众形象和美誉度。

（2）当各部委领导来康复中心慰问唐胜利时，还对中国康复研究中心救助唐胜利的善举给予了高度评价。

（3）在唐胜利来京康复治疗的 4 个月里，由于海内外各家新闻媒体对唐胜利宁死不做“三陪女”的精神和中国康复研究中心免费为其康复治疗的善举给予了大量的报道，在社会上引起了极大反响。康复中心和唐胜利本人收到了来自国内外社会各界数千封来信和大量捐款，有些人还积极为唐胜利的康复献计献策。

（4）在康复中心积极策划和组织下，在唐胜利康复治疗的短短 4 个多月时间里，国内外各新闻媒体对康复中心救助唐胜利的报道多达 120 多篇。

2. 救助唐胜利为康复中心在带来了巨大的社会效益的同时，也带来了良好的经济效益

通过新闻媒体，康复中心免费救助唐胜利的善举也使自己在脊柱脊髓损伤康复领域中的优势广为传播。在唐胜利来院之后，医院接到大量的来自全国各地新老脊柱脊髓损伤患者的电话、函件、电报传真、电子邮件，纷纷要求来康复中心接受康复治疗。绝大部分人是通过新闻媒体对康复中心救助唐胜利的宣传，了解了康复中心，特地慕名前来的。

救助唐胜利的工作，大大提高了康复中心的美誉度，扩大了康复中心的影响，树立了康复中心良好的形象，宣传了康复中心的康复特色。

资料来源：根据梁敬贤．公共关系 [M]．北京：机械工业出版社，2002．删减整理。

讨论：

用所学的公共关系理论和知识评价该案例。

小　结

与公共关系存在密切关联的营销学、传播学、心理学、管理学及社会学等基本原理，共同形成公共关系的理论体系。公共关系活动作为组织众多的管理活动之一，必须了解其基本的管理理论和管理方法。本书介绍了一些经典的管理理论和当代管理新理论。经典管理理论介绍了人性假设理论、期望理论和公平理论。当代管理新论介绍了企业文化理论、学习型组织理论、核心竞争力理论、战略联盟理论、创新理论和柔性管理理论。传播作为公共关系活动的主要手段，对其最终效果起到关键作用。传播学基本原理主要介绍了 5W 传播模式、香农—韦弗的信息论模式、施拉姆的双向循环传播模式、枪弹论、两级传播模式、“把关人”理论、沉默的螺旋理论、议题设置理论和培养理论的基本观点。要想获得公众的理解与认同必须把握公众心理及其规律，心理学理论主要介绍了需求层次理论、受众选择“3S”理论和公

众心理效应。作为重要的营销工具，公共关系活动在市场营销行为中的参与程度较深。营销学理论主要介绍了 4P 营销理论、4C 营销理论、4R 营销理论，大市场营销理论、关系营销理论和整合营销传播理论的基本观点。

思考讨论

1.“学会做事，首先要学会做人”与松下幸之助“制造松下产品，先制造松下人”的思想有什么异同？
2. 营销纯粹是一个市场问题吗？为什么？
3. 如何看待经济危机时期公共关系的作用大于广告的作用？
4. 21 世纪营销传播正在发生哪些变化？这些变化对公共关系实践的影响有哪些？
5. 海尔集团有这样一句话“企业文化不是当一个企业搞得很好时，或到一定的高度才要搞的一种奢侈品，而是每个企业都应该搞的必需品”。到底什么是企业文化，企业文化是怎样形成的？请谈谈你的理解。

能力实训

王中是一个冷冻食品厂厂长，该厂专门生产一种奶油特别多的冰淇淋。在过去的 4 年中，冰淇淋每年的销量都稳步增长。但是，截至今年 8 月，情况发生了较大的变化，冰淇淋累计销量比去年同期下降 17%，生产量比计划少 15%；而员工缺勤率比去年高 20%，迟到早退现象也有所增加。王中认为这种情况的发生很可能与管理有关，但他不能确定发生这些问题的原因，也不知道应该怎样去改变这种情况，于是他决定去请教管理学方面的专家。假如你们分别是王中请教的具有科学管理思想、行为管理思想、学习型组织思想的三位专家，你将如何诊断这一管理问题？该企业的问题出在哪里？如何解决？

课外导读

[1] 约瑟夫 P 福加斯．社会交际心理学：人际行为研究 [M]．张保生，李晖，樊传明，译．北京：中国人民大学出版社，2012．

[2] 菲利普·科特勒．营销革命 3.0：从产品到顾客，再到人文精神 [M]．毕崇毅，译．北京：机械工业出版社，2013．

[3] 唐·舒尔茨，海蒂·舒尔茨．整合营销传播：创造企业价值的五大关键步骤 [M]．王茁，顾洁，译．北京：清华大学出版社，2013．

[4] 陆和平．赢得客户的心：中国式关系营销 [M]．北京：企业管理出版社，2010．

[5] 张云．公关心理学 [M]．4 版．上海：复旦大学出版社，2010．

[6] 斯蒂文·小约翰．传播理论 [M]．陈德民，等译．北京：中国社会科学出版社，1999．

[7] 彼得·德鲁克．德鲁克管理思想精要[M]．李维安，等译．北京：机械工业出版社，2007．
[8] 彼得·德鲁克．21世纪的管理挑战（珍藏版）[M]．朱雁斌，译．北京：机械工业出版社，2009．
[9] 彼得·德鲁克．卓有成效的管理者（珍藏版）[M]．许是祥，译．北京：机械工业出版社，2009．

第二篇　基本要素篇

Chapter 4
第 4 章

公共关系的主体：社会组织

学习目标

掌握：掌握公共关系公司、公共关系部的职能与优缺点。

理解：社会组织的基本内容。

了解：公共关系人员应具备的各种素质。

引例

是否应该成立公共关系部

21 世纪是传播的世纪、公共关系的世纪。只要一个人或组织需要依靠公众生存，他就需要公共关系。所以，如果在商务领域或在经营领域，企业遇到以下几种情况，就应该成立公共关系部。

（1）企业的产品因质量出了点小问题，电视台的记者来到工厂门前采访拍摄，工厂的保安与记者发生了肢体冲突。第二天，经过媒体的报道，全城的民众都在指责企业生产黑心产品，雇用黑保安。

（2）企业苦心经营的产品，质量良好，但却总是竞争不过那些产品宣传做得很大的同类产品，例如，用超级女生做代言的产品。

（3）国家遇到了一场自然灾害，全国人民都在声援和捐款。某商界名人一时激动在网上跟人争执，建议本公司员工捐款一律不超过十元。通过媒体和网络对此事的大肆报道，第二天，该商界名人及其领导的公司成了舆论指责的焦点。

（4）某人被评为“全国知名企业家”，在央视颁奖晚会上只能有一分钟的时间发表获奖感言，多一秒都不行，该说什么，怎么在一分钟之内让全国的电视观众记住企业？

资料来源：商务周刊．2008-7．

4.1 公共关系主体

公共关系是社会组织与公众之间相互作用的关系，而不是个人行为。在这样的关系中，组织是相互作用的积极一方，是公关工作中的主体，是公共关系活动的实施者和承担者。

4.1.1 社会组织的含义及特征

1. 社会组织的含义

社会组织是人类社会中的一种群体形式。奥古斯特·孔德认为，社会组织是“普遍的社会同意”。马克斯·韦伯认为，社会组织是一个法人团体，是一个用规章制度限制外人进入的封闭的团体。我们认为，社会组织是在共同目标的基础上，按照一定的方式相互合作结成的有机整体，并与公众发生密切关系的社会机构。它包括社会上存在的各类工商企业、政治机构、教育、医疗等事业单位及各种民众团体等。每一个社会组织都处在一定的社会环境中，为了完成自己的任务，实现自己的宗旨，需要不断地优化环境，努力营造一个有利于自己生存、发展的最佳环境。但是，社会组织在运行的过程中，必然会涉及诸多方面的因素，这就必须处理好组织与各类公众的关系，争取社会的理解、信任和支持。

2. 社会组织的特征

（1）**社会组织是多数人的集合**。社会组织是具有一定数量的、较为固定的成员，由共同的目标来维系，系统的方式来构建，从而形成单独的个人力量所不能比拟的整体力量。

（2）**社会组织具有特定的目标**。任何社会组织的建立都有明确的目标，这个目标代表了社会组织存在的意义和奋斗的方向。组织目标是社会组织形成的基本条件之一，也是维系组织内部成员的凝聚力、发扬团队精神的必要条件。

（3）**社会组织具有实现目标的结构和方法**。社会组织结构是指明确规定了的组合模式，即确定了各成员的分工和权利的分配，同时实现目标还需要采用管理、控制、协调等方法，比如规章、制度、行为规范等。

（4）**社会组织具有特定的功能**。社会组织的功能依靠社会组织内部协调运转，围绕社会组织的目标而实现。这种运转和实现有赖于社会组织面临的内部环境和外部环境的变化，作为开放的组织系统，要在与环境系统的相互协调中保持综合动态平衡，才能保证社会组织功能的实现。

4.1.2 社会组织的划分

在现实生活中，社会组织数量众多、形式多样，缺乏统一的分类标准。国内外学者提出了多种分类方法，从不同角度对社会组织进行了分类和阐释。

比较权威的分类方法是按照社会生活基本领域来划分的，把社会组织分为经济组织、政治组织、文化组织、群众组织和宗教组织五大类型。

1. 经济组织

经济组织是人类社会最基本的社会组织，担负着向人们提供衣食住行和文化娱乐等物质生活资料的任务，履行社会的经济功能，比如流通领域的各类商业组织、生产领域的工厂等。经济组织所承担的公共关系任务就是要建立一个良好的生产经营者形象，争取各类公众的认同和支持，以增强自己的竞争能力。

2. 政治组织

政治组织包括政党组织、国家政权组织、各种军事组织和国家司法机关等。其特点是具有各种政治职能，代表着占统治地位的阶级利益的意志，组织社会的经济文化建设，保卫国家政权，处理与他国的关系。政治组织所面对的公众，比其他任何组织的公众都要广泛得多，它所要履行的公共关系任务是力争树立一个良好的领导者、管理者、保卫者和服务者的形象，以便得到各类公众的拥护和支持。

3. 文化组织

文化组织是以满足人们的各种文化需求为目的，以从事文化活动为其基本内容的社会团体，比如文化艺术团体、各类学校、科研团体等，它履行着文化教育的功能。其公共关系的任务是宣传、塑造优秀的精神文明建设者和文化教育事业服务者的形象，争取社会众多公众的关心、支持和参与。

4. 群众组织

群众组织的任务是广泛团结社会各个阶层、各个领域的人民群众，代表他们的利益，反映他们的需求，并组织他们开展多种有益的社会活动，比如工会、俱乐部、协会、社区等。其公共关系的任务是在群众的心目中树立良好的社会利益和群众利益的忠实捍卫者的形象，以求得社会各方和公众的关心与支持，以不断扩大其活动的规模和范围。

5. 宗教组织

宗教组织是以某种宗教信仰为宗旨而形成的组织，宗教组织的公共关系任务是在信教公众和宗教界人士心目中树立一个宽和的组织形象，与不同的信仰和平共处，力求取得信教公众和宗教界人士的拥护和爱戴。

4.1.3　各种社会组织的公共关系

1. 企业公共关系

企业是一个营利性经济组织。企业公共关系，是指企业在运营过程中，有意识、有计划地与社会公众进行信息双向交流及行为互动的过程，以增进社会公众的理解、信任和支持，达到企业与社会协调发展的目的。公共关系的职能主要有信息搜集、决策咨询、传播推广、沟通协调。对企业公共关系概念的理解，主要从以下几个方面去考虑。

（1）**企业公共关系是有意识、有计划的活动**。企业公共关系活动并不是盲目、随意的，而是主观上有明确的意识、正确的观念与具体的目标，并且以严密、具体、可操作性的系统计划方式完成，才能收到良好的效果。

（2）**企业公共关系是一个信息双向交流的过程**。企业与社会公众之间通过信息、情感、观念等方面的沟通，一方面，使企业能够依据社会公众的愿望与要求，实现正确的经营；另一方面，社会公众又通过企业的正确引导，达到提升生活质量、改进生活方式的效果。

（3）**企业公共关系必须付诸于切实的行动**。社会公众对企业的理解、信任与支持，并不是依靠甜言蜜语或口惠而实不至的“承诺”来达到的。换而言之，信息的沟通与交流仅仅是企业公共关系活动的一个方面。更重要的是，企业必须做出切实的行动，来解决自身在经营与管理中引起社会公众不满的种种问题；不断改进、完善与提高自身的经营与管理水平，才能够取得社会公众的信任与支持。

（4）**企业公共关系应将公众利益置于重要地位**。企业要想与社会、经济环境相协调，实现共同发展，必须将社会公众利益置于首位，不断用实际行动增进公众利益。在此基础上，企业才能获得一个良好的生存与发展环境，社会公众不仅理解和信任企业，而且会大力支持企业的发展。

（5）**企业公共关系是一种管理职能**。公共关系从某种意义上讲，是企业运营不可或缺的社会资源，因而必须将其纳入企业的管理过程中，使之成为企业经营者进行资源优化配置决策中的一个重要组成部分。换而言之，如果不能对企业的公共关系实施有效的管理，企业的人、财、物就无法有效而充分地发挥其作用，企业的经营与管理目标就无法实现。

2. 政府公共关系

政府公共关系是以政府作为行为主体，利用各种手段与公众进行互动，以争取公众的支持、信任与合作。它体现的就是一般公共关系在政府工作中的具体运用，是一种行政管理和综合协调职能。

假如我是广州市长

广州市委、市政府先后举办过直接为市长做参谋的“假如我是广州市长”征文活动（后定名为“市长参谋活动”），为政府职能部门出谋献策的“房改方案千家谈”、“菜篮子工程千家谈”等“千家谈系列活动”，讨论广州市风和广州人精神的“羊城新风传万家”和“羊城居委新形象”等大型公众活动等，运用报纸、杂志、广播、电视等媒介，动员了成千上万的市民参政议政，各抒己见，都收到了良好的社会效果，提高了政府对市民的凝聚力。

资料来源：西南大学《政府公关关系》网上作业及参考答案．豆丁网．http://www.docin.com/p-791274306.html.

讨论：

你所知道的政府公共关系及效果。

随着市场经济的不断发展和政府职能的转变，政府公共关系正在从多方面显示出越来越重要的作用。比如了解民情民意、争取民众支持和信任、凝聚民心、创造良好的施政环境和加强国内国际合作等。政府公共关系在实务操作上有自己独特的方式，具体方式有如下八种。

（1）**政务公开**。这是政府公共关系的主要形式。政务公开就是政府将自己的决策和行为向公众公开（涉及军事、外交等机密事项除外）。主要内容包括政策法令公开、财政公开、重大事务公开、工作职责公开等。政务公开有许多种方式，可以通过新闻媒介宣传也可以印发文件和各种宣传材料宣传，召开各种形式的会议进行宣传并层层落实贯彻，另外还可以采用公示的方式公布人事变动等。

（2）**惩治腐败**。反腐败是世界各国政府的一项重要任务，也是树立政府形象的主要手段。自从人类社会有了国家和政府以后，古今中外，腐败问题始终是与之相伴的一个毒瘤，并且是影响政府形象和公信力最重要的因素。腐败的政府没有形象，没有公信力可言。在世界上，腐败的政府往往是国际制裁的对象。这些国家希望招商引资或得到关键的技术和设备要承受巨大压力，经常不能实现。

（3）**构建畅通的沟通渠道**。政府公共关系成功与否，很大程度取决于沟通的渠道是否畅通。畅通的渠道使政府能够及时准确地了解民情民意，公众正确地理解和认识政府的各项决策，增进了解、形成互动，公众的意见及时传达到决策机构，政府决策充分体现民意。

（4）**接受社会各界监督**。政府接受人民代表大会依法监督，政治协商会议的民主监督，新闻媒介的舆论监督和公众的社会监督。对政府的监督是为了督促政府高效廉洁地行使手中权力，为公众谋取利益，政府接受监督也是社会多方面力量沟通协调的过程。对于监督，政府应该采取积极态度，主动出击、沟通协商、听取意见、争取支持。

（5）**举办大型活动**。举办各种大型活动是政府的重要公共关系手段，具有影响力大、效果显著的特点，是政府树立形象、促进各地区经济发展和社会进步的重要手段。最明显的例子就是各国政府对奥运会、世界杯足球赛等大型体育赛事主办权的争夺，充分表明它们在政府公共关系中的地位和作用。各国地方政府都利用一切机会争办大型体育赛事和举办各种特色活动，树立形象，比如西班牙斗牛节、巴西狂欢节。国内许多城市也举办有地方特色活动，比如哈尔滨冰灯展、大连服装节、长春电影节等。通过举办这些活动与外部世界进行多层次、多渠道的沟通交流，提升人气，全方位地树立地方形象。

（6）**加大对公益事业的投入和宣传**。政府的根本职能是为公众服务。政府的公共关系关注公众的利益，具有非营利性特点，根据当地经济水平对公益事业逐渐加大投入并进行宣传，是政府公共关系的重要方式。我国实行的扶贫攻坚战略实施以来，已经解决了几千万贫困人口的生活问题，它既是我国社会发展和改善人民生活水平的需要，又是我国政府对外对内公共关系的需要，提升了政府的国际形象和声誉。

（7）**走访交流**。国家之间、地方政府之间互访。政府对有关方面的走访都是政府公共关系的重要内容和手段。重要事件的发生（比如自然灾害）、重大事故、重要节假日、科技文化的重要成果、重大体育赛事，都需要政府出面对有关人员进行走访慰问。春节前后，政府一般需要对贫困人群、老干部、专家劳模、军队、民主党派、群众团体、大企业、交通公安部门等进行走访，以及教师节期间走访教师、劳动节走访劳模。这类走访都是政府的公共关系内容，新闻媒介会对比进行报道，继而产生良好的社会影响。

（8）**构建协作组织**。在某一方面具有共同利益需求，或地域相近、特点相似的国家、地区、城市之间建立协作组织是现代政府公共关系的突出特点比如第一次世界大战和第二次世界大战交战双方都是类似的组织。现代的趋势是国家之间、地区之间的经济协作越来越紧密，组织越来越多，影响力越来越大，比如国际上有欧盟、亚太经合组织都是当代重要的经济协作组织，国内有计划单列市协作组织、辽宁中部城市协作组织等。这些组织有的比较紧密，比如欧盟，已经统一货币；有的比较松散，但交往频繁，大大促进了国家、地区、城市之间的交流合作。

3. 事业团体组织的公共关系

事业组织是指为适应社会需要而由国家提供资金设立的专门性机构，比如学校、博物馆、图书馆等。团体组织是指具有共同利益或背景的人们为实现某种社会理想而自愿结合形成的非营利性组织，诸如专业学术团体、少数民族团体、宗教团体、残疾人团体、妇女团体、消费者协会等。事业组织和团体组织在“非营利性”上是一致的，我们一并论述。事业团体组织公共关系的主要内容有如下四个方面。

（1）**为组织相关公众谋取合法权益**。比如学术团体旨在促进学术交流、工会旨在维护工人权益、消费者组织旨在保护消费者权益。事业团体组织担当着崇高的社会道义责任，具有可贵的奉献精神，通过大众传播媒介和公众的切身体会，使组织的使命得到公众的认可。其中，最为重要的是为组织相关公众谋取合法权益，彰显组织的宗旨、扩大组织的影响、创立组织的良好形象。例如，2004 年度美国《商业周刊》评选的全美和全球最佳商学院是就业状况最佳的西北大学凯洛格商学院。该院 515 位毕业生中有 423 位“名花有主”，主要归功于新院长迪帕克的推广举措。为了“推销”应届毕业生，迪帕克约见了全球 23 个城市的 145 名招聘人员和上千名校友，并和大公司的 14 位总裁及 CEO 单独会谈。这种推广行为为毕业生谋取了利益，同时也为该学院树立起了良好的社会形象。

（2）**建立与公众沟通的渠道**。事业团体组织与公众沟通，除了大量运用大众传播媒介外，还可以运用组织自身的传播媒介，以弥补大众媒介信息传递的不足。自身传播媒介的利用形式很多，比如通过事业团体组织的刊物提供自身的详细信息和报道，用信函通知公众公共关系活动的举办；出版专业图书介绍自身的历史、创建过程及历年大事等；可设发言人负责发表对外言论；利用多媒体导览系统进行组织环境介绍；利用互联网资源诸如电子布告栏、电子信箱、全球信息网网站等。另外，事业团体组织还可以举办各种各样的公共关系活动与公众沟通，比如利用各种典礼或颁奖仪式等，邀请知名人士参加，通过重要的公众人物的推荐达到拓展公共关系的目的；成立本组织的展示厅，陈列自身发展的史料、活动报道及与从事的事业相关的展品，从而加深对事业团体组织的认识；可与其他领域的组织机构策划并联合开展赞助活动以获得扩大宣传的机会；举行专业会议，争取政府和公众代表的支持，利用会议中的经验交流开展公共关系等。

（3）**积极参与和组织各种社会活动**。这类社会活动主要围绕某个公益目标进行，参加原则是自愿、平等，没有功利色彩，所以公众对此有着普遍接受的心理基础。事业团体组织一般财力有限，在活动中主要起领导、发起、组织、联络的作用。这类活动既使广大社会公众受益，又扩大了组织自身影响，而且还能在与社会各界公众的沟通中得到帮助和支持。

（4）**保持和发挥自身在社会舆论中的独特优势作用**。事业团体组织在社会利益关系格局中处于较特别的地位，其对社会各种问题的看法往往会受到社会各个方面的重视，并影响社会舆论的导向。因此，事业团体组织公共关系的作用主要表现在两方面：一是通过参政议政来显示自身价值，争取社会各界的理解与认同；二是以身作则，在社会各界公众中带头建立一种良好的社会行为作风，并对不良风气勇于抨击。

4.2　公共关系机构

公共关系工作是一项长期的、复杂的、具有较强专业性和技术性的工作。随着我国市场经济的不断完善与发展，这项工作的职业化特征越来越明显，因此需要专门的组织机构来从事这项工作，以保证组织公共关系工作的专业化、职能化和战略化。目前，专门从事公共关系工作的组织机构可分为公共关系公司、公共关系部及公共关系行业组织三大类。

4.2.1　公共关系公司

1. 公共关系公司的概念

公共关系公司是公共关系咨询公司、公共关系顾问公司、公共关系事务所、公共关系服务公司等独立的公共关系服务机构的统称。公共关系公司是由各具专长的公共关系专家组成的，是专门从事公共关系咨询服务或受理委托为客户开展公共关系活动的营利性服务机构。世界上最早的公共关系公司诞生于20世纪初期的美国，被誉为“现代公共关系之父”的艾维·李于1903年首创的具有公共关系公司性质的宣传顾问事务所。1920年，美国人艾尔正式开办了公共关系公司，开启了公共关系咨询行业和公共关系公司在全球发展的新篇章。1986年，我国第一家专业性公共关系顾问公司——中国环球公共关系公司正式成立，我国公共关系咨询行业从此快速发展。

2. 公共关系公司的基本类型

（1）**综合服务型公共关系公司**。综合服务型公共关系公司通常可提供多种公共关系服务，此类公司一般拥有先进的信息收集系统和信息存储与分析系统，通过多种途径广泛采集世界各国的政治、经济、文化、法律、社会政策、风俗习惯及市场动态等多方面的信息。通常情况下，此类公司拥有一大批擅长处理不同方面问题、协调不同方面关系的经验丰富的专家。综合服务型公共关系公司一般具有较大的规模，联系广泛，实力雄厚，可为同类型的客户提供服务。

（2）**专项服务型公共关系公司**。专项服务型公共关系公司是指仅为客户提供特定项目服务的公共关系公司。其服务项目一般仅局限于一种或几种，例如，专门为客户提供公众调查服务，专门策划某种类型的公共关系活动等。专项服务型公共关系公司通常拥有某一领域，或在该领域有广泛的联系和丰富的经验的专家。这种类型的公司跟综合服务型公司相比较，其规模与业务范围要小得多。

（3）**顾问型公共关系公司**。从某种意义上说，顾问型公共关系公司也是一种专项服务型公司。它所开展的服务一般仅限于为客户提供咨询，作为客户的“参谋”，对其公共关系运作提出意见、建议和策划方案等。顾问型公共关系公司一般都是由具有一定声望的某一公共关系领域的专家组成，例如，公共关系专家、新闻传播专家、社会心理分析专家、公共关系协调专家、市场分析预测专家等。这些专家知识渊博、阅历宽广、思维深邃，不仅能为客户做出决策咨询，还可对公共关系的各种具体业务进行指导。

3. 公共关系公司的业务范围

由于公共关系公司的规模、类型不同，其所经营的业务范围也有所不同。一般来说，公共关系公司的业务范围主要包括以下五个方面。

（1）**媒体传播**。为客户提供各种媒体传播服务，例如，为客户撰写新闻稿、选择新闻媒体、协调与新闻媒体的关系、举办记者招待会（或新闻发布会）；为客户设计、印刷宣传资料和纪念品及统一标志的物品等；为客户制作宣传片、录像带或光盘等视听资料；设计制作产品广告及公共关系广告；协助客户推广产品信息，营造有利的市场氛围等。

（2）**顾问咨询**。公共关系公司根据客户的要求，凭借现代化的通信、办公技术及广泛的人脉关系，为客户提供社会政治、经济、文化、教育等多方面的信息，还可以为客户提供市场信息、公众态度、消费倾向、社区文化习俗的分析资料等；为客户进行公共关系问题的分析与诊断；为客户的组织形象设计、公共关系战略或决策等提供咨询建议。

（3）**活动组织**。协助客户与相关的公众进行有效的联络与沟通，帮助客户与政府、社区、媒介等公众建立并维持良好的关系；为客户安排、组织重要的社交活动，比如贵宾和各级领导的参观访问等；为客户策划组织各种专题活动，比如剪彩仪式、庆典、联谊会、公益赞助活动等；组织各种会议，比如信息交流会、产品展销会、业务洽谈会、合作谈判会等；针对企业、产品、品牌等形象受损时产生的各种危机，提供专业的危机公共关系服务，使其快速摆脱困境，维护和提升公众形象；针对企业的各类产品做出行之有效的市场营销策划方案，协助企业开拓广阔的市场，创造更大的经济效益和社会效益。

（4）**网络公共关系**。随着社会化媒介的快速、深入发展及在公共关系行业方面日益广泛的应用，网络营销、危机公共关系、微博微信沟通等已经成为公司和客户都非常认可的重要传播手段，部分公司的新媒体业务已经成为重要的增长点。

（5）**人员培训**。公共关系公司可代替客户为其公司的各类人员进行知识和技能培训，使其具备必需的公共关系理论知识和实际操作技能，以适应岗位的需要。

根据《中国公共关系业 2012 年度调查报告》显示，TOP25 公司中尽管媒介传播业务仍是 TOP 公司的主营业务，且绝大多数公司包含传播代理和媒体执行业务，但顾问咨询及网络公共关系的业务比重在逐步增加。

4. 公共关系公司的选择

组织在选择公共关系公司代理业务时必须依据一定的标准策略性地进行选择。公共关系公司的选择需要考虑以下四个方面的因素。

（1）**公共关系公司的信誉状况**。一个组织在选择专业公共关系公司时，应有侧重性地考察该公司成立的时间、现有规模、所提供的服务项目、组织并开展过哪些公共关系活动、产生了什么效果及社会公众对该公司的评价等。

（2）**公共关系人员的素质**。公共关系人员的素质决定着一个公共关系公司的业务水平。组织在选择公共关系公司时要考虑该公司的工作人员是否经过专门训练，专业技术水平如何，能否胜任客户委托的公共关系工作等。

（3）**公共关系公司的客户情况**。公共关系公司的客户情况，即考察该公司现有哪些客户、评价如何，客户对公司提供的服务满意度如何等。

（4）**公共关系公司的收费标准**。通常情况下，一家公共关系公司的实力越强、服务水平越高，这些客户的市场地位越高、其收费也相应越高。所以，组织在选择公共关系公司时，要把公司的实力水平、服务质量、信誉口碑等与公司的收费方式和收费标准等进行综合考虑，以做出最优的选择。

【**阅读材料**】聘请公共关系公司的六个理由

美国著名公共关系学家卡特利普在其《公共关系教程》中，给出了聘请公关公司的 6 个理由。

（1）管理层先前没有开展过正式的公共关系活动项目，缺乏组织公共关系活动项目的经验。

（2）组织所在位置与传播和金融中心相距较远。

（3）组织有范围广泛的不断更新的接触。

（4）组织没有能力单独为有经验的公共关系行政主管和有创造力的公共关系专家提供服务。

（5）一家拥有自己的公共关系部门的组织很可能还需要一些高度专业化的服务，而这种服务是公共关系部门所不能提供的，或者是不需要在全日制和持续不断的基础上提供的。

（6）组织需要参考外部专家对至关重要的政策问题的独到见解。

资料来源：卡特利普，等．公共关系教程 [M]．8 版．北京：华夏出版社，2001.

4.2.2　公共关系部

1. 公共关系部的概念

公共关系部是组织内部针对并贯彻一定的目标，为开展公共关系工作而设立的专业职能部门。它又可以称为公共事务部、公共信息部、公共广告部等。

2. 公共关系部的组建原则

（1）**精简原则**。在考虑组织本身的规模、组织内部各职能部门的职能分配、组织对公共关系部的要求、组织的公众特点等情况的前提下，把层次、机构和人员减少到最低限度，做到规模适当、人员结构合理。同时，公共关系部的内部层次不宜过多，以免影响内部思想交流和工作效率。国外的公共关系学者经过调查发现，年产值超过 10 亿美元的大型企业，公共关系部门平均人数为 44 人；一般的大中型企业平均为 10 人；其他文教、医疗、基金会等组织为 6 ~ 7 人。

（2）**效能原则**。公共关系部是专门开展公共关系工作的组织机构，它的每一项工作都可能涉及组织的声誉和形象。因此在设立公共关系部时，一定要考虑让公共关系部充分发挥其效能和行使其职能。这就要求组织一方面要界定公共关系部的职责和权力，要让公共关系部门拥有其职责范围内相应的人、财、物的决策权，以保证其工作的主动性和积极性；另一方面要合理设置公共关系部内部的二级机构，使整个公共关系部能有效地整合起来，形成整体效应，发挥其最大效能。

（3）**灵活机动原则**。公共关系部的工作既包括日常性的信息收集和整理分析、公众来访接待、常规公共关系宣传等工作，也包括一些临时性大型专题活动的组织和突发事件的处理。这就要求组织在设立公共关系部时，要充分考虑这两种不同性质工作的特点，使组织的公共关系部能适应客观环境的变化和组织工作的调整，保持高度的灵活性和应变能力。

3. 公共关系部的设置方式

公共关系部在企业内部的设置方式，直接影响到公共关系工作的开展和功能的发挥。实际工作中，公共关系部在企业中的设置主要有以下三种类型。

（1）**直接隶属型**。在这种模式中，公共关系经理直接向总经理（最高领导）报告工作，对总经理负责；也有一些组织，由总经理直接兼任公共关系经理。其组织结构如图 4-1 所示。

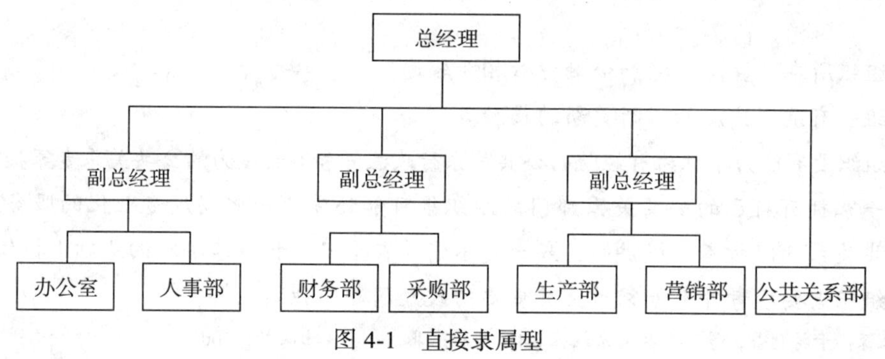

图 4-1 直接隶属型

（2）**部门并列型**。在这种模式中，公共关系部作为企业一个普通的职能部门，与人事部、财务部、营销部等业务部门处于并列地位，公共关系部经理向其主管领导报告工作。其组织结构如图 4-2 所示。

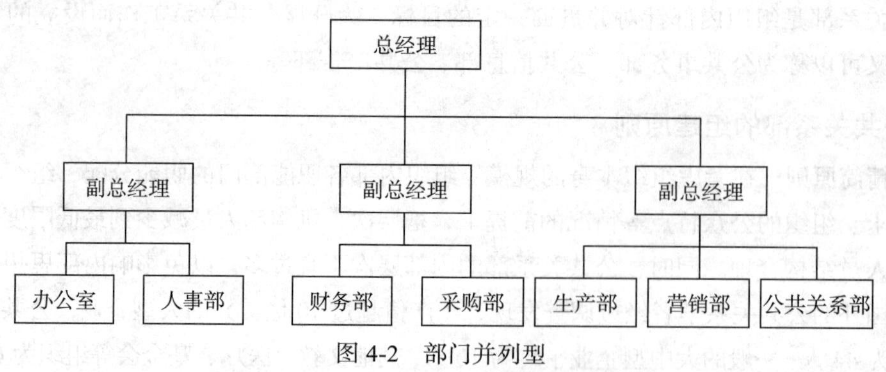

图 4-2 部门并列型

（3）**部门隶属型**。在这种模式中，公共关系部受某一职能部门如办公室或营销部门的主管领导管理。其组织结构如图 4-3 所示。

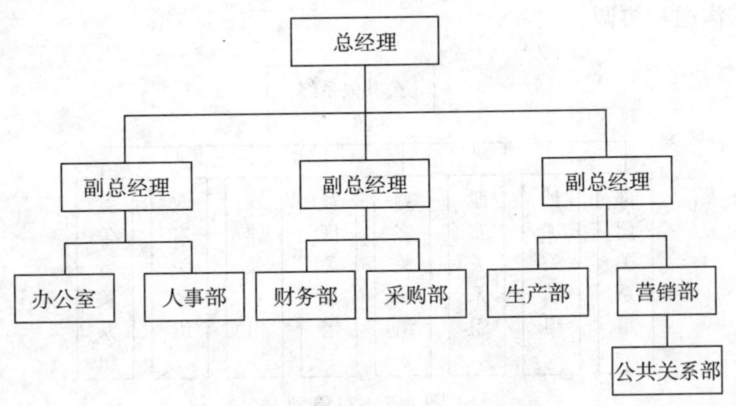

图 4-3　部门隶属型

在这三种模式中，直接隶属型是比较理想的模式，它明确地表明了公共关系部的重要地位，既可直接与总经理联系，又可直接参与决策；既可直接反馈各种意见给总经理和各个部门，又可直接传达总经理的意图给各部门；既可与各部门有密切的联系，又是相对独立的部门；但总经理亲自负责公共关系部门，容易分散精力，因而除非十分必要，否则一般的组织都不会采用这种设置模式。部门并列型，表明公共关系部与其他职能部门一样，但又有自己的专门工作内容，同时公共关系部的意见也能较直接地影响决策，但相对于直接隶属型来说，部门并列型的公共关系部主管领导则处于低一个层次的地位。部门附属型可以说是三种模式中最不理想的，这种模式往往使公共关系工作偏重于边缘性的外围职能，而被排除在决策层之外，这样就难以全面发挥公共关系的职能。

4. 公共关系部的内在结构分类

（1）**过程型**。按照公共关系部决策的过程设置，如图 4-4 所示。

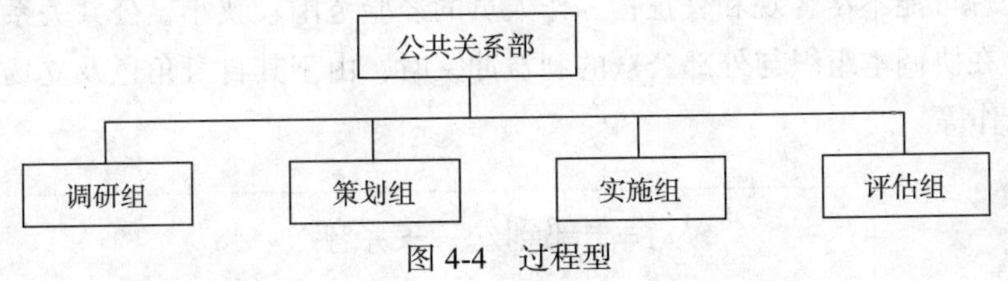

图 4-4　过程型

（2）**对象型**。按照公共关系工作的对象来确定公共关系部的内在结构，如图 4-5 所示。

（3）**区域型**。按照工作区域来确定公共关系部的内在结构，如图 4-6 所示。

5. 公共关系部的优势和局限性

公共关系部的优势主要体现在二个方面：第一，由于公共关系部设立在组织内部，因而熟悉本组织的内部情况，也就容易抓住组织存在问题的症结，有针对性地开展工作；第二，由于公共关系部的工作人员就在组织内部，因而能够及时提供公共关系服务，随时为决策者提供咨询建议，并可对突发事件提供快速有效的对策；第三，由于专人负责，因而可以保持公共关系活动的连续性和公共关系政策的稳定性，并且还可以兼顾其他部门的情况，有利于组织内部人员的沟通和协调。

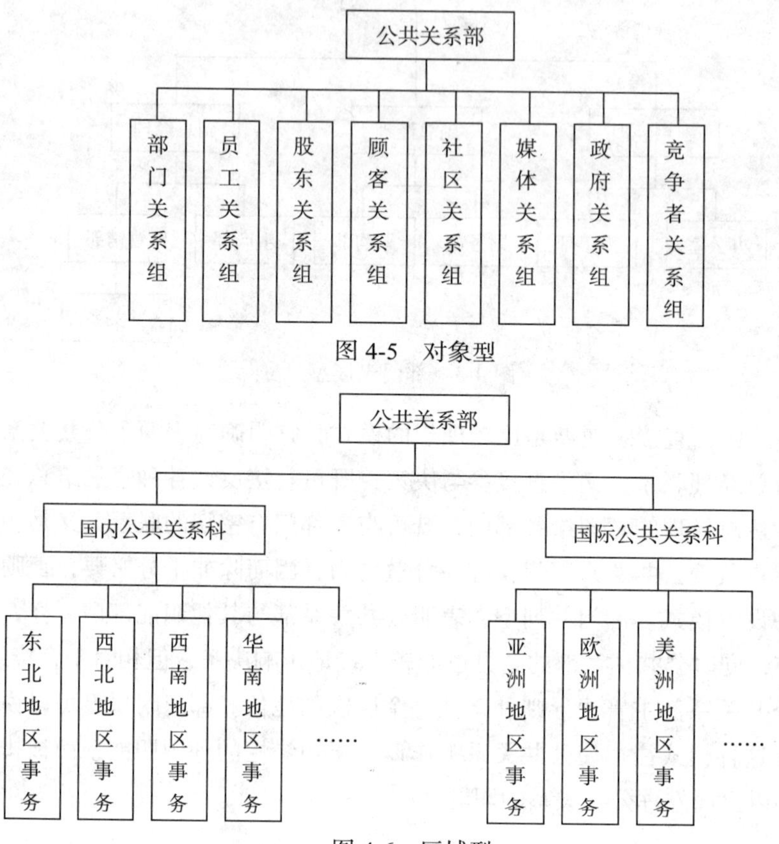

图 4-5　对象型

图 4-6　区域型

当然，自设的公共关系部也存在一些局限性。比如，受组织内部人事关系的制约，对情况的反应和处理可能不尽客观和公正；工作人员的经验范围较狭小，公共关系工作的创新性不足；此外，在协调本组织与外部公众的利益冲突时，由于其自身角色及立场，很难得到公众的信任与合作等。

案例　从销售部到公共关系部

一本著名的商战小说里的女主人公是美丽干练的销售精英，没有她拿不下的订单。美丽的女销售遇上竞争对手兼过去的恋人，终于倾诉衷肠："我不会再做你的对手了，我就要转到公共关系部做总监了。"故事看到这里，有人感慨地说："人家女销售精英为公司立了汗马功劳，老板是让她去公共关系部享清福了。"

资料来源：根据任焕琴．公共关系实用教程 [M]．北京：北京大学出版社，2012：31．删减整理。

讨论：

如果把你从销售部调到公共关系部，你觉得是提拔你还是贬低你？

4.2.3　公共关系行业组织

公共关系行业组织是一种由会员自发成立的、会员制的、以公共关系行业为标识的非营利社会组织。主要包括公共关系学会、公共关系协会、公共关系研究会、公共关系俱乐部等。

公共关系行业组织产生于第二次世界大战之后。当时，美国进入了战后经济的恢复和繁荣时期，经济的发展推动了公共关系的迅速发展并趋向成熟。1935 年，美国公立学校公共关系协会（NSPRA）成立。1948 年，美国公共关系理事会和全国公共关系理事协会合并，在纽约成立了美国公共关系协会（PRSA）。

1986 年 1 月，中国内地的第一个公共关系组织是由中山大学公共关系研究会、广州青年经济研究协会、广州经贸管理干部学院共同发起成立的公共关系民间团体——广东地区公共关系俱乐部。1986 年 11 月，第一家由官方组织的公共关系机构——上海市公共关系协会在上海联谊俱乐部诞生，揭开了我国公共关系行业化发展的序幕。1987 年 6 月，中国公共关系协会成立，由公共关系专业机构、新闻媒体、教育、科研机构、政府有关机构和企业界人士等自愿组成，是经国家民政部批准成立的全国性、学术性、广泛性的非营利性社会团体组织。

1. 公共关系行业组织的特征

（1）**人员组成的广泛性**。公共关系行业组织的组建以公共关系行业为基础，不受部门、地区和组织性质的限制。因而人员组成相当广泛，既包括新闻、科技、文教、法律、党政机关等单位的人士，又包括公共关系行业中有代表性的单位，具有行业分布的广泛性和人员构成的多层次性。

（2）**组织结构的松散性**。公共关系行业组织是按照一定章程组建的群众性团体，没有统一的组织模式，结构上有明显的松散性。其内部结构可根据自身发展需要而灵活设置，组织之间也没有隶属关系。公共关系行业组织的会员自愿加入组织，也可以随时退出组织。

（3）**管理手段的民主性**。公共关系行业组织采用民主协商的方式来处理事务，为公共关系同行和企业提供服务。

（4）**工作内容的服务性**。服务是公共关系行业组织的宗旨，通过提供及时、实用、优质、高效的信息咨询服务，促进各种公共关系组织、企事业单位和其他社会机构与社会和公众之间的相互沟通和有效合作，满足社会对公共关系的需求。

（5）**工作目标的非营利性**。公共关系行业组织不是经济实体，不以盈利为目的。它的使命是推动公共关系行业整体水平的不断提高，为本行业的共同利益服务。所谓不以盈利为目的，并不是说公共关系行业组织不能创收或不能开展经营活动，而是指其工作人员不得私分以公共关系行业组织名义所创收的收益，也不得给个人返回由此而建立的资金。

2. 公共关系行业组织的职能

（1）**联络会员**。公共关系行业组织既要与自己的会员建立经常性的联系，把行业组织办成“会员之家”，为会员争取政府在立法、政策、行政等方面的支持；同时也要与其他的公共关系行业组织建立起横向联系，形成网络系统，确立合作关系，开展广泛的学术交流，研究公共关系理论与实践，以此来促进公共关系事业的发展。

（2）**制定行业标准、职业道德准则，规范行业行为**。每一个行业都有其行规行约，公共关系行业也不例外。制定、宣传、执行公共关系的行业规范与职业道德准则，也是衡量公共关系行业组织正规化的重要标准。这些行业规范和职业道德准则在本行业内具有很高的权威性和约束力，能有效地推动公共关系行业的健康有序发展。

（3）**提供公共关系信息咨询服务**。公共关系行业组织应该组建公共关系信息网络，检测社会环境、收集信息，为国内外组织、企事业单位、个人，提供形象设计、公共关系咨询，发挥其中介服务作用。

（4）**交流从业经验**。公共关系行业组织通过召开各种专业会议为会员提供一个相互联系的经验交流平台。同时，通过其与国外公共关系界人士互访，加强与世界各个国家公共关系行业组织的联系、交流，参与国际公共关系组织及活动，不断扩大中国及其公共关系事业的国际影响。

（5）**普及公共关系知识，提高公众对公共关系行业的认识**。虽然公共关系进入中国已经有20多年了，但在社会上，还有很多人对公共关系存在一定的误解。比如，认为公共关系就是“宣传促销”、“拉关系”、“服务接待”等。因而，公共关系行业组织的一个重要职能就是向公众宣传和介绍公共关系知识，例如，开展公共关系的系列讲座、出版公共关系的刊物和书籍，以使社会公众能够正确地理解公共关系。

（6）**培养专业人才**。培养公共关系专业人才，特别是要培养一批能够与国际接轨，适应经济全球化需要的职业化的高级公共关系人才，逐步形成一支优秀的公共关系人才队伍，对于我国公共关系事业的发展是至关重要的，也是公共关系行业组织的一个重要职责。

4.3 公共关系人员

在一些行业外的人看来，公共关系工作对人的要求就是“俊男靓女”和“口若悬河”，这其实是对公共关系工作的极大误解。公共关系工作是一项专业性很强的工作，对其从业人员也有特殊的要求。俊男靓女固然好，口若悬河亦所求，综合素质若不佳，两者齐备也枉然。中国社会科学院新闻研究所公共关系课题组编著的《塑造形象的艺术——公关学概论》一书中提出，公共关系人员应具有“企业家的头脑”、“宣传家的技巧”，以及“外交家的风度”。作为一名专业的公共关系从业人员，首先应具备合理的知识结构和专业技能，其次应有较强的综合能力，最后还必须有良好的心理素质和道德素质。

张晔说错了吗

单位总经理在欢迎新员工联谊会上宣读新员工的名单，当读到“张晔”时，总经理读成“张华”。张晔马上站起来，当场给予纠正；“总经理，我的名字不叫张华，那个字读作‘晔’，我叫张晔”。全场愕然。就在此时，总经理秘书马上站起来打圆场，对总经理说：“总经理，不是您读错了，是我在打字的时候把'日'字旁丢掉了，"回头对那位新员工说，"张晔同志，对不起，这事儿责任在我。"

资料来源：任焕琴．公共关系实用教程 [M]．北京：北京大学出版社，2012：48．

讨论：

1. 张晔的做法是对还是错？为什么？

2. 如果你是张晔，你会如何处理这件事？为什么？

4.3.1　公共关系人员的知识结构

1. 公共关系的基本理论知识

公共关系的基本理论知识主要涉及公共关系的基本概念和职能作用，公共关系的由来和历史变革，公共关系的核心概念和基本理论，公共关系的三要素及其相互关系，公共关系工作的基本程序等。

2. 公共关系的基本实务知识

公共关系是一种实践性强，重视经验积累和基本实务知识与技巧的职业。事实上，公共关系调研知识、公共关系策划知识、公共关系谈判技能、公共关系传播方法等，是每个公共关系从业人员都应该掌握的实务知识。

3. 相关学科专业知识及开展特定公共关系工作所需的专业知识

公共关系从业人员为了更好地开展工作，还应该掌握一些相关学科的理论知识。与公共关系学科联系最紧密、对公共关系理论和实务影响最大的学科有管理学、传播学、社会学、心理学、行为科学，而市场营销学、广告学、人际关系学则因为与公共关系学科的理论和实务有相当的交叉而颇具借鉴意义。除此以外，公共关系从业人员在接受特别的委托业务如国际市场公共关系、行业公共关系时，还要了解相应的地区文化传统、风俗习惯及特定行业的基础知识。

4.3.2　公共关系人员的能力要求

难伺候的"上帝"

一次，某家宾馆来了几位美国客人，或许是不了解中国，或许是抱有偏见，他们对宾馆的客房设备和饭菜质量都过于挑剔。在 5 天的住宿时间里，他们几乎每天都打电话给宾馆的公共关系部反映问题。开始，该部门的某接待人员还能够心平气和地倾听他们的意见，并给予回答和解释，但在之后接二连三的电话和毫不客气的指责下，她终于忍耐不住了。当几位客人要离开宾馆回国时，他们又拿起了电话打给公共关系部说："我们这几天要求您解决的问题，您一件也没能解决，真是太遗憾了。"听了这话，这位接待人员反唇相讥："倘若你们以后再来中国，请到别的宾馆试一试！”于是一场激烈唇枪的舌战在电话里爆发了。当美国客人离开宾馆后，客房服务员在他们住过的房间写字台上发现了一张纸条，上面用英文写着：“世界第一差”。

资料来源：兰州商学院．公共关系案例集锦（2007年修订）．14．

讨论：

1. 美国客人的评价与公共关系人员的态度有什么关系？
2. 通过阅读本案例，你认为公共关系人员必须具备哪些素质和能力？
3. 该事件发生后，宾馆应该如何做才能挽回影响，以利于企业进一步发展？

一般说来，合格的公共关系人员应具备以下五个方面的能力。

1. 表达能力

表达能力包括口头表达能力与书面表达能力。口头表达能力，就是通常所说的口才。口头表达是公共关系工作中实现信息双向交流沟通最主要、最直接、最迅速的传递手段。书面表达能力，就是写作能力和文字能力。公共关系人员在工作中涉及写作的范围非常广，从日常的信件函牍、公文告示到公共关系计划、调查报告、总结报告，从新闻稿、演讲词、广告语到公共关系手册、公共关系策划书，都需要公共关系人员具有熟练的文字能力和写作能力。

2. 社交能力

公共关系人员的大量工作内容是直接面对各方面、各类型的社会公众，迅速建立双向的有效沟通，赢得好感、认同与合作。这就要求公共关系人员必须具备较强的与人打交道的能力，即社交能力。只有这样，公共关系人员才能在各种社交场合从容应对，广交朋友、广结良缘，树立自己的良好形象，也为组织赢得更多的发展机会。

3. 组织管理能力

公共关系人员要善于调动、组织和协调组织内外公众的力量和关系；善于制订公共关系工作的日常计划和专题计划，并适当有效地组织实施与评价；善于组织和参与各种有关公共关系原理与实务的常见的会议与活动，并恰当有效地选择和运用多种传播手段，推动组织预期目标的实现与完成。

4. 应变能力

公共关系人员的公共关系活动时常会遇到各种意想不到的突发事件和问题，要能做到镇定自若、头脑清醒、机智圆满地解决问题。

5. 创新能力

在某种程度上讲，公共关系工作就是以变促变，根据不同时间、不同地点、不同对象，同一内容的工作方式也会不尽相同。因此，公共关系人员的工作是一种富于创造性、创新性、开拓性的工作，要求公共关系人员思维活跃、激情勃发，摒弃成规与陋俗，不断开创公共关系工作的新境界。

4.3.3　公共关系人员的生理和心理素质要求

公共关系作为一种职业，公共关系人员还是需要具备一定的生理和心理素质的。这种生理和心理素质是可以培养出来的。只要通过一定的努力，自己培养或具备以下方面的心理素质，成为一名合格的公共关系人员并非难事。

1. 兴趣广泛

公共关系人员的职业特点决定了其必须与各种专业、各个方面、各个层次的人员打交道，具有广泛的兴趣是建立交往的基础，是寻找共同点和接近点，实现与公众沟通、交流的主要手段。同时，对于公共关系人员来说，具有广泛的兴趣可以博采众长、见多识广，在复杂的环境和关系中机智应变，顺利开展工作。

2. 意志坚强

公共关系人员应该在错综复杂的公共关系活动中，在面临诸多棘手的困难面前，保持较强的心理承受力、忍耐力和自制力，保持很强的自信心、上进心，敢于承担责任、承认错误，善于动员自身力量从容处置、迎难而进，以达到既定目标。

3. 性格开朗

性格在公共关系交际中具有重要意义。开朗外向型性格的人，常常充满热情、富于朝气，可以使人感到亲切，易于创造交流思想、交流感情的环境，能够在困难面前保持乐观向上的情绪，形成宽容豁达的精神。因此，公共关系人员具有开朗、开放的性格，是促进公共关系工作开展的重要心理条件。

4. 保持良好的仪表和风度

素质是指公共关系人员的体形、长相、外表、风度等方面。公共关系工作要求经常与公众打交道，所以从生理的角度看，较好的体形、强健的体格、端正整洁的仪表和潇洒飘逸的风度，会对公众产生天然的吸引力和首因效应，为进一步发展交往、增进友谊、开展工作打下相应的基础和条件。

聪明的业务员

秘书恭谨地把名片交给董事长，一如预期，董事长不厌烦地把名片丢回去，秘书很无奈地把名片退给站在门外看似尴尬的业务员，业务员再把名片递给秘书说：“没关系，我下次再来拜访，所以还是请董事长留下名片。”

秘书拗不过业务员的坚持，硬着头皮再进办公室。董事长很生气，将名片一撕两半，丢回给秘书。秘书当场不知所措地愣住，董事长生着气从口袋里拿出十块钱说“十块钱买他一张名片，够了吧！”

岂知，当秘书递还给业务员名片与钱后，业务员很开心地高声说：“请你跟董事长说，十块钱可以买我的两张名片，我还欠他一张。”随即再掏出一张名片交给秘书。

突然，从办公室里传来一阵大笑，董事长走了出来说：“这样的业务员我不跟他谈生意，还找谁谈？”

资料来源：屹尔．十块钱买一张名片．企业管理 [J]．2009（03）：89．

评析：

当你不顺着设局者的逻辑思考时，你才能出自己的招，去破解对手的招数。

小　结

社会组织是公共关系活动的实施者和承担者，是公共关系的主体。本章对社会组织的定义、特征与分类进行了说明；介绍了公共关系公司的基本类型、业务范围和选择公共关系公司的标准；讲述了公共关系部的组建原则，设置方式，优势与局限性；同时对公共关系行业组织的类型、特征和职能进行了介绍；最后对公共关系人员的能力要求、生理和心理素质要求进行了阐述。

思考讨论

1. 有人说，与人交往最重要的是率真、自然，没有必要掌握礼仪与规矩。你怎么看待这个问题？
2. 在一些企业中，公共关系部是作为一个三级机构而存在的（即部门隶属型）。你认为公共关系部应隶属于哪一个部门？是办公室、宣传部、营销部，还是市场开发部？为什么？
3. 小张是某大学公共关系专业的学生，但是她一直认为，自己性格内向，身材及长相一般，所以不具备成为成功公共关系人员的条件。你如何评价这种看法？你认为性格和外貌在成为一名优秀公共关系人员中起多少作用？你理想中的公共关系“达人”是怎样的？
4. 假如你是刚毕业的大学生，到公共关系公司应聘，你如何向招聘人员展示你的知识、能力及其他素质？
5. 如果以后不从事公共关系的相关工作，是否还需要学习公共关系？

能力实训

1. 工作交接模拟：由两位同学分别扮演交者和接者的角色，先由交者说清楚：①原规定的工作任务；②已完成和尚未完成的事务；③困难所在；④注意事项。然后由接者复述要点，具体的任务可由教师拟定，主要训练学生的责任心和良好的工作习惯。
2. 某家生产电子产品的公司，现有员工 1 500 人，经济效益较好。随着其产品的增加和经营范围的扩大，公司公共关系的问题也越来越突出。现在，公司决定成立一个专门机构，即公共关系部，全权负责处理公司的公共关系事务。请帮助公司设计一个公共关系部的组建方案，就机构的设置、人员的配备、职责的确定等内容做出详细的分析说明。

课外导读

[1]　向东强. 交际公关话语沟通艺术 [M]. 北京：海潮出版社，2014.
[2]　金正昆. 公关礼仪 [M]. 西安：陕西师范大学出版社，2012.
[3]　老象. 谭教授公关记 [M]. 西安：陕西人民出版社，2009.
[4]　奥美公司. 奥美观点精选（公关卷）[M]. 北京：中国市场出版社，2009.
[5]　迈克·比尔德. 公关部门运作 [M]. 谢新洲，等译. 北京：北京大学出版社，2005.

Chapter 5
第 5 章

公共关系的客体：公众

学习目标

掌握：针对企业常见目标公众的公共关系工作内容。

理解：公众的不同分类。

了解：公众的概念和特征。

不以服饰区别对待公众

某街区一家靓女时装店，专营各类布料高档、款式新颖的女式时装，颇受经济条件优越，喜欢扮靓的女士、小姐们的青睐。某著名报社记者小王，偶然从母亲手中的报纸看到了这家店“新款”、“酬宾”的广告，打算在女友阿玲（在外地工作）过生日的时候买一套时装送给她。刚巧有一天，小王在参加社区劳动后风尘仆仆地从该店门前经过，看见同事惠娟和叶子在店里讨价还价买时装，顿时大喜，想进店询问两位同事情况。但“天有不测风云”，门口保安硬是不让小王进去，原因是小王“衣冠不整”、“像个农民”、“不会买时装”等。小王越解释，保安越觉得他有“不轨”企图。双方争执不下，引来许多人议论纷纷，直至店面经理出面调停。

资料来源：兰州商学院．公共关系案例集锦（2007年修订）．1．

讨论：1. 对于这家时装店，谁是它的常见目标公众？

2. 如果你是经理，怎样让小王和其他人从逆意公众转变为顺意公众，及时挽救声誉，树立好的形象？

公共关系主体的工作对象就是公众。组织开展公共关系工作，就是为了使自己与公众建立相互支持、彼此合作的良好关系。公众是公共关系工作的出发点，也是衡量公共关系工作好坏的重要标准。本章将分别介绍公众的含义和特征、公众的分类，并对企业常见目标公众进行介绍和分析。

5.1　公众概述

5.1.1　公众的含义及特征

1. 公众的含义

公众是指与公共关系主体利益相关并相互影响和相互作用的个人、群体或组织。公众作为公共关系的基本构成要素，是公共关系学中最基本的概念之一。

（1）公众是公共关系主体传播沟通对象的总称，它与人民、群众、大众、受众等概念是有区别的。

（2）公众是相对于特定组织而存在的。组织的诞生，就意味着与之息息相关的内外部公众的形成；反之，组织消失了，与之相关的公众也会消失。

（3）公众是由共同的利益、问题等联结起来，并与特定组织发生联系或者相互作用的个人、群体或组织的总和。

（4）公众是客观存在的。公众作为主体的作用对象与其存在着客观的、不以主体的主观意志为转移的关系。

2. 公众的基本特征

公众的基本特征主要表现为以下四个方面。

（1）整体性。公众不是单一的群体，而是与某一组织发展有关的整体环境。任何组织的生存和发展都离不开一定的公众环境。组织在开展公共关系活动时，不能只注意其中某一类公众，而忽略了其他公众。公共关系工作必须将组织面对的公众视作一个完整的系统，用全面系统的观点来分析自己所面临的公众。

（2）共同性。公众不是一盘散沙，而是具有某种公共特性的群体。当某一群人、某一社会阶层、某些社会团体因某种共同性而发生内在联系时，便成为一类公众。这种共同性即相互之间的某些共同点，例如，共同的背景、共同的兴趣、共同的利益、共同的需求、共同的问题等。这样一些共同点，让一群人或一些团体有着相同或相似的态度和行为，从而成为某一组织的公众。

（3）多样性。公众的存在不是单一的，而是复杂多样的。“公众”仅是一个统称，具体的公众形式可以是个人、群体、团体或组织。日常的公共关系对象，包括各种各样的个人关系、群体关系、团体关系、组织关系等。不同形式的公众，要选择不同的沟通渠道和不同形式的沟通手段。公众形式的多样性，决定了沟通方式和传播媒介的多样性。另外，多样性还表现在不同的公众具有不同的需求和目的。虽然作为特定组织的公众，他们都面临着一个共同的问题，但在解决这一问题的过程中，他们所表现出来的利益追求和价值取向存在一定的差异。

（4）可变性。公众不是封闭僵化、一成不变的对象，而是一个开放的系统，处于不断变化发展的过程中。一是公众的形成取决于共同问题的出现，一旦这个问题解决了，那么作为公共关系意义上特定问题的公众就不存在了。二是任何组织面临的公众，其性质、形式、数量、范围等均会随着主体条件、客观环境的变化而变化。公众环境的变化，必将导致公共关系上工作目标、方针、策略、手段的变化。可见，组织必须以发展的、动态的眼光来认识和把握自己的公众。

5.1.2 公众的分类

公众是组织赖以生存的基础，是公共关系活动的对象。在现实生活中，公众不是一个简单的整体，而是一个极其复杂的网络系统。每个组织在开展公共关系活动之前，都必须根据不同的需要、从不同角度、按不同方法对复杂而广泛的公众进行分类，这样才能做到有的放矢地确定公共关系目标，制订公共关系计划。因此，一般来讲，对公众进行必要分类，把握其内在规律性，是公共关系人员必须掌握的基本功。

1. 按与组织的关系分类

根据公众与组织的关系可以将公众分为内部公众与外部公众两类。

（1）**内部公众**。内部公众，即组织内部的成员群体，也包括员工、股东和员工家属等。

（2）**外部公众**。外部公众，即组织的外部沟通对象群体，包括消费者、政府部门、社区居民等。

2. 按对组织的重要性分类

根据公众对组织重要性程度的不同，可以把公众划分为首要公众和次要公众两类。

（1）**首要公众**。首要公众是与组织关系密切，对一个组织的生存和发展具有重要影响力或起决定性作用，而且还影响和制约着其他公众的公众。一般而言，所有组织的员工和股东、商店的顾客、宾馆的旅客、工厂的客户都是首要公众。首要公众是组织生存发展的“生命线”，是公共关系对象中最关键的公众。因此，组织的公共关系部应该投入最多的人力、财力和物力来维持和改善同这类公众的关系。

（2）**次要公众**。次要公众是对一个组织的生存发展有一定影响，但这种影响尚不具有决定性作用的公众，比如社区公众、新闻界公众。由于组织的人力、财力、物力总是有限的，因此开展对此类公众的公共关系工作应放在次要地位，以突出公共关系工作的重点，提高效益。但应该注意的是，次要公众虽然不是组织公共关系的重要对象，但如果完全忽视他们的存在，则会造成组织公共关系恶化。因为在一定条件下，次要公众也可能转化为首要公众。

3. 按公众本身的发展过程分类

根据公众发展过程的不同阶段，可以将公众划分为非公众、潜在公众、知晓公众和行动公众四类。

（1）**非公众**。非公众是指处在某组织的影响范围中，但其观点、态度和行为不受这个组织的影响，也不对这个组织产生影响力。在组织的视野中，他们就成为非公众。

（2）**潜在公众**。潜在公众是指已经同组织发生了某种利益关系，由此引起了某种问题，但其本身暂时未意识到这种问题存在的公众。

（3）**知晓公众**。知晓公众一般是由潜在公众发展而来。当公众面临由一个组织的行为引起的共同问题，而且他们本身已经意识到这种问题的存在时，他们就成了知晓公众。知晓公众一旦形成，就会急切地想了解问题的真相、原因和解决办法。

（4）**行动公众**。行动公众是由知晓公众发展而来的。当公众不仅意识到由组织行为引起的问题，而且准备采取或已经采取行动以求问题的解决时，他们在组织的视野中就成了行动公众。

案例　大亚湾核电站工程指挥部的公共关系策略

中国政府经过科学的分析和调查，决定在深圳大亚湾修建一座核电站。然而建设之初，工程指挥部对外封锁消息，公众被蒙在鼓里，处于潜在公众的位置。恰巧苏联发生了切尔诺贝利核电站爆炸事故，造成了严重的后果。核电站，这一攸关人类生存的重大问题引起了世界各国人民的广泛关注。我国在大亚湾修建核电站的消息也成为香港各界公众的热议话题，此时潜在公众发展成为知晓公众。与此同时，反对在大亚湾修建核电站的呼声越来越高。香港公众组织了反核的专门机构，还有 125 万中国香港公众签字的请愿名单将送至北京，此时，知晓公众发展成为行动公众。经过工程指挥部的分析，认识到风波产生的原因在于对大亚湾核电站的修建缺乏宣传，于是工程指挥部门采取了以下对策。

（1）立即组建核电站公共关系处，由一位高级工程师任处长，以增强公共关系宣传的针对性。

（2）通过新华社、中新社等新闻媒介如实报道苏联切尔诺贝利核电站爆炸事故调查及救援工作开展的情况，指出该事故是由于操作人员操作不慎所造成的，并非技术问题。

（3）由具有权威的核科学家和核电专家在香港举办关于核电知识的讲座。

（4）组织香港人士参观大亚湾核电站基地和设施，增加工程的透明度。

通过以上公共关系活动的开展，一场轩然大波终于平息了。

资料来源：韩宝森．公共关系理论、实务与技巧 [M]．北京：北京大学出版社，2009：51．

4. 按公众对组织的态度分类

组织面临的公众，由于他们所处的地位和环境，扮演的社会角色和主观的认识水平，以及利益追求等条件的不同，从而形成对组织的不同态度。按公众对组织在公共关系中的不同态度，可将其分为顺意公众、逆意公众和边缘公众。

（1）**顺意公众**。顺意公众对组织的政策、行为和产品持赞成、支持和认同态度，他们是推动组织发展的基本工作对象。这类公众对美化、宣传组织，提高组织的知名度和美誉度，有着极为重要的作用，应该把这类公众作为组织宝贵的财富悉心维护。

（2）**逆意公众**。逆意公众对组织的政策、行为和产品持批评、反对甚至敌视态度。这类公众是公共关系工作的重要对象，他们之所以产生逆意，一定是事出有因。组织的公共关系人员要全面调查逆意公众产生的背景条件，主动进行适时有效的沟通，促进其改变敌对态度，从逆意向顺意转化，多交友、少树敌。

（3）**边缘公众**。边缘公众对组织持中间态度，观点和意向不明朗。这类公众介于顺意公众和逆意公众之间，他们对组织缺乏感情定向，既可能成为顺意公众，也可能成为逆意公众，是公共关系工作争取的对象。

5. 按组织对公众的态度分类

组织根据自己的需要，对不同公众也会形成不同的态度。按组织对公众的好恶程度分类，可以把公众分为受欢迎的公众、被追求的公众和不受欢迎的公众。

（1）**受欢迎的公众**。受欢迎的公众是指完全符合组织的需要并主动对组织表示兴趣和沟通意向的公众。例如，自愿的投资者、捐赠者、赞助者，主动为组织采写正面宣传文章的记者等。

（2）**被追求的公众**。被追求的公众是指符合组织的利益和需求，但对组织却不感兴趣、缺乏交往意愿的公众。例如，著名的记者、社会名人等。

（3）**不受欢迎的公众**。不受欢迎的公众也称必须回避的公众，是指那些违背组织的利益和意愿，对组织构成潜在或现实威胁的公众。例如，各种对组织抱有敌意的人士，或对组织构成额外压力和负担的团体等。

6. 按公众构成的稳定程度分类

公众受客观环境和外在条件发生变化的影响，其稳定性和组织性程度也有很大的差异。按照这个标准，可以把公众分为临时性公众、周期性公众和稳定性公众。

（1）**临时性公众**。临时性公众是指因某一临时事件、活动或某一共同问题临时聚集在一起的公众。例如，舞会的来宾，球场、剧院、展览会、运动会的观众，因飞机航班误点而滞留机场的乘客。

（2）**周期性公众**。周期性公众是指按一定规律和周期出现的公众。例如，逢节假日出游的游客、购买节假日货物的顾客、招生时节的考生和家长等。

（3）**稳定性公众**。稳定性公众由于兴趣、爱好、习惯的影响，比较集中地与某些组织发生稳定的联系，是组织的基本公众。例如，定期到医院体检的老年人、经常购物的顾客、组织的内部公众、社区的居民等。

从以上分类的方法和标准可以看出，公众的分类是多维度的，每一类公众都可以按各种分类标准细分为相应的类型。但实际上，任何现实生活中的具体公众都不纯粹属于某种类型。某一个类公众或组织公众可能同时承担或被赋予多重公众身份。例如，某一类公众既是外部公众，同时也可能是首要公众、顺意公众、行动公众等。在具体的公共关系实践中，应有针对性、有重点地选择公众对象，在符合公众利益的前提下进一步对公众施加影响，并取得公众的信任和支持。

5.2 组织常见的目标公众

每个组织都有特定的目标公众对象。组织的性质、类型不同，具体的目标公众对象也就不完全相同。本章所列的目标公众只是在一般社会组织中较为常见的带有一定共性的目标公众，简要分析其内容、传播意义和相关方法。

5.2.1　内部公众

内部公众主要包括员工、股东及员工家属。因为员工家属与员工的利益有着高度的一致性，所以，一般把组织与员工家属的关系并入组织与员工的关系中。要塑造良好的组织形象，就必须做好组织内部公众公共关系的处理工作。

1. 员工

员工是企业的“细胞”，即企业的最基本构成单元，没有员工就没有企业。企业与员工关系的处理既需要科学的管理方法，又需要精湛的管理艺术，企业处理员工关系的方法与技巧有如下三种。

（1）**尊重员工的合理需求**。根据马斯洛的需求层次理论，员工的各种需求，无论是低级需求还是高级需求，都是公共关系应关注并尽力解决的。此外，公共关系人员要善于抓住有利时机，知道员工正在追求哪个层次的需求，并用这种需求来激励他们，以取得更好的激励效果，调动员工的积极性。

（2）**建立和完善内部沟通交流网络**。由于组织的内外环境处于千变万化之中，这必然会对组织内部员工的思想、情绪、心理产生影响，并使组织所面临的问题更加复杂化。同时组织为了适应这些变化，也必须把有关的信息、要求等传达给员工。因此，组织建立正常、有效的沟通交流网络是必要的。常见的内部沟通交流方式有员工会议、公告牌、员工意见箱、各种员工活动、电子渠道、内部刊物、员工手册、报告会等。

（3）**提供员工全面发展的平台**。员工的全面发展就是指提倡员工在组织环境中的自然素质、业务素质和心理素质的全面发展，是一种综合的发展。员工通过教育和培训，不断提高自身科学文化、技术和管理素质，增强员工对新的生产方式、新的社会要求的适应能力。同时，组织给员工提供晋升机会，对表现优秀并具有较好的适应性和潜力的员工，通过职位晋升来表示对员工能力的认可和尊重。

案　例　　松下崛起的秘密

日本松下电器公司是一家世界闻名、实力雄厚、经营管理独特的大型公司，被海内外企业界誉为“经营之神”的公司创始人松下幸之助更是大受推崇。在处理内部公共关系上，松下先生十分强调富有“人情味”的管理。其主要做法有如下四种。

（1）拍肩膀。在车间里和机器房内，当一个员工兢兢业业、一丝不苟地工作时，常常会被前来巡视的经理、领班们发现。他们先是拿起零件仔细瞧瞧，然后会轻轻拍打几下员工的肩膀，并说上几句“不错”、“很好”之类的话。

（2）送红包。当你完成一项重大技术革新，或你的一条建议为企业带来重大效益的时候，老板会不惜代价地重赏你。他们习惯于用信封装上奖金，私下或是当众送给你。对员工来说，老板这样做可以避免一些人，尤其是一些“多事之徒”不必要的斤斤计较，减少因奖金多而滋事的可能。

（3）请吃饭。凡是逢年过节、厂庆，或是职工婚嫁，厂长和经理们都会慷慨解囊，请员工赴宴或上门贺喜、慰问。在餐桌上，上级和下属可尽情地拉家常、谈时事、提建议，气氛和睦融洽。

（4）开辟“出气室”。公司设立专门房间，里面摆着公司大大小小行政人员与管理人员的橡皮塑像，旁边还放上几根木棒和铁棍。假如哪位员工对自己的某位主管不满，心有怨气，你可以随时来到这里，对着他的塑像拳脚相加，棒打一顿，以解心中积郁的闷气。过后，有关人员还会找你谈心聊天，沟通思想，给你解惑。久而久之，松下公司就形成了上下一心、和谐融洽的“家庭式”氛围，从而使松下公司及其产品总是格外受人青睐，并不断走向世界。

案例来源：黄昌年．公共关系学教程[M]．2版．杭州：浙江大学出版社，2007．

讨论：

松下电器公司的这种处理员工关系的方法适合所有企业吗？为什么？

2. 股东

股东是指出资经营公司并对公司债务负责的人，是公司股份的所有者或投资者。股东是企业内部公众的重要组成部分，对公司的生存和发展具有重要的影响，有时甚至会起到决定性的作用。要处理好与股东之间的关系就要做好以下两个方面的工作。

（1）了解股东需求，维护股东正当权益。广大股东投资组织的最直接目的是获得相应的收益，因而他们自然对组织能给他们带来多大的经济利益十分关心。组织处理股东关系最好的办法就是尊重并保障股东权益。尊重股东权益就是要尊重股东作为组织所有者的资产收益权、重大决策权和选择管理者权等。组织应及时或定期将组织运行发展的宏观状况和有关的个体情况向股东通报，并应经常收集股东对组织所提供信息的反馈意见，再把处理情况及时反馈给股东。组织还应定期或不定期地询问股东的意见和建议，邀请股东对企业进行实地考察、出席股东大会、阅读组织相关文件，并请他们收集有关外部公众和社会各界对组织的意见和建议。

（2）开展多种多样的公共关系活动。比如组织运用人际关系的处理技巧直接与具体的股东打交道；开展组织与股东之间、股东与股东之间的各种联谊活动；利用股票发行的时机开展宣传活动；利用组织庆典或组织重大活动的机会，邀请股东参加组织的成就展或座谈等活动，等等。

5.2.2 外部公众

外部公众包括顾客、社区、新闻界、政府、竞争对手、金融界等各类与组织生存和发展有着某种联系的公众。任何社会组织都生存在一定的社会环境中，都需要与外界各方面的公众发生广泛的联系，建立良好的外部公共关系是社会组织生存发展的必要条件。

1. 顾客

顾客，即消费者，泛指购买、使用本组织提供的产品或服务的个人、团体或组织。它是与组织具有直接利益关系的外部公众，是企业沟通传播的重要目标公众对象。针对顾客的公共关系内容主要包括两个方面。

（1）**提供适合顾客的一流的产品和服务**。提供一流的产品和服务，以及配套服务，这是发展良好的顾客关系的基础。顾客在选购产品和接受服务时，一般希望选购到喜欢的商品和享受到热情周到的服务，受到良好的待遇并获得心理上的满足。

（2）**重视与顾客的信息交流**。加强组织与顾客之间的信息交流，是赢得顾客信任的重要途径。一方面，组织要通过各种途径及时向顾客传播有关信息，包括对顾客的消费引导。另一方面，组织要注意搜集和处理顾客的信息反馈，比如处理顾客投诉、维护顾客利益、争取顾客更多的信任，维持组织和顾客之间水乳交融的关系。

2. 社区

社区是指组织所在社区内的地方政府、社会团体、单位、居民等。社区是由特定的活动空间、生活空间所确定的，区域性和空间性很强，是社会组织生存发展的根据地。同时，社区类型繁多、涉及面广，对组织的评价和看法极易传播，对树立什么样的组织形象，可以说是起到重要的作用。因此，良好的社区关系，能为组织创造一个稳定的生存环境。针对社区的公共关系内容主要包括以下四个方面。

（1）**积极融入社区，承担必要的责任**。社会组织必须从观念上和行动上将本组织定位为“社区的一员”，这样才能搞好与社区公众的关系。社会组织要做到入乡随俗，即尊重社区的风俗习惯，有时为与社区打成一片，还要有意识地将自己的产品、服务和员工本地化、社区化。例如，美国的麦当劳快餐店，一般都用当地人做主管。麦当劳快餐店是希望通过这种方式，使本企业融入社区生活，得到社区公众的支持。

（2）**门户开放，增进相互的了解**。组织要与社区保持良好关系，必须让他们知道本组织是干什么的。本组织的状况、规模、运行、生产、经营等情况，除了确实应该保密的以外，应尽量让社区知晓，特别是一些极容易引起误会的组织，例如，化工厂、医院、兵营等。让社区知晓的方式有：开放参观、组织座谈、媒介宣传等。

（3）**惠及邻里，寻求共同的发展**。组织应该实实在在地把社区作为组织生存发展的基础，加以苦心经营、精心维护，并为其繁荣昌盛做出应有的贡献。例如，开放组织的食堂、餐厅、浴室、运动场、礼堂、电影院等福利设施，优先增加社区的投资项目，积极支持社区公益事业等，为社区的发展和繁荣尽力。

（4）**与民同乐，促进情感的交融**。为了最大限度地争取社区的理解、支持，组织还必须增加与社区的感情交流。例如，组织庆典、节假日在社区开展各种大型活动，或直接参加社区的庆祝活动，通过布置环境、摆放花木、组织文艺演出等形式渲染喜庆气氛。社会组织可经常性地开展与社区的交流，比如邀请社区领导参加组织活动，开展组织与社区的文体交流活动等。

投资社区建设，培养良好环境

IBM台湾子公司荣获公共关系基金会评选的年度“最佳社区关系奖”，其得到的评语是：长期而具体地策划社区公益活动，受益阶层广泛，是组织落实本土化之典范。他们的社区关系工作主要有如下五个方面。

（1）先进的社区建设理念——取之于社会用之于社会。公司成立专门的公共关系服务部，每年编制公益预算，从事专项公益活动。

（2）强调社区公益活动的前瞻性与典型性。IBM有计划地选择并组织策划了一些能引起社区公众共鸣，且广受社区公众关心的主题活动，并予以长期坚持。

（3）社区公益活动的多维化。例如，IBM通过与当地社团合作成立“软件工程研究班”，帮助培养中、高级人才；与台湾大学合作引进生产自动化技术；将台湾学子送到IBM本部受训；举办大学院校企业个案研讨比赛等，显示其为社区技术与人才培养的无私奉献之心。

（4）社区环境的积极守护者。IBM与其他三家组织伙伴一起认养敦化路和八德路口的敦北地下道，并获台北市养工处的认养绩效最优单位称号，等等。

（5）对慈善事业的热心倡导与积极投入。IBM连续三年举办救助弃婴慈善音乐会；连续五年独家赞助由台北市主办的“台北市音乐季”；提供台湾专科、大学及研究院信息科学相关科系的绩优学生奖学金；赞助社区居民的慈善游园会、慈善义卖晚会、“残障青年科技之旅”等活动。

IBM公司正是由于这些科学、有序的社区公益活动，在台湾公众心目中树立起了良好的正面形象，赢得了公众的喜爱与支持。

资料来源：公关案例分析．中华文本库．http://www.chinadmd.com/file/cwezar6ocvvuitiev3p6zscp_5.html．

3. 新闻媒介

新闻媒介是指新闻传播机构及其工作人员，比如报纸杂志社、广播电台、电视台及其编辑、记者。新闻媒介是公共关系工作对象中最敏感、最重要的一部分，国外誉为第四权力，即立法、司法、行政和媒介。记者、编辑、节目主持人、专栏作家等新闻工作者信息灵通、能言善辩、思维敏捷，影响和操纵着社会舆论，被称之为“无冕之王”。发展良好的新闻媒介关系，有利于争取新闻媒介对本组织的了解、理解和支持，以便形成对自身有利的舆论气氛，并通过新闻媒介实现与大众的广泛沟通，增强组织对整个社会的影响。针对新闻媒介的公共关系工作内容主要包括四个方面。

（1）**熟悉新闻媒介**。组织应了解新闻媒介的背景、特点、种类、工作流程及行为规范，只有这样才能借助于新闻媒介来提高知名度，宣传产品和服务，树立组织信誉和形象。

（2）**诺守交往原则**。正确处理与新闻媒介的关系应注意相关原则，比如要以礼相待，态度热情；以诚相待，主动向新闻媒介提供有价值的素材；不论其机构规模如何要平等对待，对前来采访的新闻媒介和记者要不管大小和名望高低一视同仁。

（3）**正视批评报道**。尊重新闻媒介的自身权利。一般来说，组织总喜欢接纳那些给予自己赞扬的记者或新闻媒介，而不太欢迎批评组织自身行为的报道。公共关系工作必须正确看待新闻媒介传播的不利于本组织的信息。如果本组织确实存在问题，舆论批评正确，应及时接受，及时纠正错误，并把本组织所做的相关调整、纠正、补救工作的情况通报给新闻媒介。如果舆论批评失实，组织也要在高度重视的情况下，真诚与新闻媒介沟通、解释、说明。

（4）**加强情感交流，着眼长期关系**。由于新闻媒介对组织公共关系的重要性，组织应着眼长远，通过种种努力密切双方的情感关系，从而长期合作。

案　例　社会组织不得不重视传媒的“态度”

美国 Mobil 石油公司副总裁致函《纽约时报》，指出在过去两年中，《纽约时报》已发表了 20 篇纽约州司法部控告 Mobil 公司的报道，其中有 10 篇上了头版，事实上其中有两次控告被州法院所否决，但《纽约时报》未做任何报道，此后 Mobil 公司曾反过来向法院控告纽约州司法部，结果《纽约时报》还是未做报道。“为什么美国 Mobil 公司被控告是新闻，而 Mobil 公司控告他人就不是新闻了呢？”这一问题值得深思。

资料来源：黄昌年. 公共关系学教程 [M]. 2 版. 杭州：浙江大学出版社，2007.

讨论：

1. 为什么美国 Mobil 公司被控告是新闻，而 Mobil 公司控告他人就不是新闻了呢？
2. 你觉得美国 Mobil 石油公司副总裁致函《纽约时报》的做法对吗？如果你是美国 Mobil 石油公司副总裁，你会怎么做？

---

4. 政府

政府一般是指掌握公共权力的一切机构、中介或个人，它包括行政、司法及其他执掌公共事务管理权的组织及其成员。良好的政府关系可以使组织获得某些政策方面的优惠与支持，能使组织得到人、财、物及信息资源方面的支持，并能使社会组织获得良好的舆论环境。针对政府的公共关系工作内容主要包括四个方面。

（1）**认真研究，准确掌握，坚决贯彻政府的政策法令**。组织要认真研究、掌握并贯彻政府的政策法令，要使其一切活动保持在政策法令允许的范围内，并注意政策法令的变动情况，随时修正本组织的政策和行动。遵纪守法、执行政策、服从领导，这是取得政府信任的前提。

（2）**积极进行上向沟通，扩大组织的影响，取得政府的信赖**。组织要想扩大影响，取得政府的信赖，应采取有效的沟通手段。例如，组织呈报有关计划、总结，邀请上级领导参加有关新建项目的落成典礼、新产品发布会及重大庆典活动等；请求政府部门负责人就遇到的问题及时给予指导和帮助等；使政府了解组织的成就和对社会、国家的巨大贡献，从而增强对组织的信任。

（3）**熟悉政府机构的具体设置和职责分工**。政府内部分工复杂，有许多业务分工互相渗透、交叉，若分不清职责范围，违背管理权限，就很难分清主次，这样往往会导致不必要的麻烦。

（4）**领会政府部门和领导的意图**。意图就是为实现某一目标，完成某一任务而做的设想、计划。协助政府部门和领导完成共同的事业，必须了解这项事业的目的、设想、方法及与此相联系的各种行为动机，这就是领会意图。领会意图是配合政府工作，协同工作的重要基础。而且，政府部门的不同领导者，其思想方法、工作方式、性格特点、气质类型、生活习惯和特定条件下的心理状况等也不同，组织的负责人掌握他们这些方面的特征，非常有利于组织开展工作，协调好和政府部门的关系。

5. 竞争对手

竞争对手是指在同行业中为了取得有利的产销条件而与本企业进行相互较量的其他企业。同行竞争是商品经济的必然现象，企业经营总是在一定的竞争环境下进行，并在竞争中发展的。同行之间既是竞争者，又是互助者，只有这样才能取长补短，共同发展。所以，处理与竞争者之间的关系，目标不是你死我活、不择手段的不正当竞争，而是在推动我国经济繁荣的大前提和共同利益下展开的正当竞争。同行之间首先应看作伙伴关系，然后才是竞争对手关系。

（1）**光明正大，避免不正当竞争**。组织应该以科学经营管理、改进技术设备、提高产品或服务质量等正当方式展开竞争，从而使胜者能坦然地不断进取，使败者心悦诚服地奋起直追，切忌借助官方的或其他有关方面的“看不见的手”来打压对方。要用合乎道德、人格的方式展开正当的竞争，而避免在广告宣传、产品宣传或其他途径上贬低、打击对方，乘人之危、落井下石。

（2）**差异发展，避免恶性竞争**。企业应采取高明的对策，使出“你好我比你更好”的良性方式展开竞争，要做到人无我有、人有我优，避免借由价格战等形式两败俱伤。

（3）**求同存异，竞争不忘合作**。衡量组织公共关系艺术水平高低的关键在于能不能化异为同、化敌为友、化消极为积极。在市场经济环境下，竞争是为了增强各自的力量，合作可以使双方都变得更加强大。因此，组织应该努力探索与竞争对手共同发展的新途径，并以积极的真诚努力和巧妙的艺术方法把这种可能变为现实。

案 例

腾讯 QQ VS 奇虎 360 大战事件

2010 年，腾讯和 360 为了各自的利益，展开过一场前所未有的互联网之战。9 月 27 日，360 安全卫士推出个人隐私保护工具 360 隐私保护器，目标直接瞄准 QQ 软件，360 与腾讯在客户端领域再起冲突。10 月 14 日，腾讯正式起诉 360 不正当竞争，360 提起反诉。10 月 27 日晚间，腾讯通过弹窗的方式，联合百度等网站发表声明，指责 360 不正当竞争，并号召同行不与 360 发生任何形式的商业往来，360 随之通过弹窗形式反击，掀起两家弹窗大战。11 月 3 日，腾讯与 360 之战爆发最新冲突，腾讯称装有 360 的计算机将停止运行 QQ 公开信后，360 表示将保证和 QQ 同时正常使用，腾讯方暂停 WEBQQ 使用，360 下线了 QQ 保镖。这是中国互联网史上影响人数最多的一次热点事件。直到 11 月 7 日，腾讯与 360 同时发表声明：在工信部的调解下，双方决定休战，握手言好——至此，一场惊动中国、震动 4 亿网民的“鹅虎”之战终于告一段落。

资料来源：新华网广东频道，2011-01-06．http://www.gd.xinhuanet.com/newscenter/ztbd/2011-01/06/content_21803844.htm.

讨论：

1. 两家大战，谁是赢家？为什么？

2. 该事件带给你的启示是什么？

6. 金融界

金融界是指通过一定形式或途径向组织注入资金或提供服务的专业银行、外汇银行、证券公司、保险公司、商业性投资公司、会计记账公司等。组织要实现生产经营的职能，必须具备充足的资金，这种资金单靠其自身解决比较困难。同时，组织在生产经营过程中，尤其是与其他组织的业务往来中所涉及的结算、汇兑等问题也不是单靠组织能处理好的。必须依靠金融机构做资金后盾和相关运作的中间桥梁。针对金融界的公共关系工作内容主要包括三个方面。

（1）**实事求是，帮助金融界了解真实情况**。针对金融机构对组织情况、资信程度、还贷能力的关心，组织必须提供真实情况，以建立基本的信任度。

（2）**积极主动，配合金融界实施有效监督**。组织要取得金融机构的信任，除了提供真实情况，还必须使他们能参加到组织的生产、经营之中，发挥必要的监督作用。组织的产、供、销、存等系统不仅要让金融机构熟悉，而且要主动征求他们对资金使用的建议、要求，同时还要就组织的整体发展、市场开拓等情况主动征求他们的意见、建议。

（3）**真心诚意，争取金融界给予必要的资金和信息支持**。金融机构放贷资金一般都要考虑风险问题，他们对没有市场前途的项目或市场前景不明朗的新项目一般都十分慎重，这时就需要组织的公共关系人员予以说服，争取理解、支持。另外，由于金融机构面对各类组织，处在市场网络的敏感地带，所了解、掌握的信息十分丰富，如果为社会组织所用，必然会产生巨大效益。所以，这就要求组织的公共关系人员通过开展有效的公共关系活动，争取金融机构在信息方面的支持。

7. 社会名流

社会名流是指那些对公众舆论和社会生活具有较大影响力和号召力的有名望的人，比如政府要员、工商界和金融界的要人，科技、教育、学术界的专家和知名学者，文化、艺术、影视、体育界的名人以及其他社会生活中的知名人士等。这类公众的数量虽然有限，但却具有显赫的地位和重要的影响，往往具有意见领袖的作用。借助社会名流可扩大组织的公共关系网络，增强组织在公众中的影响作用，同时借助社会名流的知识特长，为组织的经营管理提供有益的建议，为组织增添知识财富和信息财富。针对社会名流的公共关系工作内容主要包括两方面。

（1）**为组织物色一些名气大、声誉好的社会名流**。这种方式可以极大地提高组织的社会知名度。社会名流虽然知名度很高，但美誉度参差不齐。组织必须利用各种社会关系网络，创造条件，使社会名流对组织充满信心，甘愿为组织的管理和经营献计献策。

（2）**充分发挥社会名流在社会生活中的积极作用**。社会名流的作用体现在方方面面，组织必须清楚社会名流的名望所及的范围、对象与特长，结合组织自身的公共关系活动，能够将本组织的形象与社会名流的名望联系在一起，将本组织的工作内容与社会名流的专长联系在一起，将本组织的社会关系网络与名流公众的社会交往范围联系在一起。

小　结

公众是与公共关系主体利益相关并相互影响和相互作用的个人、群体或组织。公众具有整体性、共同性、多样性、可变性等基本特征。每个组织在开展公共关系活动之前，都必须根据不同的需要，从不同角度、按不同方法对公众进行分类。根据公众与组织的关系可以将公众分为内部公众与外部公众。根据公众对组织重要性，可分为首要公众和次要公众。根据公众发展过程的不同阶段，可分为非公众、潜在公众、知晓公众和行动公众。按公众对组织在公共关系中的不同态度，可分为顺意公众、逆意公众和边缘公众。按组织对公众的态度，可分为受欢迎公众和不受欢迎公众。按公众构成的稳定程度，可分为临时性公众、周期性公众和稳定性公众。每个组织都有特定的目标公众对象。一般组织较为常见的目标公众有员工、股东、顾客、社区、新闻媒介、政府、竞争对手、金融界等各类与组织生存和发展有着某种联系的公众。针对不同的公众对象，公共关系内容有所不同。

思考讨论

1. 如何理解“消费者总是正确的”这一口号？
2. 如果你是一家企业的员工，请从心理需求角度出发，谈谈该企业如何做才能使你满意。
3. 如果你是一家企业的公共关系部经理，你将如何利用媒介的“把关人”角色。

能力实训

1. 以自己的身份和经历为例，列出你曾经是哪些组织的哪几种类别的公众。
2. 请展开联想，为你所在院校列一份10人的名流名单。
3. 以你的班级为单位设计一项公益活动，特别注意如何有效兼顾不同类别公众的利益和需求。

课外导读

[1] 沃尔特·李普曼. 幻影公众[M]. 林牧茵，译. 上海：复旦大学出版社，2013.
[2] 沃尔特·李普曼. 公众舆论[M]. 阎克文，等译. 上海：上海人民出版社，2006.
[3] 查伦·李，乔希·贝诺夫. 公众风潮：互联网海啸[M]. 陈宋卓涵，译. 北京：机械工业出版社，2010.
[4] 卢毅刚. 认识、互动与趋同：公众舆论心理解读[M]. 北京：中国社会科学出版社，2013.

Chapter 6 第 6 章

公共关系的互动过程

学习目标

掌握：公共关系三种基本互动方式（塑造形象、传播管理和协调关系）的具体应用。

理解：组织与公众之间形成互利关系的方法和手段不仅限于传播管理，还包括塑造形象和协调关系。

了解：相关基本概念的含义和作用等。

引例

云南马帮入京“进贡”普洱茶

马帮是云南一种古老的运输方式。历史上，云南大叶种茶在马帮外运途中，沐风淋雨，自然发酵成为了功效独特的普洱茶。普洱茶成为皇室贡茶后，也是通过马帮运送中自然发酵而最后成形。“我们组织这次马帮驮茶进京活动，就是想再现当年的一段历史，让世人认识到真正的、原生态的、自然发酵的普洱茶。”云南省茶叶协会会长邹家驹这样说。40 多位赶马人、100 多匹骡马组成的马帮从云南的普洱县启程赴京，至 10 月抵京。赶马人年长者 53 岁，年少者 19 岁，来自云南省的 11 个民族。马帮驮载着 5 吨多普洱茶，穿越 6 个省市，行程 4 000 多千米，成为一种独特的文化形态，冲击着人们的视线。同时，普洱茶进京活动是以企业赞助的形式出现的，运到北京的茶叶全部“义卖”，所得的款项全部用于援建“希望小学”。这次活动还吸引了很多社会名人的参与和关注。邹家驹甚至乐观地预测，由于云南马帮千里进京，云南普洱茶在北方市场进行了一次成功的渗透，北京将掀起一股云南普洱茶的热潮。

资料来源：兰州商学院. 公共关系案例集锦（2007 年修订）. 6.

讨论： 1. 公共关系的三种基本互动方式（塑造形象、传播管理和协调关系）在本案例中有哪些具体应用？

2. 该活动掀起的热潮带给你哪些启示？

互动，是指社会上的人与人、群体与群体之间，通过直接或间接的联系而发生的相互作用、相互依赖的过程。互动的双方有利益关系和相互合作的需求，相互依赖和相互作用，这是互动建立的基础，也是互动的目的。公共关系是组织与公众之间，通过互动而构成的一种社会关系。组织与公众之间的互动，有以下几点含义：第一，互动发生在组织与公众之间。第二，互动可以是直接的、面对面的，也可以是间接的。直接的互动发生在组织与公众之间的代表人或当事人之间，比如双方代表直接会面、谈判等；间接的互动可以通过通信工具、传播媒介、某些物体（比如礼物等）进行。公共关系不仅限于传播，还可以运用多种渠道、方法、手段、工具来开展工作。这是公共关系活动可以多策略、多渠道、多方法开展工作的理论依据之一。组织通过塑造形象、传播管理、协调关系等方式与各类相关公众互动，使各类相关公众对组织产生了解、理解、认同，进而与社会组织进行合作，形成互助互利的关系，如图 6-1 所示。

塑造形象、传播管理、协调关系

组织　　互动　　公众

了解、理解、认同、合作

图 6-1　公共关系的互动过程

6.1　塑造形象

6.1.1　组织形象的含义和作用

1. 组织形象的含义

形象是客观事物的形状相貌之意，是人们对客观世界的主观认识和反映。同其他客观事物一样，每个组织都有自己的形象。那么，组织形象是什么呢？所谓组织形象，就是公众对组织综合评价后所形成的总体印象。组织形象包括的内容很多，比如组织精神、价值观念、行为规范、道德准则、经营作风、管理水平、人才实力、经济效益、福利待遇等，组织形象是这些要素的综合反映。理解和把握组织形象的含义应包括三个要点：第一，组织形象感觉的主体是公众；第二，组织形象塑造的主体是组织自身；第三，组织形象是公众对组织所形成的综合印象。

2. 组织形象的作用

在市场经济条件下，组织的社会形象对其生存和发展直接产生作用。良好的组织形象，是组织最重要的无形且无价的资产。组织形象的作用具体包括以下四点。

（1）组织形象创造消费者信心。良好的组织形象就像社会颁布给组织的“信用证”一样，它可以使消费者对组织及组织的产品和服务产生信赖。这种信赖不仅使消费者放心选择、购买该组织产品，接受该组织服务，而且这种信赖之情更具有奇妙的“传导”作用，能为组织新产品、新服务的推出，寻找到潜在的市场。

（2）**组织形象是适应竞争的需要**。随着时空缩短和产业结构改变，特别是市场竞争的国际化、自由化趋势，消费者对商品的品质要求极高，顾客指定品牌购买的比例也将增加。在这种情况下，良好的组织形象就成了竞争的利器。

（3）**组织形象形成人和环境**。组织形象是理念与精神文化合一的具体表征，只有全体员工认可和接纳了同样的理念和文化，组织形象才能建立起来。良好的组织形象可以使员工产生归属感、优越感、自豪感。同时可以吸引人才、稳定人才，形成良好的组织气氛和强大的凝聚力，从而使组织始终保持高昂的士气和旺盛的生命力。

（4）**组织形象创造适宜的外部经营环境**。良好的组织形象具有强烈的磁力作用，它能够成为组织吸引资金的先决条件。如果一个组织在公众心中形成了良好的形象和声誉，它就会使公众愿意购买组织的股票，银行愿意为组织提供优惠的贷款，政府愿意为组织提供优惠的经营条件，甚至保险公司也愿意为它的经营作担保。同时，良好的组织形象也有利于组织寻求稳定的经营销售渠道。这些，都可以为组织创造一个优于其他组织的外部经营环境。

3. 组织形象塑造的程序

很多组织都把塑造良好的组织形象，作为公共关系部门和全体员工的头等大事。如何才能塑造良好的组织形象呢？塑造良好的组织形象包括的一般程序是深入地分析、准确地定位、科学地系统设计、有效地传播与推广，以及根据实际情况进行形象更新与矫正。

海南移动杯

海南移动通信有限公司在世界地球日到来之前，开展海南移动杯“善待地球 · 责任海南”为主题的公益广告及摄影作品展，以“一幅作品，就是一份沉甸甸的社会责任感；一个镜头，就是一种对人类命运前途的关注”的情感来塑造海南移动通信的组织形象，该活动不仅能唤醒人们对地球的关注，更能让人感知到海南移动通信公司强烈的社会责任感、经营的价值观和组织文化，其所树立的组织形象富有感染力。

资料来源：海口经济学院．运用 CIS 塑造组织形象的能力．《公共关系学》精品课程网站，2009-5-9.

6.1.2 组织形象的定位

组织形象的定位是指组织根据环境变化的要求、本组织的实力和竞争对手的实力，选择自己的经营目标及领域、经营理念，为自己设计出一个理想的、独具个性的形象位置。随着竞争的日益激烈，组织形象的定位就显得越发重要，只有塑造出具有独特风格特征、个性化、差别化的组织整体形象，才能在市场竞争中占有一席之地。组织形象的定位方法有很多，这里主要介绍以下三种。

1. 个性张扬的定位方法

个性张扬的定位方法主要是指充分表现组织独特的信仰、精神、目标与价值观等。它不易被其他组织模仿，是自我个性的具体表现。这既是组织形象区别于其他组织的根本点，又是公众认知的辨识点。因此，在组织形象定位时，一定要注意把这种具有个性特征的组织哲学思想表现出来。例如，太阳神集团就以“健康、向上、进取、开拓、以人为中心”的经营管理理念为个性特征；美国 IBM 公司也是以“科学、进取、卓越”的独特定位来表现组织哲学的。

2. 优势表现的定位方法

在这个“好酒也怕巷子深”的年代，组织要想在激烈的市场竞争中立于不败之地，除了利用个性张扬的定位方法之外，还必须扬其所长而避其所短，重视表现组织的优势。公众对组织形象的认识实质上是对其优势性的个性形象的认识。组织给予公众这种优势性形象的定位，才能赢得公众的好感与信赖。

3. 公众引导的定位方法

组织通过对公众从感性上、理性上、感性与理性相结合上的引导来树立组织形象的定位方法。感性引导定位法主要是指组织对其公众采取感性的引导方法，向公众诉之以情，以求公众能够和组织在感性上产生共鸣，进而获得理性上的共识。理性引导定位法主要针对公众采取理性的引导方法，用客观、真实的组织优点或长处，让公众做出自我判断进而获得理性上的共识。感性与理性相结合的引导定位法综合了感性与理性的双重优势，可以做到“情”与“理”的有机结合，在与公众“晓之以理”、“动之以情”的过程中完成形象定位。

尿垫大王

在第二次世界大战结束时，日本尼西索公司只有 30 多名职工，却生产雨衣、游泳帽、卫生带、尿垫等多种产品。其生产品种杂多，缺乏明确的形象定位，生产经营极不稳定。第二次世界大战结束后的经济恢复和发展为企业带来了契机。有一次，尼西索公司的董事长多川博在考虑其市场定位时看到了一个日本的人口普查报告，得知日本每年大约出生 250 万个婴儿。多川博想，如果每个婴儿用两条尿垫，一年就需 500 万条。于是尼西索公司把企业及产品定位于“尿垫大王”上，放弃一切与尿垫无关的产品。最后，公司靠他明确的形象定位占得日本 70% 以上的婴儿尿布市场，成为名副其实的“尿垫大王”。

资料来源：根据 MBA 工商管理案例：“尿布大王”尼西奇．圣才学习网，2009-12-8．http://yingyu.100xuexi.com/view/examdata/20091208/97F0CAEE-EC2E-4606-AEC2-98BD0F180955.html. 删减整理。

6.1.3 组织形象的系统设计

组织形象设计就是根据组织形象定位的指导思想把重要的形象要素视觉化、符号化，或者说进行系统的形式化形象要素设计。组织形象识别系统（corporate identity system，CIS），它是从欧美国家兴起并发展起来的，现已成为世界各国所仿效运用的经营管理策略和组织形象设计的一种具体方法。该系统由三部分构成，即理念识别系统（mind identity system，MIS），行为识别系统（behavior identity system，BIS），视觉识别系统（visual identity system，VIS）。

1. 理念识别系统（MIS）

企业理念是企业长期发展中形成的基本精神和独具个性的价值体系，是企业精神形象的象征，是企业发展的原动力。理念识别赋予了企业生动的人格魅力，从经营观念上与其他组织区别开来，并指导和规范着组织的行为识别系统和视觉识别系统。理念识别系统是一种意识形态的深层组织文化，是组织形象识别系统的战略实施基础，是塑造企业形象与传播的原点，是组织形象识别系统的核心所在。企业理念是一个总体概念，不同的企业在建立自己的识别语汇的过程中，会选择不同的切入角度。因此，企业理念的确立会涉及不同的范畴。下面简要介绍四种主要范畴。

（1）**企业使命**。这是指企业由社会责任、义务所承担或由企业自身发展所规定的任务。企业使命是企业形象的一个颇为直接的描述。企业通过向社会传达自己的使命，可以树立自己的企业形象，让公众更多地了解企业，产生信任和好感。例如，IBM 宣称，IBM 就是服务。这一使命伴以良好的公共关系事件的支持，公众就容易相信这家企业是在很好地完成自己的使命。美国杜邦公司提出："为了更好的生活，制造更好的产品"。这一使命宣称带有不断用新产品、好产品来改变人类生活的含义。

（2）**企业精神**。这是企业内在本质的集中体现，它不是经营上的某一具体做法，但却是企业经营的高度概括。企业精神通常是针对企业内部，通过公共关系活动使公众了解企业精神的内容，同样会产生信任感。例如，日本著名的松下电器公司在创业之初提出的"松下精神"，就是企业精神的良好典范。"松下精神"是指产业报国、光明正大、友好一致、奋斗向上、礼节谦让、感激、适应形势。松下公司所获得的成功与"松下精神"有着密切关系。

（3）**企业性格**。企业性格是企业从上到下在经营活动中所表现出来的一贯的总体倾向和偏好。企业性格常常与企业的各项活动联系在一起。企业性格越独特、越强烈，引起的效果往往越大。例如，广州番禺的"丽江花园"是广东房地产界一个成功的典范，该住宅小区的发展商把"丽江花园"塑造成"白领人士的优质生活小区"的形象，该形象得到当地消费者的普遍认同。这是广东房地产开发中成功塑造企业性格的一个例子。

（4）**经营策略**。这是企业为了达到自己的目标而采取的具体的战术。策略必须明显体现出"做什么，怎样做"。策略对于公众来说，不是企业形象的直接展示，但策略具体的"怎样做"却能吸引广大公众。比如德国大众汽车公司奉行的策略是："不做外型的改变而注意内部的改良"。有的汽车公司很注重通过外型款式的改变来迎合一部分追求新异的消费者的品位，但可能给消费者以只重外表而性能不佳的感觉。而德国大众的理念与此正相反，不做外型的做法使持有相同价值观并注重内在品质的消费者对企业产生信赖，成为企业的忠实消费者。

理念识别系统设计应以务实、集思广益为原则，组织理念体现民族化、个性化和概括化，具备导向力、凝聚力、辐射力、稳定力等基本功能。

2. 行为识别系统（BIS）

企业行为识别系统是指在企业理念的指导下，逐渐培养起来的、全体员工自觉遵守的行为方式和工作方法，是显现企业内部的制度、管理、教育等行为，并扩散回馈社会公益活动、公共关系等的动态识别体系。企业行为识别系统是由企业内部和外部行为识别子系统构成的。

（1）**企业内部行为识别子系统**。企业内部行为识别子系统是通过企业组织管理、员工教育培训、员工工作环境、员工福利待遇、良好股东关系、员工行为规范等方面的策划而构建起来的，使员工对企业理念达成共识，并在企业理念的指导下形成全体员工共同遵守、自觉执行的行为准则，增强企业的凝聚力和向心力，根本上改变企业的运营机制，树立良好的企业内部形象。

（2）**企业外部行为识别子系统**。企业外部行为识别子系统是指企业通过市场营销、公共关系和社会公益活动等，向社会公众和消费者、金融界、政府主管部门、销售网络等传播企业信息的行为。企业通过一系列的传播行为，有计划、按步骤地传播统一的企业信息，构建企业外部行为识别子系统，使传播对象了解企业的经营理念、价值观念、经营方针、产品和服务信息、企业现状和发展规划，以求得到公众的认同，为企业的经营创造理想的外部环境，从而达到提高企业知名度、美誉度和信任度，树立企业良好的社会形象的目的。

3. 视觉识别系统（VIS）

视觉识别系统是指组织的识别标志、品牌商标、广告宣传和企业的主色调等。企业视觉识别是组织形象识别系统的静态识别符号，是以视觉传播为主体，将企业的理念、文化特质、服务内容、企业规范等抽象概念转换为具体符号，以标准化、系统化、统一性的方法，塑造独特形象，凸显企业个性。视觉识别系统设计的基础主要包括以下四个方面。

（1）**组织名称**。组织名称突出个性、美感、容易记忆、良好的语感和美好的寓意。例如，太阳神，突出生命力；奔驰，形象展示超越常规的速度；金利来，体现喜庆吉祥、王者风范。

（2）**组织标志**。组织标志包括文字标志、图案标志和复合标志。组织标志以简洁明快、新颖独特、巧妙精致、优美典雅为原则。

（3）**组织标准字**。组织标准字是指将组织的名称进行整体组合之后所形成的字体。组织标准字的设计以强化公众视觉感知，展现组织文化理念为原则，并根据组织性质、产品的特性和公众心理进行的。标准字不同于普通字体，除了造型上的美观和突出的视觉效果外，还在于标准字之间的连贯性，这种连贯性对企业形象特质作了极好的诠释，整体上体现了组织的个性特征。在组织标准字设计中，古典字体多体现在工艺、艺术商品中，现代科技产品多用现代体字体，而化妆品上的字体多体现秀丽、纤细，五金工具使用方头、粗壮字体，玩具则使用“童体”字体。

（4）**组织的标准色**。标准色是视觉识别系统设计中最主要的部分之一，组织的标准色是组织运用色彩来创造美感效果，以渲染组织形象的优美和谐。例如，IBM 被称作“蓝色巨人”；提起柯达、富士，人们就会想到黄色和绿色，这就是色彩的识别功能。组织标准色的设计以强化审美意识，增强艺术感染力、突出组织风格，体现组织理念、展现组织个性为原则。

企业视觉识别系统是基础系统各要素在生产、经营、管理等不同的领域中的统一应用，包括办公事务及接待用品、产品包装、广告宣传、建筑外观、运输系统、衣着制服、展示陈列。

6.1.4　组织形象的传播与推广

组织形象的传播与推广，必须要经过周密的策划，拟订详尽的计划，通过对内宣传和对外推广，使崭新的组织形象能够尽快得到公众的认同，完成组织形象建立的目的。

1. 组织形象对内的宣传

组织形象对内的宣传是组织形象推广的第一步。这是因为组织形象的建立是靠全体员工的共同努力得到的。内部员工不仅是组织形象的传播者，更是组织形象的缔造者，他们的言行和对组织的态度直接影响到组织的形象。正如施乐公司的领导人马库罗所说："以设计来统一企业的印象，必须由最高管理层至基层员工彻底实施，在内部统一之后，方能对外诉求。"所以，在组织向外推广形象之前，组织一般都要对组织的员工做一次详细的宣传，使他们成为组织形象向外推广的主力军。

（1）对内宣传的主要内容。组织对内宣传主要就是向员工传递两个最关键的信息：一是组织的前景如何，组织未来运行的方式及组织必须达到的目标。组织向员工传递这个信息是为了提供给员工组织发展的目标，使员工有努力的方向。二是组织目前的处境，我们应采取何种行为，组织将如何进行变革。组织告知员工目前的处境，是要给员工敲响警钟。而组织的变革又要涉及员工利益、行为的调整，因此要说明这部分的内容。

（2）内部宣传的方式。美国行为学家勒温曾就组织变革提出了"变革三部曲"，即第一阶段，明确变革的必要性。组织在这一阶段主要收集令员工不满意的证据，与其他组织进行横向比较，发现自身的差距，认清变革的形势和紧迫感。第二阶段，实施变革的过程。它要求组织向员工提供变革的资料，鼓励员工参与变革计划的拟定和执行，并向员工提供变革的咨询，随时解决变革中的新问题。第三阶段，巩固变革成果。此时，组织要采取各种方法强化员工的新的价值观念、行为规范及行为方式，并使之持久化。由此可见，组织要使其形象内部宣传成功，还必须加强宣传。在宣传过程中，组织要注重自上而下的宣传，强调自下而上的反馈，还要深化横向沟通方式。

2. 组织形象对外的推广

组织形象建立的总目的，就是通过周密、系统的策划，从复杂的内外关系中整理出秩序，从而建立一个统一而独特的组织形象。因此，在对外推广组织形象时，组织必须针对不同的关系对象，选择与之相适应的传播媒介和手段。其中，人际传播是人类社会进行交流和传递信息的一种最普遍、最常用、最直接的传播方式，对于组织形象的推广，特别是组织美誉度、和谐度的建立，具有极大的作用。而大众传播是通过一定的传播媒介，向公众进行的组织形象的宣传。在现代社会中，对于组织形象的推广，大众传播是最快捷、最有利的手段。对外传播可以用以下形式：一是信息发布，比如组织形象识别系统成果发布、股票上市发布等；二是广告，比如企业形象广告、产品广告、人才招聘广告等公共关系活动；三是组织宣传册等。

组织形象在对内的宣传得到了员工的理解和支持，对外的推行得到了公众的认同和拥护之后，就可说得到了很好的建立。

“亚都加湿器”打入天津市场

11月15日星期五《天津日报》报道：“亚都超声波加湿器”向天津市民有偿请教

尽管“亚都加湿器”的特殊功能满足了现代人完善生活的新需求，尽管“亚都加湿器”在与“洋货”竞争中的市场占有率仍高达93%，尽管“亚都加湿器”销售额已突破首都小家电市场零售总额的38%，尽管“亚都加湿器”的热销被商业部部长称为“亚都现象”并引起国内大型新闻单位数十次重点报道。总之，尽管“亚都加湿器”顺天时地利人和已成热销定势，但奇怪的是，天津市场的销售情况却不尽理想。

是天津冬季室内气候不干燥吗？不，不是！是天津的老年人不了解湿度对益寿延年的重要性吗？不，不是！是天津的女士不懂得湿度是美容驻颜的第一要素吗？不，也不是！是天津的婴儿不需要更接近母体湿度的环境吗？不，更不是！是天津市市民情愿自家乐器、家具、字画等名贵物品在冬季干裂变形吗？不，绝不是！面对上述困惑，国内规模最大、专业性最强的人工环境开发高科技机构——北京亚都人工环境科技公司在百思不得其解后，特决定向聪慧的天津公众虚心请教，请热情的天津市民为北京高科技企业指点迷津。

来函赐教，或宏论，或短语，均请注明详细的通信处，亚都人将以礼相谢。“亚都现象”请参阅9月14日《人民日报》、2月14日《科技日报》、3月31日《经济参考报》、1月13日《北京日报》、3月20日《中国日报》报道。

函寄：北京海淀区魏公村118号亚都公司公关部（邮编：100081）。

第二天，11月16日，星期六，同样内容的广告在天津市民通俗读物《今晚报》上再次出现。这样做，一是因为11月15日的广告能够引发《天津日报》读者的兴趣，这些读者主要是机关、企业、院校、科研单位和其他一些社会阶层人士，成为大家争相传看的内容；二是因为第二天则考虑该广告要影响天津市民，成为周六晚上的一个热门话题，因为有了周五的铺垫，周六的热门话题应该不成问题。

在广告版面设计上，按照常规文字广告不应使用过多的字，因为占满了版面，往往会引起读者的逆反心理。为了使这篇广告有醒目的标题，广告正文有意缩小字号，扩充内容。广告标题请《天津日报》广告科的同志加重处理，在“有偿请教”4个字上加重颜色，因为这是第一次活动，为了吸引天津市民迫不得已选择了“有偿”字眼，但该活动严格地限制为“有偿”绝非“有奖”。

11月17日，周日，事先安排做好充分准备的100名“亚都公关人员”拂晓从北京出发，清晨赶到天津，分别出现在天津商场、百货大楼、劝业场、国际商场等地。他们统一着装、身佩绶带，向过往顾客散发“有偿请教”的宣传品，宣传品的背页则是湿度科普介绍，同时悬挂横幅、播放亚都公司及产品的录音和录像，解答市民有关人工环境、湿度与健康等问题。

亚都公司从 11 月 17 日开始，11 月 25 日、12 月 1 日、12 月 8 日连续 4 个周日派人员前去天津开展咨询活动，总共散发各类宣传品（请教函、感谢函、商品介绍）20 余万张，与近百万人次市民直接接触。

在报纸广告发出后的短短 10 天内，亚都公司收到了 1 200 封天津市民的来信，文字含量为 80 万字，其中最长的一封信有 5 000 字。寄信人来自天津的各个单位，有机关干部、专家学者、公司职员、市民、学生、军人、警察等，共提出建议与批评 4 000 余条。

12 月 3 日，亚都公司向 1 200 名寄信人寄去了感谢函，并随函寄去了"感恩卡"，凭卡可特价购买加湿器 1 台，并告知 12 月 8 日将在天津商场举行一次大型答谢活动。

12 月 6 日，亚都公司在《今晚报》打出了一则通栏广告，总标题是"深谢天津人民厚爱，亚都公司全体鞠躬"，1 200 名寄信人的名字以姓氏笔画为序逐一见诸报端。

短短十几天的公共关系战略活动，有效地使亚都公司、亚都品牌、加湿器新观念进入千家万户。十几天前，98% 以上的天津人不知道加湿器，不知道亚都，更不知道"亚都现象"。而公共关系活动之后，知道湿度重要性的天津人大有人在，知道亚都品牌的人大有人在，知道亚都身手不凡的人大有人在，知道亚都极富人情味的人大有人在。

12 月初，亚都加湿器已在天津突破 500 台销量。在随后的两个月中，亚都加湿器在天津的销售量达 4 000 余台，相当于过去 3 年销量总和的 10 倍。

资料来源：《公共关系学》经典案例．豆丁网．http://www.docin.com/p-527761952.html．

讨论：

"亚都加湿器"公共关系活动成功的原因？

6.1.5　组织形象的巩固、更新与矫正

使组织在公众心中一直保持良好的形象，需要不断地加以强化和修正。

1. 巩固

组织之间的形象竞争非常激烈，每一个组织都必须不断地巩固和加强自身的形象，才能保证原来的形象地位，否则将落后。形象建设也如逆水行舟，不进则退。从世界著名企业发展的历史中我们可以看到，曾有多少红极一时的名牌纷纷衰落，最后被人们淡忘。即使是目前排位在全世界前 50 位的名牌企业，也无不几经风雨，不断地进行形象的巩固和更新，最后方才成功巩固形象。要想巩固组织形象，要做好两个方面。

（1）**不断改进和提升产品及服务的品质**。如果产品及服务的品质上不去，组织形象的巩固也就是一句空话。所以，组织形象的巩固必须包括产品和服务品质水准上的提高与创新。

（2）**利用恰当时机进行组织形象的传播**。巩固时期的形象传播活动有两种方式：低姿态传播方式和高姿态传播方式。低姿态传播方式是通过各种媒介，以较低的姿态，持续不断地向公众传送组织信息，使组织形象潜移默化的在公众长期记忆系统中，一旦需要，公众就可能首先想到并接受。高姿态传播方式是通过各种媒介，以较高的姿态传播信息，以求在公众心中强化原有的形象，比如举行盛大的周年庆典活动。

2. 更新

组织形象是以组织理念为内涵而建立的，组织理念要随着组织的发展、进步而不断地加以调整、修正，以创造出最能体现组织精神、组织价值观、组织目标的组织理念，能征服公众的组织形象。虽然对组织理念的丰富、补充过程是十分艰辛的，但组织理念的更新带给组织形象的升级，像人们刚刚发现原子弹的威力一样，是小可估量的。

案 例 中国移动改口号

中国移动将口号由原来的“移动通信专家”改为“移动信息专家”。该口号看起来只有一字之差，但是它的含义相差甚远。“移动信息专家”已经把原来中国移动的品牌诉求全部推翻。因为“通信”和“通话”接近，属于2G语音时代，而“信息”更接近“数据”，代表着3G数据时代。虽然“移动通信专家”的口号符合目前中国移动2.5G的GPRS网络。但“移动信息专家”能反映出中国移动争当名副其实的数据“信息”专家的经营战略目标，紧扣行业发展的未来趋势。

资料来源：根据中国移动换新口号改做“移动信息专家”. 网易/手机频道. http://mobile.163.com/06/0323/15/2CTJURB50011179K.html. 删减整理。

3. 矫正

组织形象的塑造不是一撮而就的，也不是一劳永逸的。组织不仅要在其形象稳步提升时全力维护已经建立的良好形象，而且还要在形象遭到侵害、发生偏差时，注意矫正和修补。组织形象发生偏差和不尽如人意的原因有很多，我们必须查找原因、对症下药。组织形象在发展中常常会因自身失误而损害公众利益，导致公众的不满，或公众对组织的认识不够全面、有所误解，从而影响组织的认可度和美誉度，影响组织的形象，此时就必须对组织形象加以矫正。

6.2 传播管理

6.2.1 公共关系传播的含义和特点

1. 公共关系传播的含义

公共关系传播是组织利用各种媒介，将信息或观点有计划地与公众进行交流的沟通活动。传播的目的就是要与传播对象共享信息内容，以达到相互了解、相互信任、相互支持，实现互动。

2. 公共关系传播的特点

公共关系传播有其自己的特点，具体表现在以下五个方面。

（1）**传播行为的受制性**。公共关系传播是一种重要的组织行为，是为实现组织目标服务的，因而要受到组织特性的制约。从时间和空间上、内容和形式上，公共关系传播都要受组织目标、组织制度、组织规范等的制约。

（2）**传播内容的求实性**。公共关系传播必须讲求其内容的真实性和态度的诚实性，要使公众感觉到组织的公共关系传播是客观的、实在的和公正的，这样才能赢得公众的信任和支持。

（3）**传播渠道的多样性**。公共关系传播的对象是公众，公众是一个类型复杂、层次多样的社会群体，他们各自喜欢的信息渠道也不相同。因此，公共关系传播必须针对目标公众，采取多种传播渠道进行信息传播，保证公共关系传播的针对性和影响面。

（4）**传播方式的策略性**。公共关系是一门科学，也是一门艺术。公共关系传播在遵循传播规律和原则、确保传播内容真实和客观的前提下，还要掌握传播的技巧和策略，创造性地运用各种传播技术与方法，巧妙地向公众传播公共关系信息，从而有效地影响公众，取得最佳的公共关系传播效果。

（5）**传播活动的高效性**。组织在公共关系传播中，要确保公共关系传播目标公众的指向性和针对性，注重传播时机的选择，注重选择传输的通道，确保公共关系传播的高效性。公共关系传播受到人们追求最佳效益的欲望所驱动，并以传播的最佳效益为原则。

案例　非典疫情中的信息传播

在 2003 年的非典疫情危机中，信息传播的失真现象普遍存在。以广州的情况为例：2002 年 11 月，广东出现第一例非典病人。直到 2003 年 2 月 8 日，“广州发生致命流感，自春节以来在几家医院有数位患者死亡”的信息开始悄悄传播，手机短信和口耳相授是这个信息的主要传播渠道，此时恐惧感开始滋生。这个时候，人们期待的官方信息始终没有出现，倒是在 2 月 10 日上午，有媒体“模糊”地报道，近期广州患“感冒”和“肺炎”的病人增多。2 月 10 日中午，南方网谨慎地发布了官方信息，广东省部分地区先后发生部分“非典型性肺炎”病例，该病主要表现为“急性起病，以发热为首发症状，偶有畏寒，有明显的呼吸道症状，该病有一定的传染性”。预防措施包括保持空气流通、用醋熏、勤洗手和谨慎接触病人。掩藏的恐惧感终于爆发，一时间，大半个广州都动起来了。“买药了吗?”和“买醋了吗?”成了广州人的见面语，板蓝根和抗病毒药物成为人们哄抢的对象。从 2 月 10 日起，板蓝根、抗病毒药物、白醋的热销等相同景象几乎同时出现在国内各大中城市，北京、武汉、长沙、海口……

资料来源：陈燕，刘东平．危机事件报道案例分析 [M]．北京：外文出版社，2007．

讨论：

1. 非典疫情中的信息传播存在哪些问题?
2. 这次危机事件给我们留下了哪些传播经验和教训?

6.2.2　公共关系的传播类型

传播学中有一句名言“你不得不传播”。这说明传播是人类特有的一种基本的社会行为。

公共关系传播是一种综合性的传播行为，它基本上属于组织传播层次，但又具备各种传播类型的特点。从这个角度上讲，研究一般传播的不同类型，将有助于公共关系传播活动的开展。

1. 人内传播

人内传播又称自身传播，是指传播双方为一体的信息交流沟通方式，比如个人自我反省、回忆思考、自言自语、自我发泄、自我安慰、自我陶醉、思想斗争、内心冲突等。凡是心智健全的人，都存在着自身传播现象。人通过自身传播，可使其在受到外界的各种冲击时，达到自我的心理调节，导致成功和谐的对外传播沟通。人内传播是人类一切传播行为的基础。

2. 人际传播

人际传播是指人与人之间直接的信息交流沟通方式。人际传播是人类社会中进行得最为频繁、传播的信息总量最多、传播的实际影响也可能是最大的一种传播。这种传播方式，双方参与度高，传播符号多样，手段丰富，信息反馈灵便，感情色彩强烈，但是，这种传播方式范围小、速度慢。人际传播的具体形式很多，比如与员工的交谈，与客户的交流或电话联络，企业举办的报告会、恳谈会、洽谈会、联欢会、演讲会、座谈会等，应当根据不同的传播目的、对象、内容、情境等具体情况选择恰当的人际传播形式。人际传播的主要方式有两种：面对面传播和非面对面传播。面对面传播是人际传播的最基本和最主要的形式。非面对面传播是个人与个人之间通过一定的中介进行的信息沟通，比如通过电话、电报、书信、电传、E-mail 等。

【阅读材料】重视组织内部的非正式传播

组织内部的非正式传播往往比正式传播更有力。通常在一个组织中有这样几种人：

一是“包打听”和“小广播”；

二是“元老”和“老师傅”；

三是非正式集团的小头头；

四是领导的“红人”或朋友；

五是经常接触领导的秘书。

3. 组织传播

组织传播是指组织机构同组织机构之间、同公众之间、同社会环境之间的信息交流，这种传播的主体是组织。当组织利用其封闭沟通时，是组织的内部传播，具有层次性、有序性等特点。当组织利用其开放沟通时，是组织的外部传播，具有公众性、大众性等特点，但必须借助传播媒介来进行。可以用来进行外部沟通的传播媒介和形式有：宣传手册、新闻稿、户外广告、赠品、新闻发布会、企业的识别系统、各种报表与报告、展销会和其他业务或专业性会议、联谊会等。无论是内部传播还是外部传播，组织传播都是具有明确的目的性，即为实现组织的目标；具有严格的可控性，即服从组织总目标而有良好的控制性能；具有综合性的特点，即由于传播对象既有个体、群体，又有更广阔的公众。故其传播手段集人际传播、小组传播、公共传播和大众传播之大成，这是典型的公共关系传播。

4. 大众传播

大众传播是指职业的传播者通过大众传播媒介将信息大量地复制传递给分散的受众的传播方式。大众传播与人际传播最重要的区别在于，大众传播是通过大众传播媒介进行传播的。例如，两个人的书信往来不算大众传播，公共关系人员在集会上演讲亦不算大众传播；但如果书信、演讲稿通过报纸、杂志、电视、广播、互联网登载播出了，那就是大众传播。这种传播方式的优点是能够在最短的时间内获得最大的传播面。由于职业新闻工作者作为“把关人”，大众传播媒介具有“过滤性”，所以传播的信息权威性大、说服力强，个人情感因素介入较少，有高度的公开性。这种传播方式的缺点是信息反馈缓慢、零散，评价传播效果的工作量较大。鉴于大众传播量大、面广，影响力强，对迅速建立组织形象、扩大组织的知名度有重要的作用，因此是公共关系传播的主要手段。

5. 国际传播

国际传播是指国家与国家之间的信息和观念的交往和传递。国际传播具有多方面的作用：一是为了交换各方所需要的情报，比如科学技术的引进和输出，学术观点的交流和探讨；二是为了宣传自己的主张，比如发表声明，递交照会，制造国际舆论等；三是为了建立和加强国与国之间的关系，比如进行国事访问，参加国际活动，开展文化和艺术交流等。正因为国际传播作用巨大，“两国交战，不斩来使”几乎成为自古至今一条不成文的规定，所以即使在兵戎相见之时，国家与国家之间信息的交流也是必须保障的。在国际传播中，国家与国家之间一定要充分考虑语言、文字、风俗习惯、伦理观念、宗法道德、政治经济等跨文化因素的影响。搞好国际传播对一个国家塑造良好的国际形象，建立良好的国际环境十分重要，是开展国际公共关系的重要手段。

6.2.3　常用的公共关系大众传播媒介

大众传播媒介是在信息传播过程中处于职业传播者和大众之间的媒介体，是指复制、传递信息的机械和传播组织、团体及其出版物和影视、广播节目。大众传播媒介可分为印刷媒介和电子媒介。

1. 印刷媒介

印刷媒介是指将文字、图片等书面语言、符号印刷在纸张上以传播信息的大众传播媒介，主要是报纸、杂志、书籍等。印刷媒介信息容量较大，能对信息进行详尽、深入的报道，且易于保留、查找，便于读者选择阅读，但时效性较差，受读者文化水平的限制。这里着重介绍报纸和杂志。

（1）**报纸**。报纸作为一种大众传播媒介，出现于广播、电视、电影之前。它是以客观事实报道和评论为主要内容，利用印刷文字，以比较短的间隔定期发行的媒介。报纸作为公共关系的传播媒介具有许多优点。报纸造价低廉，而且制作简便；能给予读者更大的主动权，可以让读者自己控制阅读速度和选择阅读时间、地点；报纸的信息量大大超过广播电视；便于保存信息，能把各种事实、数字信息有效地保存起来。报纸的缺点是即时性感染力差，制约报纸发行的因素较多，读者层次的限制影响了它的传播范围等。

（2）**杂志**。杂志是报纸向深度和广度发展的印刷媒介，当读者对报纸所发布的信息力求作更深更广的了解，或者对某类信息有浓厚的兴趣时，杂志便应运而生。杂志具有以下四方面优点。一是突破报纸的地域性限制。杂志可以在全国公开发行，不受地域的限制，甚至还可冲破国界的限制。二是传播信息比报纸更全面、准确。由于杂志发行期较长，因此有充分的时间采集信息、收取资料，版面的制作也有更多的时间准备，因此能给读者留下完整、深刻的印象。三是便于贮存。四是在特定范围内，传播效果明显。大部分专业性杂志读者群比较固定，而且对该专业很有兴趣、深有研究，因而阅读时精力集中，领悟力较强，较易对传播的信息留下深刻的印象。杂志也具有一些本身无法克服的缺点，因出版周期太长，而导致传播速度慢；因专业性太强，无法照顾一般读者的阅读水平，而限制了读者群。这就使得公共关系人员在选择杂志作为传播媒介时不得不思虑再三。

2. 电子媒介

电子媒介是使用电子技术，通过无线电波或导线发出声音、图像节目，接收者要借助接收器接收的大众传播媒介。电子媒介主要包括广播、电视、电影、互联网等。电子媒介的传播迅速，纪实性、生动性与感染力强，对信息接收者没有文化水平的限制。这里着重介绍广播、电视、电影和互联网。

（1）**广播**。广播以语言、音乐、音响等作为传播的符号来传播信息。其特点是：有较强的写实性与表现力，制作播出简便、快捷。在新闻报道中，广播是最迅速的传播媒介，而且很容易与电话等其他媒介连接，与听众双向交流。广播的频道多、容量大，它诉诸听觉的单通道传播可使听众注意力集中，并同时有较大的想象空间。广播电台有播出新闻、教育、服务、娱乐等各类节目的综合台，也有只主要播出一类节目的专业台，比如新闻台、音乐台、教育台等。

（2）**电视**。电视使用各类视听符号进行传播。其特点是：视听兼备，声画并茂，真实生动，具有最强的写实性与表现力。在各类新闻媒介中，选择率最高的是电视。电视既可以速报，又可以深入分析新闻事件，并且娱乐功能最强。目前电视与卫星结合，有线电视迅速发展，为电视发展开拓了广阔的空间。但是电视制作播出的设备、技术都复杂，节目制作费用较高。

（3）**电影**。电影和电视一样也是一种综合性的大众传播工具，是文字、图像、声音三者的巧妙组合。组织可以以纪录片的形式展现自己的发展历程，介绍目前的状况，勾勒美好的前景；通过提供拍摄环境、提供道具赞助，甚至让员工参与拍摄这样一些方式来增加上镜率，吸引观众的注意，获得更多观众的认知和了解。电影超过电视的地方在于它的内容高度凝练集中，画面十分清晰，善于表现宏大场面和纵深场景，音质也比电视更好，并且大家聚集在一起观看电影，观众的情绪更易相互感染。电影不及电视之处是生产成本高、生产周期长，观看时需专门场所。

（4）**互联网**。互联网拥有丰富的信息资源，用户可以方便快捷地查询和使用，比如在网上寄送电子邮件、访问网上其他用户、点播电视节目等。一些国家的新闻媒介向网络用户发行电子报纸，开设网络广播。一些商家在网络中开设了虚拟超市，用户不用出门，就能在网上商城中购买到自己所需要的商品。许多组织都建立了自己的网站或网页，将本组织的详细资料输入网络，向新闻媒介和用户提供本企业的相关信息，宣传本企业的良好形象，用户只需轻轻点击便可一览无余。由此可见，网络吸取了报纸、广播、电视、电影的诸多长处，越来越成为人们获取信息的重要渠道。网络的缺点是容易遭受破坏性程序——“病毒”的侵袭，并且由于信息量太大，而无法绝对确保信息的真实性，一些重要信息的保密工作也亟待加强。

6.2.4　有效的公共关系传播技巧

1. 建立良好的人际关系

建立良好的人际关系是建立良好公共关系的重要手段，增强人际吸引力，善于同素不相识的人结成良好的人际关系是公共关系人员基本素质之一。如何正确地认识他人，排除各种外在因素的干扰，尽快地接受公众，是公共关系人员在接待工作中要注意的问题。一般来讲，人际交往的误区有：以貌取人、主观判断、晕轮效应、个人状态产生认识偏差。公共关系人员应避免陷入这些误区，并且掌握以下建立良好的人际关系的技巧。

（1）**利用邻近性因素**。“近水楼台先得月”，可利用同学关系、老乡关系等。

（2）**利用相似性因素**。找到共同经验区，比如社会经历、社会地位、籍贯、受教育程度、态度与价值观、生活环境等，产生自己人效果。

（3）**利用需求互补效应**。补偿性吸引力是最强的人际吸引力，可利用气质、性格、能力互补来吸引。

（4）**利用仪表的魅力**。“有礼走遍天下”，以卓越的仪表来打通人际关系。

（5）**培养独特的人格魅力**。多才多艺、诚信风趣人、机智敏锐的人更具人格魅力。

（6）**会说更会听**。善于聆听、善于微笑，并善于交谈。

2. 与新闻记者联系并建立良好的关系

与新闻记者联系，是公共关系人员的重要工作。记者在传播学上被称为“把关人”，他们对传播的内容及传播的实际效果会有很大的影响。一般来说，记者报道新闻要具有正直、真实的职业道德及专业写作技巧。除此之外，记者本人的情绪、直觉、工作状态都会影响报道的内容。因此，要注意处理好与新闻记者的关系，可从以下四个方面入手。

（1）对待记者要尽量提供具体情况，并给予热情周到的接待服务。

（2）对记者还要注意平等相待，一视同仁。

（3）要给记者提供真实素材。

（4）要持尊重与重视的态度。

3. 做好会议组织与联系接待工作

（1）**会议组织**。会议是公共关系开展内外沟通的常用形式，组织召开会议是公共关系工作的内容之一。会议的种类很多，比如报告会、讨论会、联谊会、新闻发布会、展览展销会等，有组织、有规模，形式较为正规。

（2）联系接待。接待工作一般包括接待来访者、拜访他人、写信、打电话等。做好接待工作，一是要求公共关系人员应具备良好的公共关系素质，要能够吸引对方，使之愿意与组织打交道；二是在接待拜访中，应掌握一些特殊的沟通技巧，达到建立联系的目的。

4. 营造良好传播环境

公共关系传播是在一定的空间环境中进行的。不同的环境条件营造不同的传播氛围，影响传播效果，比如座位的设计布置、音响设备、灯光照明、色彩、室内湿度等，都要仔细选择，创造良好的环境效应。

5. 正确选择公共关系语言

在公共关系信息传播中，为取得较好的传播效果，要合理运用公共关系语言，充分发挥各种语言的优势，提高信息的传播速度，扩大信息的传播范围，提高信息的接收率。

公共关系传播中常使用的公共关系语言包括以下三个方面。

（1）自然语言，是信息传递的主要承担者，如口头语、书面语、广播语。

（2）非自然语言，如表情语言、动作语言、体态语言等。

（3）实物，如样品、商标、组织标志等。

6. 利用“名人效应”

在选择人际传播方式进行公共关系信息传播时，常常与政界要员、影视明星、体育明星等“名人”结合起来，能起到比较好的传播效果。公共关系活动与名人结合在一起，通过名人引起公众的注意、兴趣与好感，从而达到对组织形象、组织产品的认可，这就是名人效应。

利用总统当推销员

美国一个出版商有一批滞销书很久不能脱手，他忽然想出了一个主意，给总统送去一本，并三番五次去征求意见。忙于政务的总统不愿与他纠缠，便回了一句：“这本书不错。”出版商便大做广告，“现有总统喜爱的书出售”，于是这些书被一抢而空。不久，这个出版商又有书卖不出去，便又送一本给总统，总统上过一回当，想奚落他，就说：“这书遭透了。”出版商闻之，脑子一转，又做广告，“现有总统讨厌的书出售”。不少人出于好奇争相抢购，书又售尽。第三次，出版商将书送给总统，总统接受了前两次的教训，便不做任何答复。出版商却大做广告，“现有令总统难以下结论的书，欲购从速”，居然又被一抢而空。总统哭笑不得，商人大发其财。

资料来源：《公共关系》讲义：公共关系传播沟通．圣才学习网，2012-10-3．http://yingyu.100xuexi.com/view/specdata/20121031/7fd6b6c0-f3d2-4cf1-af6c-89a675758c5e.html.

讨论：

请问这个案例说明了一个什么原理？

7. 善于“制造新闻”

在媒介上刊播新闻是进行大众传播的有效方式，借助媒介来为组织宣传，可信度和有效性高，容易被人接受。什么样的事件才能成为新闻，组织在选择时主要考虑事件的新闻价值。新闻价值是指该事件本身所具有的重要性、新鲜性、接近性、及时性和趣味性。公共关系人员应具备相当的新闻素养、新闻敏感，善于发现有价值的事件并及时报道。

富亚涂料的精心策划

一家名为富亚的涂料公司在《北京晚报》上打出一则通栏广告：10 月 10 日上午，在北京市建筑展览馆门前开展“真猫真狗喝涂料”活动，以证明该公司生产的涂料无毒无害。此广告一经刊出，就在社会上引起轩然大波。10 月 10 日上午，一切准备就绪，但此活动受到动物保护协会成员的阻挠。眼看活动就要泡汤之际，老板蒋和平宣布决定不让猫狗喝，改为他自己喝，在四周观众的注视下，蒋和平咕咚咕咚喝下手中一大杯兑了点矿泉水的涂料，喝完后一擦嘴，还面带笑容。蒋和平这一行为赢得了极大的新闻效应。新华社播发了一篇 700 字的通稿《为做无毒广告，老板竟喝涂料》，此后媒体纷纷跟风，“老板喝涂料”的离奇新闻开始像野火一样蔓延。不仅北京市的各大媒体竞相报道，全国各地的媒体也纷纷转载。北京电视台评选的 10 月份十大经济新闻，“老板喝涂料”赫然跻身其中，与“悉尼奥运会”等同列。事后有人做过一个统计，全国至少有 200 多家媒体报道或转载了这则消息。就在这样高密度的报道过程中，富亚的知名度越来越高。

资料来源：根据“富亚涂料”，一喝成名．豆丁网．http://www.docin.com/p-531991097.html．删减整理。

评析：

这真的是一个突发新闻吗？不是的。这是一次精心的策划，是企业要打响自己的品牌而想出的“老板喝涂料”的怪招。其最大成功之处在于，新闻制造得不留痕迹，因为事件本身的离奇性已经足以构成一个新闻题材。

8. 合理运用公共关系广告

公共关系广告也叫组织形象广告，目的是建立组织信誉，促进公众对组织的了解，沟通公众与组织的感情。它主要有以下五种形式。

（1）**组织广告**。以组织自身作为宣传主体的广告，可以从以下四个方面开展。第一，宣传组织价值观念。如海尔真诚到永远。第二，介绍组织情况。如 TCL 招聘 2 000 名高级人才。第三，贺谢广告。如全球海尔人恭贺北京申奥成功。第四，联姻广告。如伊利杯我最喜爱的春节晚会节目。

（2）**征集广告**。包括向社会广泛征集组织名称、产品名称、商标设计、组织口号等，吸引社会注意和公众参与。

（3）**竞猜广告**。组织刊登广告组织有奖猜谜活动，猜谜内容多为有关组织及产品的知识，问题一般很简单。这种活动可多次见诸新闻媒介，如通告抽奖结果、采访获奖者等。

（4）**服务广告**。组织与本组织产品有关的社会服务活动，并通过广告向社会宣传，如化妆品企业举办美容培训班等。

（5）**馈赠广告**。组织为举办、赞助的社会公益性活动而做的广告，如四通集团举办的四通之友世界名曲专场音乐会等。

毛姆的征婚广告

某一天，英国各大报纸不约而同地登出一则征婚广告，寥寥数语："本人喜欢音乐和运动，是个年轻而又有教养的百万富翁，希望能和毛姆小说中的女主角完全一样的女性结婚。"这则征婚广告一时间在英国引起颇大的轰动，那些日思夜想要嫁给"年轻而又有教养的百万富翁"的小姐，纷纷将毛姆小说购回藏于香闺；那些时刻惦记女儿命运、千方百计要给女儿安排个好归宿的太太，则遍索毛姆小说赠送给女儿作礼品或"教本"。几天之内，伦敦各书店的毛姆小说被抢购一空，并在畅销书中独占鳌头。其实，刊登这则"征婚广告"的不是别人，正是毛姆自己。

资料来源：《公共关系》讲义：公共关系传播沟通．圣才学习网，2012-10-3．http://yingyu.100xuexi.com/view/specdata/20121031/7fd6b6c0-f3d2-4cf1-af6c-89a675758c5e.html.

讨论：

请结合本案例说明公共关系广告的运用技巧。

6.3 协调关系

所谓协调，就是协商、调整、缓解和化解各子系统、各要素之间的矛盾、摩擦，以期达到步调一致、和谐统一的状态。公共关系协调是指组织为争取公众的支持与合作而开展的各种协调公共关系的工作。协调工作的主要目的是追求组织与公众关系的和谐，以创造和谐的公共关系环境。

6.3.1 公共关系协调的形态

公共关系协调的形态主要有三种：服从、调整、合作。

1. 服从

服从是指组织自愿或主动地按照相关公众的需求而行动，一般表现为组织为主动适应公众的需求而提供某种产品或服务。例如，铁路交通部门为满足高校学生的需要，在寒暑假加开学生专列，主动上门售票。

2. 调整

调整是组织根据相关公众的情况，改变自身原有的态度、方案或目标，避免、平息冲突或争执，以维系双方和谐的关系，一般表现为让步、修正、协商。例如，某住宅小区挤占绿地建房，引起居民的不满，经协商由建房单位出资，在小区内加大绿化力度，并修建了一些文化娱乐设施，使纠纷得以化解。

3. 合作

合作是组织与相关公众为某个共同利益而相互配合、联合行动，协同完成任务，一般表现为联合主办、协办等。例如，麦当劳、迪士尼与可口可乐携手合作、共谋发展，在迪士尼乐园内设立麦当劳店，在各地的麦当劳店里均可销售可口可乐和迪士尼的电影票，而可口可乐公司在销售自己产品的同时，也帮助麦当劳和迪士尼做宣传。

6.3.2　公共关系协调的内容

公共关系协调涉及诸多内容，主要是利益协调、态度协调和行为协调。

1. 利益协调

利益是指组织与公众所获得的物质或精神上的需求和满足。组织与公众之间存在着利益上的互补关系，利益协调是实现这种互补关系的主要途径。利益协调在操作上，首先，要清晰认识各自的利益所在；其次，要寻找双方共同利益的结合点；最后，要调整利益目标，在双方共同接受的前提下实现各自利益的最大化，以实现互利合作，促进互利互惠。

2. 态度协调

态度是人们对某一事物所持的看法和行为倾向，它包括认知、情感和意向。认知是人们对事物的认识、理解和评价；情感是人们对事物好恶的内心体验；意向是人们行为的思想倾向和准备状态。态度建立在利益基础之上，它主要取决于人们的价值观。所谓态度协调，是指组织为了实现与公众的互利合作，自觉进行转化公众的消极态度和强化公众的积极态度的各种工作。态度协调是公共关系协调的关键，有效的态度协调可以使逆意公众、边缘公众转化为顺意公众，在组织与公众之间增进友谊与合作意愿，为行为协调奠定良好的基础。态度协调的操作一般从认知、情感和意向三个方面入手。认知协调主要是应做好与相关公众的信息交流，引导公众树立正确的价值观，使公众全面了解组织并消除某些误会与偏见。情感协调主要是增进公众对组织的信任与友谊，化解公众对组织的冷漠、敌视等不利于建立和开展良好公共关系的感情障碍。意向协调主要是在认知协调和情感协调的基础上，进一步培育公众与组织互助合作的意愿和倾向，防范与化解不利于合作的消极情绪。

3. 行为协调

行为协调是指组织及公众自觉地对自身的行为进行调整和调节，以便于双方的相互配合与互助合作。行为协调是公共关系协调的实际步骤和最终结果，其主要目的是将组织的潜在公众、知晓公众转变为行动公众，使组织与公众之间的互助合作意向转变为实际行动。防范与化解可能出现的矛盾和冲突，最终达到公共关系的和谐状态。

美国亨氏集团的母亲座谈会

美国亨氏集团与我国合资在广州建立婴幼儿食品厂，但是生产什么样的食品来开拓广阔的中国市场？在筹建食品厂的初期，亨氏集团做了大量调查工作，多次召开“母亲座谈会”，充分吸取母亲们的意见，广泛了解她们的需求，以及其对婴儿产品的建议，摸清各类食品在婴儿哺养中的利弊。亨氏集团在之后的综合比较和分析研究中，根据母亲们提出的意见，制作了些样品，免费提供给一些托幼单位试用；征求收集社会各界对产品的意见、要求，相应地调整原料配比；他们还针对中国儿童食品缺少微量元素、造成儿童营养失衡及影响身体发育的现状，在食品中加进一定量的微量元素，如锌、钙和铁等，使产品具有极大的吸引力，普遍地受到中国母亲的青睐。于是，亨氏婴儿营养米粉等系列产品迅速走进千千万万中国家庭。

资料来源：根据韩宝森．公共关系理论、实务与技巧 [M]．北京：北京大学出版社，2009：207．删减整理。

讨论：

亨氏集团成功地运用了哪些公共关系协调手段？

6.3.3 公共关系协调的方法

1. 建立交流渠道

组织要建立合理的信息管理制度和信息交流网络，有效地进行信息的收集、储存、使用、发布与反馈，确保信息能够通畅地上传下达、平行交流、内外沟通，使之与内外公众之间相互了解，减少误会。

2. 提高预测能力

组织要经常性地开展信息监测和环境监察工作，预测各种可能出现的各种不协调因素，比如内外公众可能产生的态度变化，信息发布与广告宣传可能造成的误解，与合作伙伴及竞争对手可能发生的摩擦等，提前采取相应措施，以避免或减少冲突。

3. 及时收集和分析反馈信息

组织要注意收集反馈信息，并加以分析、利用，及时调整其策略和行为，以化解不协调因素，防止矛盾激化。

4. 加强感情联络

组织应当开展丰富多彩的联谊活动。例如，举办由领导、员工、外部公众、新闻媒介参加的聚会、竞赛、联欢、参观、文化日等活动，以增进各方的感情交流，加深友情，营造相互信赖和相互支持的团结气氛。

5. 安排有矛盾冲突的各方进行会谈协商

通过对话协商，各方可以充分表达自己的意见和愿望，进而加深相互理解，有利于缓和矛盾，相互谅解，达成共识。

小 结

公共关系是组织与公众之间，通过互动而构成的一种社会关系。组织与公众之间的互动方式主要有三种：塑造形象、传播管理、协调关系。塑造组织形象一般包括的程序是定位，系统设计，传播与推广，巩固，更新与矫正。传播管理是组织了解公众、公众认知组织的中介和桥梁。公共关系传播具有行为的受制性、内容的求实性、渠道的多样性、方式的策略性、活动的高效性等特点。公共关系传播的类型主要包括人内传播、人际传播、组织传播、大众传播和国际传播。公共关系大众传播媒介可分为印刷媒介和电子媒介。有效的公共关系传播技巧包括建立良好的人际关系、与新闻记者联系并建立良好的关系、做好会议组织与联系接待工作、营造良好传播环境、正确选择公共关系语言、利用“名人效应”、善于“制造新闻”、合理运用公共关系广告。公共关系协调的形态主要有服从、调整和合作。公共关系协调涉及诸多内容，主要是利益协调、态度协调和行为协调。公共关系协调的方法有建立交流渠道、提高预测能力、及时收集和分析反馈信息、加强感情联络、安排有矛盾冲突的各方进行会谈协商。

思考讨论

1. 对于一个刚创办不久的小企业，应选择何种传播方式和传播媒介，为什么？
2. 你认为互联网会取代电视吗？如果这一天真的到来，会对公共关系提出哪些挑战？
3. 谈谈你对炒作、作秀和包装的理解，你觉得成功的公共关系应该如何炒作、作秀和包装？
4. 组织形象识别系统是否适合任何组织？为什么？

能力实训

1. 某企业为新产品上市组织了一个新闻发布会，其中邀请了《中国日报》、《中国青年报》、《服装时报》、《服饰导报》、《新民晚报》、《上海时装报》、上海电视台等媒体记者参加。请按不同标准将这些媒体加以分类。
2. 根据自己所在学校、分院、专业或班级的真实情况，为其设计一套组织形象识别系统，内容包括整个组织形象识别系统的规划、设计，涵盖理念识别系统、行为识别系统、视觉识别系统三大系统的所有内容，并解释说明设计思路。

课外导读

[1]　沃尔特·李普曼．公众舆论 [M]．阎克文，江红，译．上海：上海人民出版社，2002．

[2]　袁传荣，宋林飞．公共关系学新论——组织形象管理 [M]．南京：南京大学出版社，2006．

[3]　璟天．形象决定命运 [M]．北京：中国时代经济出版社，2011．

[4]　特劳特．大品牌大问题 [M]．耿一诚，等译．北京：机械工业出版社，2011．

[5]　大卫．新规则：用社会化媒体做营销和公关 [M]．于宏，等译．北京：机械工业出版社，2013．

[6]　易圣华．新闻公关营销实战 [M]．北京：机械工业出版社，2013．
[7]　艾·里斯，杰克·特劳特．定位 [M]．谢伟山，苑爱冬，译．北京：机械工业出版社，2013．
[8]　大龙，王庐霞．中国式公关 [M]．北京：中信出版社，2006．

第三篇　活动过程篇

Chapter 7
第 7 章

公共关系调查

学习目标

掌握：公共关系调查的程序和方法。

理解：各种公共关系调查的内容（社会环境状况调查、组织内外相关公众的调查、组织自身形象调查、传播媒介状况调查）。

了解：公共关系调查的含义、意义及原则。

引例

先搞清楚这些问题

有一家宾馆新设了一个公共关系部。开办伊始，该部就配备了豪华的办公室，漂亮迷人的公关小姐，现代化的通信设备，但该部部长却发现无事可做。后来，这个部长请来了一位公共关系顾问，向他请教“怎么办”，于是这位公共关系顾问一连问了以下几个问题。

“本地共有多少宾馆？总铺位有多少？”

“在旅游旺季时，每月本地的外国游客有多少，港澳游客有多少？内地其他地区的游客有多少？”

“贵宾馆的‘知名度’如何？在过去3年中，花在宣传上的经费共多少？”

“贵宾馆最大的竞争对手是谁？贵宾馆潜在的竞争对手将是谁？”

“在去年一年中因服务不周引起房客不满的事件有多少起，服务不周的症结何在？”

面对这样一些极其普通而又极为重要的问题，这位公共关系部部长竟张口结舌，无以对答。于是，那位被请来的公共关系顾问这样说道：“先搞清这些问题，然后再开始你们的公共关系工作。”

资料来源：韩宝森．公共关系理论、实务与技巧 [M]．北京：北京大学出版社，2009：80．

讨论：你是如何理解公共关系顾问的“先搞清这些问题，然后再开始你们的公共关系工作”这句话的？你觉得公共关系调查对组织有何意义和作用？

7.1 公共关系调查概述

中国有句老话“知己知彼，百战不殆”，公共关系调查其实就是为了给组织管理部门提供参考依据，达到“知己知彼”的状态，以保证组织有效地开展各项公共关系事务活动而做的工作。公共关系调查是公共关系活动的起点与基石。

7.1.1 公共关系调查的含义

公共关系调查是组织调查的一种表现形式，是在特定的时间与地域范围内，运用相关调查方法和工具，收集并分析与本组织相关的公众的观点、态度和行为信息，了解和掌握自身公共关系状况的过程。在这个过程中所获得的信息可以用于制定长远的战略性规划，也可以用于制定某阶段或针对某问题的具体政策或策略。不仅有助于组织把握目前的公共关系状况与问题，还有助于组织及早发现潜在的威胁，为具体公共关系活动目标和方案的正确制定提供客观依据。公共关系人员可以“对症下药”、“量体裁衣”，使问题尽快得到解决。

7.1.2 公共关系调查的意义

1. 能够帮助组织准确地为产品和形象定位

公共关系调查可以帮助组织了解公众真实的消费需要，明确界定组织的产品和服务，还可以帮助组织准确地了解其在公众中的形象定位。组织的形象定位是指组织明确以什么样的形象出现在公众面前，形象定位取决于组织的战略定位和竞争优势。通过产品和形象的定位调查，组织可以测量出自我期望的形象与其在公众中实际形象的差距。组织可针对这个差距策划有效的公共关系活动方案，以缩小差距。

“有奖求教”，家具俏销

万斯家具厂的产品连续3年滞销，究其原因，在于其与消费者的实际需要和具体要求脱节。针对这一弊病，厂长巴莫开出了一张处方，要为消费者设计一种可变形的多功能家具。为了使这种家具既能满足消费者的需要，又能带来方便、舒适和美的享受，厂长巴莫决定根据消费者的意见进行设计。凡是提出意见的消费者，家具厂将赠送一张优惠20%的购物卡，凭此卡可购买一件多功能的家具；意见被采纳的消费者，则赠送一件多功能家具。这种家具不仅受到了消费者欢迎，同时也提高了家具厂的效益，一个月的销售等于过去3年的销售总量的几倍。

资料来源：根据曾琳智．新编公关案例教程[M]．2版．上海：复旦大学出版社，2010．删减整理。

2. 能够为组织管理决策提供科学依据

公共关系活动的主要功能是系统阐释组织目标及其贯彻落实，为组织决策层制定实现组织目标的各种战略提供咨询建议。公共关系活动既非推销也非广告，严格地讲也不属于促销，它是管理职能、管理行为的一个组成部分。公共关系调查的主要任务就是及时地为组织提供决策依据并能有效地预测和检验决策的正确性。因为只有通过调查，才能使组织了解公众的要求和愿望，做出符合公众的要求和愿望的决策，最终使组织在公众的心目中树立起良好的形象。

3. 能够帮助组织监测公众舆论

公众舆论是指具有共同利益的人群、团体对某些问题所持态度的表达。在信息传播极其迅速的现代社会，公众舆论是一种非常重要的力量。积极的公众舆论有利于组织塑造良好形象，消极的公众舆论则会损害组织的形象，甚至会造成组织形象危机。因此，通过公共关系调查，监测公众舆论，并使组织及时扩大积极的公众舆论，缩小消极的公众舆论是十分重要的。

7.1.3　公共关系调查的原则

公共关系调查是一项包含大量科学性和技术性在内的工作，因而要遵循以下三条原则。

1. 客观性原则

客观性原则是指公共关系人员在进行调查过程中要从实际出发，严格按预定程序开展调查工作，尊重客观事实。在调查结束后的材料整理过程中，要区分公众的主观臆想和客观态度，也要防止公共关系人员自身将猜测成分加入进去，只有这样才能保证调查结果的真实性和可靠性。

2. 伦理性原则

公共关系调查的时效性是建立在伦理性原则基础之上的。组织委派公共关系人员进行调查，不可能对其逐一进行监督。因而，公共关系调查人员必须本着一种职业道德，自觉、规范地进行调查，对调查对象不得使用欺骗或胁迫的手段，更不能为获取某种有价值的资料而不择手段。只有坚持伦理性原则，才能既维持组织的声誉，又获得公众的好感。

3. 时效性原则

公共关系调查是有其时机和时限的，这既包括组织自身发展过程中的有利时机，也包括社会上的重大节庆日等契机。公共关系调查必须做到坚持时效性，准确及时地掌握市场信息，对市场变化及时做出反应或调整，才能始终使公众感觉到组织对他们时刻地关注与关心，更好地协调与公众的关系。

7.2　公共关系调查的内容

作为一项系统的公共关系研究工作，公共关系调查的内容相当广泛而丰富，涉及组织公共关系的目标、主体和客体，也涉及组织公共关系的传播媒介、社会环境等。但公共关系调查的关键还是要围绕组织展开深入调查，把握公众对组织的认识和评价，研究分析组织所处的环境。一般来说，公共关系调查主要包括以下四个方面：社会环境状况调查，组织内外相关公众的调查，组织自身形象调查及传播媒介状况调查。

7.2.1 社会环境状况调查

社会环境的公共关系调查涉及内容极其广泛，大致来说有四个方面。

1. 国家有关的政策和法律、国家政治经济发展规划

包括国家和地方政府的中长期发展战略规划、宏观政策，与社会组织有关的政治、经济、科技、社会文化等发展变化趋势，地方政府机构和法律部门颁布的地方性法律、法规和方针政策，以及国家根据发展需要新出台的行业调整计划、新颁布的法律和法规。

2. 行业发展趋势

对某一组织的发展战略而言，关注本行业发展趋势是至关重要的。例如，在加入世贸组织之前，影响各行业变化趋势的一个重要因素就是加入世贸组织问题，因此在加入世贸组织后对我国各行业的影响分析，是调查各行业变化趋势中的一个重头戏，调查工作也会围绕着加入世贸组织后该行业面临的机遇和挑战等问题展开，为自己将要制定的战略，而搜集参考资料和依据。

3. 同行业情况和竞争对手的情况

组织通过调查当前本行业呈现的主要竞争态势，以及竞争对手的优势与劣势、经验与教训，从而与自己各方面做参照，掌握组织的发展机会，消除潜在的威胁。

4. 社会问题调查

面对纷繁复杂的现实社会，引人关注的社会问题、社会热点、重大事件等一切社会调查的内容是否可以成为组织借势的契机，必须经过充分的调查研究才能决定，没有提前积蓄和准备容易错过良机，而调查研究不到位也可能弄巧成拙。

7.2.2 组织内外相关公众的调查

在公共关系工作中要想获得成功，必须要“知己知彼”，而“知彼”更是关键。因此，公共关系调查必须将相关公众状况调查作为其工作的重点。

伊利的新媒体营销革命

伊利集团与众多新媒体进行深度合作，展开了一场新媒体营销革命。由伊利集团与CCTV.COM共同发起的“有我中国强——寻找我的奥运坐标”大型网络公益签名活动通过CCTV.COM正式上线。通过架设虚拟网络空间的“中国版图”，网民只要登录活动网页，就可以在版图的任意地区标注自己的名字，并上传自己的手写签名和奥运祝福。此活动创新的互动设计和充分的情感诉求在奥运活动铺天盖地之际迅速聚集了网络人气。

资料来源：根据借助奥运会成功营销，知名企业奥运营销案例．南海网．http://www.hinews.cn/news/system/2008/12/01/0103．删减整理。

1. 组织外部公众的调查

（1）**背景资料**。这是指公众的姓名、年龄、性别、籍贯、住址、文化程度、职业、收入情况、家庭情况等。

（2）**知晓度资料**。这是指公众对某一问题、某一事件、某一形势、某项计划、某段时间的知晓程度。

（3）**态度资料**。这是指公众对各种对象的态度。

（4）**行为资料**。这是指公众就某个问题正在或者已经采取的行动的情况。

2. 组织内部公众的调查

公共关系的宗旨是内求团结，外求发展。因此除了了解外部公众的情况外，还应掌握组织内部公众的心理、人际关系及凝聚力的情况。组织内聚力主要反映组织内部公众所形成的组织意识，相互合作的气氛，以及对组织产生的向心力，这是衡量一个组织战斗力高低的尺度。公共关系人员可以通过各种方式，收集组织内部公众的意见，把握其思想脉搏，并了解其思想情绪。

7.2.3 组织自身形象调查

组织自身形象是指相关公众对组织的看法与评价的综合情况，这是公共关系调查的重要内容。因为形象对于任何一个组织的意义正变得越来越重要，特别是对于从事产品生产与经营的组织来说更是如此。良好的形象能帮助组织赢得更多消费者、投资者及社会各界的合作与支持。组织自身形象包括自我期望形象和实际社会形象两个方面。

1. 自我期望形象

自我期望形象是指一个组织自己所期望建立的社会形象，这是一个组织公共关系工作的内在动力、方向、目的和标准。公共关系工作需要通过组织内部的调查分析，了解组织的自我评价，组织对公共关系工作的期望值，这是公共关系调查的一个重要环节。自我期望形象调查包括以下四个方面。

（1）**组织实态的调查**。组织实态，即组织客观的实际状态和基本条件。组织自身形象调查要了解组织客观的实际状态和基本条件。比如一个组织正在做什么，能够做什么，做得怎么样，具备哪些有利条件和不利条件。又如一个组织生产什么产品，提供什么服务，其生产状况、技术状况、财务状况、产值和利润、市场销售状况、组织人事状况等，都需要进行客观、准确的分析，为公共关系目标定位和策划提供客观依据。

（2）**员工阶层的调查**。了解本组织广大基层和一线员工对自己组织的看法和评价。一个组织的日标和政策须得到其广大员工的认同和支持，才可能有效地转化为该组织的实际行动。因此，组织需要通过内部调查（如员工座谈及员工问卷调查），了解员工的权力要求及各种批评建议，以及他们对决策层提出的总目标的信心和支持程度，发动全体员工寻找组织公共关系的薄弱环节及改善措施，鼓励大家积极参与公共关系目标和计划的拟定。

（3）**管理阶层的调查**。一个组织的行政和技术业务管理阶层是一个组织的核心力量，他们对组织的看法，既对基层和一线员工产生影响，也对决策层产生影响。因此，组织需要重点了解和分析管理阶层的观点、意见和态度，从中得出本组织的优势和劣势。

（4）**决策阶层的研究分析**。一个组织的形象定位最终来源于决策阶层。决策阶层决定着组织的总体目标，从而决定着组织形象的基本定位，以及公共关系的总政策。决策阶层的价值观和行为方式，也影响着组织形象的个性和风格。在进行组织形象调查中，组织必须尽可能领会和熟悉决策阶层的观点、意见和态度，以此作为组织自我形象规划的重要依据。

2. 实际社会形象

实际社会形象是指外部公众对组织现实行为与政策的评价与看法，涉及公众对组织的认知、态度和行为的倾向情况。调查组织的实际社会形象主要通过两个重要的指标，即知名度和美誉度。

（1）**知名度**。知名度是公众对组织信息的知晓程度，即公众对组织名称、方针政策、基本职能、产品服务、经营状况等基本信息知晓与了解的程度。

（2）**美誉度**。美誉度是公众对组织在产品服务、经营管理、承担社会责任、行为活动等方面的表现所持的满意、支持、信任与赞誉的程度。

（3）**知名度和美誉度的比较分析**。根据不同时期组织知名度和美誉度的比较，可以得知社会舆论环境对组织有利或不利的程度。

1）高知名度／高美誉度。组织处于这种形象地位，属于最佳的组织形象管理状态。但同时要注意，组织的知名度越高，美誉度的压力就越大。如果知名度超过了美誉度，就更应该警觉因此而造成知名度的负面压力。

2）高美誉度／低知名度。组织处于这种形象地位，属于较为稳定、安全的组织形象管理状态。由于美誉度是组织形象的客观基础，因此这种状态具有良好的形象推广基础。其缺陷是知名度偏低，美誉度的社会价值得不到应有的体现，因此组织形象管理工作的重点应在维持美誉度的基础上提高知名度，扩大其美誉度的社会影响。

3）低知名度／低美誉度。组织处于这种形象地位，属于不良的组织形象管理状态，即没有名气，公众评价也不好。组织需要首先改善低美誉度的问题，即提高业务质量、改善工作效率和服务态度等。

4）低美誉度／高知名度（即臭名远扬）。组织处于这种形象地位，属于较差的组织形象管理状态。组织应该从提高美誉度方面下手，然后再提高知名度，即找出差距、发现问题，是组织形象管理工作程序中的重要步骤。

除了知名度和美誉度，公共关系人员还可对公众的行为倾向做出分析与预测，即努力了解与把握公众对组织的产品、服务、政策、行为准备或已经采取什么样的行动。

7.2.4 传播媒介状况调查

1. 大众传播媒介情况调查

大众传播媒介是公共关系信息传播的支柱性媒介，跨越空间大、影响范围广、传播效率高，深受组织重视。对大众传播媒介情况进行调查的主要内容包括如下三点。

（1）**大众传播媒介的分布情况**。比如地域、行业、类型、数量的分布等方面情况。

（2）**大众传播媒介的功能作用情况**。比如涉及大众传播媒介功能作用的传播范围、传播内容、传播特色、传播效果、传播者的威信等方面情况。

（3）**大众传播媒介所需信息的情况**。比如一定时期内大众传播媒介的报道中心，新栏目的开辟，编辑和记者需要的内容等方面的情况。

2. 专题活动媒介情况调查

在现代社会中，专题活动已经成为一种重要的社会信息交流通道，是现代公共关系工作中具有特殊作用的信息传播媒介。组织掌握有关专题活动媒介的情况，可以决定其是否参加某种专题活动，或者自办有关专题活动。专题活动媒介情况调查的主要内容包括如下两点。

（1）**专题活动的筹办情况**。比如某次专题活动是由何种组织举办的，将在何时何地举办，举办活动的主题、内容、规格、规模、参加人数、估计影响等。

（2）**专题活动效果的评价情况**。比如某次专题活动的经验教训和利弊得失、经济效益和社会效益、主办单位的自我评价、参与活动者的印象、权威人士的看法、局外人士的见解、新闻媒介的报道情况等。

案例　北京喜来登长城饭店的“全方位”调查

一提到北京喜来登长城饭店的公共关系工作，人们立刻会想到那举世闻名的里根总统的答谢宴会、北京市副市长证婚的95对新人的集体婚礼、颐和园的中秋赏月和十三陵的野外烧烤等一系列使其声名鹊起的专题公共关系活动。北京喜来登长城饭店的大量公共关系工作，尤其是围绕为消费者服务的日常公共关系工作，源于它周密系统的调查研究。北京喜来登长城饭店日常的调查研究通常由以下三个方面组成。

（1）日调查。它包括问卷调查和接待投诉。

（2）月调查。它包括消费者态度调查和市场调查。

（3）半年调查。例如，喜来登集团每半年召开一次世界范围内的全球旅游情况调研会，其所属各饭店的销售经理从世界各地带来信息，互相交流、研究，使每个饭店都能了解世界旅游形势，站在世界的角度商议经营方针。这种系统的全方位调研制度，宏观上可以使饭店决策者高瞻远瞩地了解全世界旅游业的形势，进而可以了解本地区的行情；微观上可以使其了解本饭店每个岗位、每项服务乃至每个员工工作的情况，从而使他们的决策有的放矢。

综合调查表明，任何一家饭店只有较高的知名度是远远不够的，要想保持较高的“回头率”主要是靠优质服务和使消费者满意。怎样才能使消费者满意呢？经过调查、研究和策划，喜来登集团面对竞争推出了“SGSS”方案，直译为“喜来登宾客满意系统”，即“宾至如归方案”。喜来登集团提出，要在3个月内对该集团所属饭店上至总经理、下至一般员工进行强化培训，不准请假，合格发证上岗；并在每人每年100美元培训费的基础上另设奖金，奖励先进。随着这一方案的推行，北京喜来登长城饭店更加闻名遐迩了。

资料来源：根据韩宝森．公共关系理论、实务与技巧[M]．北京：北京大学出版社，2009：95．删减整理。

讨论：

面对激烈的市场竞争，北京喜来登长城饭店为何能赢得较高的“回头率”？这个案例给我们提供了什么启示。

7.3 公共关系调查的程序和方法

7.3.1 公共关系调查的程序

所谓公共关系调查的程序，是指对组织客观存在的公共关系现象进行科学调查的基本过程。具体地说，公共关系调查的一般程序可以分为以下五个基本阶段。

1. 公共关系调查的课题确定

确定课题是公共关系调查工作的开端，在确定题目之后，调查工作才可能按部就班地展开。调查课题要经过慎重考虑才能决定，首先，应明确调查的领域和范围，以确定调查的类型；其次，通过实地考查、文献研究和专家咨询等方式，确定具体的调查题目。调查题目是对调查工作所要解决的重要问题的高度概括。课题符合组织需要才有必要，但仅有需要和必要还不够。如果调查人员仅限于知识结构、能力结构等知识和能力条件，不能驾驭该项工作也不行；即使调查人员能够胜任，但财力不济的话，调查工作也不能完成。

2. 公共关系调查的方案设计

公共关系调查的方案设计是对调查全部内容和全过程各个环节的总体安排。调查方案设计是关系到调查信度、效度的一个关键因素。因此，方案设计力求详细、周密，符合客观实际。公共关系调查的方案设计包括如下八个方面内容。

（1）说明本项公共关系调查的目的。明确公共关系调查的目的就是要搞清调查要解决什么问题，然后才能考虑怎样去解决问题。调查范围、内容和方法都是根据目的而来的。

（2）说明公共关系调查的空间范围和调查总体、调查对象和调查单位，即采用何种调查方式。调查的空间范围和调查总体是由某种性质相同的许多调查单位所组成的，调查单位就是所要进行调查总体中的个体。例如，为了调查某市各公共关系公司的经营情况，要对全市公共关系公司进行全面调查，那么该市的所有公共关系公司就是调查总体，它们都被列为调查对象，每一个公共关系公司都是调查单位。调查方案要明确调查是在某个社区，还是全市、全省或全国何等调查空间范围上进行。例如，对生源均来自市区的某中学进行调查，或产品销售仅限市区的某小型食品厂进行调查，调查的空间范围就是本市区，根本没有必要把调查的空间范围扩大到外市或全省。不同的调查方式有不同的调查对象，例如，采取全面调查方式，那么调查总体内的所有个体都是调查单位；如果采取抽样调查方式，则由抽样决定的样本单位作为调查单位。调查的设计方案要确定采用何种调查方式进行调查，最重要的是确定调查规模，即样本数量。

（3）说明公共关系采用的调查方式之后，方案中还要说明采用何种方式，即访谈、文献、观察、问卷、实验等，向调查单位收集资料。

（4）确定调查项目的内容，即所要调查的主要内容，或者准备向调查对象调查哪些问题，制定各项调查的提纲和问卷。

（5）确定时间进度和人员安排。详细计划各环节具体的时间、进度，制定出工作流程图，以及各环节投入专家和工作人员的数量。

（6）确定调查资料统计、整理和分析的方法。

（7）确定调查报告的提交方式。主要包括调查报告的形式、保密级别、基本规模，以及提交的期限、份数。

（8）调查的预算。

3. 公共关系调查的实施

在调查的实施阶段，调查人员深入到现场与调查对象接触，进行第一手资料的收集工作，并按照方案设计的要求完成收集各类资料的任务。从某种意义上说，这是整个调查的核心环节。收集资料就是要按照设计方案，运用访问、座谈、问卷、观察等适当的方式和技巧展开调查工作，从调查对象中获取系统、客观、准确的调查资料。这个阶段要进入调查对象所在的空间范围，要事先安排好交通问题。在实地调查阶段投入人员最多，花费也最大，由于头绪多、情况复杂，也是最容易出现差错的阶段。这时要注意做好两个方面的工作。

（1）根据实际调查的需要，对原来的设计方案进行必要的调整和修改。在实地调查现场，很可能出现一些意外情况或发现原来的设计方案与实际情况不相符之处，此时要及时与调查负责人取得联系，对原来的设计方案进行必要的调整和修改，以保证调查任务按时保质完成。

（2）争取多方的支持与合作。为了确保资料搜集工作的顺利进行，真正搜集到真实、准确、可靠、全面的资料，公共关系调查人员必须有效协调各种关系，争取多方支持。首先，要争取调查对象的支持与合作，让其主动地反映情况，而不是消极地接受。其次，要协调好与调查对象有关的组织及个人的关系，因为他们有可能影响和阻碍调查人员向调查对象搜集资料，也可能支持和帮助调查人员向调查对象搜集资料。

4. 公共关系调查的资料整理与分析

公共关系调查的资料处理，包括资料整理和资料分析两个方面。

（1）公共关系调查的资料整理。除了在调查资料回收过程中对已经搜集到的资料进行检查、整理之外，就是将回收的原始资料着手统计和登录，按照设计方案和整理方案的要求，进行审核、订正、分类、汇总，把调查所得的各类资料的目录列出分类明细表，使之条理化和系统化。

（2）公共关系调查的资料分析。针对文字资料和数字资料进行综合的分析研究，从感性认识到理性认识，揭示调查对象的表面特征、数量特征和本质特征。资料分析还包括运用归纳、演绎、综合、逻辑、历史、统计、比较、系统等各种分析方式，揭示调查对象各部分之间的关系，以及其对该调查对象发展变化规律做出判断性结论。

5. 公共关系调查的总结报告

最后阶段的工作是总结评估本次调查，对调查全过程做出说明，包括本次调查的目的、方法、时间、地点、主要调查人数、调查表回收情况，以及对全部资料进行的客观分析，做出实事求是的总结，特别是对信度和效度做出评估。总结报告是该项调查工作成果的集中体现，在报告中除了交代调查的观点和结论，还应提出解决问题的建设性意见。

7.3.2 公共关系调查的方法

在公共关系调查中有很多方法，我们可以根据调查目的和调查对象的特点选择相应有效的方法。其中，使用较多的有抽样调查法、访问调查法、文献研究法、问卷调查法、观察分析法。

1. 抽样调查法

抽样调查法是指从调查对象的总体中按照一定比例抽取一部分作为样本加以调查，并把样本的调查结果近似地等同于总体的调查方法。抽样调查可以分为随机抽样调查和非随机抽样调查这两大类。随机抽样调查是在总体中按照一定比例随机抽取一部分的调查对象进行调查。非随机抽样不是根据概率原理抽样进行调查的方法，而是按照调查对象的主观意愿，有意识地在总体中选择一些调查对象作为样本进行调查的方法。抽样调查法用部分代替总体，获得的数据是近似的，但由于它省时、省力、可操作性强，得到广泛的应用。

2. 访问调查法

访问调查法是指调查人员根据事先确定的课题和内容与调查对象进行面对面的访问和谈话，以获取所需要的资料的方法。访问调查法的形式多种多样，我们应根据调查的目的和内容，以及调查对象的需要选择个人访问法、集体访问法、来信来电法等不同方式的访谈。

3. 文献研究法

搜集有关调查对象的文献资料并进行研究分析，这是一种有效的调查方法。该方法具有信息可靠、内容翔实、说服力强、成本低等特点。其局限性是速度慢、耗时多。所以，在广泛搜集、积累文献资料的基础上，必须进行深入研究分析，从中获取有价值的信息和结论，为组织决策提供信息支持。

4. 问卷调查法

问卷调查法是调查人员根据调查的目的将所要调查的内容和问题设计成统一的问卷量表，选择相应的调查对象发放问卷，让他们根据各自的情况做出回答。问卷调查法具有成本低、答案标准化、结果数量化，便于统计分析、容易控制、获得的信息详细可靠等优点，故被广泛应用。问卷调查法的问卷设计有开放型、半开放型和封闭型，我们可以依据不同的需要选择不同类型的问卷设计。

5. 观察分析法

观察分析法是指调查人员在自然条件下有目的、有计划、有重点地借助于自己的感观或各种测量仪器观察和研究调查对象的言行表现，把得出的结论按照一定的次序做系统的记录、分析和整理，并写出报告的研究方法。观察分析法主要适用于其研究目的是描述调查对象在自然条件下的具体状态，或需要对正在进行的一些活动过程做出描述，比如研究消费者的消费行为，考察消费者的消费心理等。观察分析法运用得当，可以获得其他研究方法难以得到的具有较高真实性与准确性的第一手资料，并且操作简单、费用较低。但是，观察分析法有时会受到调查人员主观意志的影响，获得的资料不一定有说服力。

小　结

公共关系调查是组织调查的一种表现形式，是在特定的时间与地域范围内，运用相关调查方法和工具，收集并分析与本组织相关的公众的观点、态度和行为信息，了解和掌握自身公共关系状况的过程。公共关系调查能够帮助组织准确地为产品和形象定位，能够为组织管理决策提供科学依据，能够帮助组织监测公众舆论。公共关系调查要坚持客观性原则、伦理性原则、时效性原则。公共关系调查的内容包括社会环境状况调查、组织内外相关公众的调查、组织自身形象调查和传播媒介状况调查。公共关系调查的程序可以分为公共关系调查的课题确定，公共关系调查的方案设计，公共关系调查的实施，公共关系调查的资料整理与分析，公共关系调查的总结报告这五个基本阶段。公共关系调查可采用抽样调查法、访问调查法、文献研究法、问卷调查法、观察分析法。

思考讨论

1. 怎样理解"'小事不小'的公共关系意识是树立企业良好公共关系形象的关键"这句话？
2. 如何理解准确的企业形象定位是其成功公共关系的第一步？
3. 以求教的方式进行公共关系调查，满足了公众的什么心理？试举例分析。

能力实训

1. 为了方便教师对专业同学的了解，进一步深化教学改革，请针对专业同学做一次关于专业认知的情况调查，结合本章学习的公共关系调查的内容及程序，完成调查方案。
2. 请设计一个小型公共关系调查模拟问卷。

课外导读

[1]　福勒．调查问卷的设计与评估 [M]．蒋逸民，等译．重庆：重庆大学出版社，2010．

[2]　风天笑．现代社会调查方法 [M]．4 版．武汉：华中科技大学出版社，2009．

[3]　简明．市场调查方法与技术 [M]．3 版．北京：中国人民大学出版社，2012．

[4]　时立文．SPSS 19.0 统计分析从入门到精通 [M]．北京：清华大学出版社，2012．

[5]　迈克尔·波特．竞争战略（全译珍藏版）[M]．郭武军，刘亮，译．北京：华夏出版社，2012．

Chapter 8
第 8 章

公共关系策划

学习目标

掌握：公共关系策划的程序。

理解：公共关系策划的含义及在公共关系活动中的地位作用。

了解：公共关系策划的特征和原则。

引例

“三高”为中国申奥放歌

6 月 23 日晚，昔日皇家禁苑中乐声翩翩、弦歌阵阵。世界著名三大男高音歌唱家在紫禁城午门广场联袂演出，在“6·23 国际奥林匹克日”掀起北京申奥活动的高潮。国务院副总理李岚清和数万名热情的中外观众一同观赏了这场精彩的演出。

当晚，三大男高音歌唱家身着黑色燕尾服，神采奕奕地站在紫禁城的古老红墙之间的舞台上，演唱了近 30 首脍炙人口的歌剧选段和歌曲。从卡雷拉斯的《我知道这个花园》、多明戈的《星光灿烂》，到帕瓦罗蒂的《今夜无人入睡》，洪亮且有穿透力的歌声，赢得了在场 30 000 名观众的热烈掌声。

昔日这里曾经钟鼓齐鸣，如今西方歌剧在此缭绕；昔日皇帝曾在这里议政，如今三大男高音歌唱家在这里纵情高歌。东方建筑的神韵与西方艺术的经典在这里得到了完美的融合，古老的紫禁城在一个充满激情的夜晚被唤醒，改革开放的中国以一场东西方文化融合的音乐盛会，向世界展示其积极走向世界的宽阔胸怀。

紫禁城午门广场，三大男高音歌唱家帕瓦罗蒂、多明戈和卡雷拉斯激情演绎，音乐盛会取得了空前的成功，通过电视直播可直接覆盖全球 110 多个国家和地区的 33 亿观众。

资料来源：根据韩宝森. 公共关系理论、实务与技巧 [M]. 北京：北京大学出版社，2009：120. 增删整理。

讨论：此案例中利用了怎样的影响力来取得公共关系活动的成功？

8.1 公共关系策划概述

8.1.1 公共关系策划的含义

策划，即策略的谋划，是组织为取得未来的成功而进行谋划的活动。换言之，策划也就是预先决定做什么、何时做、如何做、谁来做。公共关系策划就是公共关系人员根据组织现状和目标要求，通过调查、分析和谋划，设计最佳行动方案的过程。

8.1.2 公共关系策划的地位和作用

1. 公共关系策划是公共关系活动中的最高层次

一场成功的公共关系活动，需要有全面的市场调查资料，并从中得出合理的结论；需要运用策划人的聪明才智，提出合理、新颖、实用的公共关系设计；还需要有周密的动作和安排，将活动的方方面面落到实处，保证整个策划方案能按预先的设计充分实施。在这个公共关系活动中，公共关系策划是最高层次的，凝聚着最高的智慧和创新。

2. 公共关系策划是公共关系价值的集中体现

公共关系策划最能体现公共关系传播信息、协调关系、塑造形象的作用。成功的公共关系策划能迅速地提高组织的知名度，并在组织处于危难之际能够挽救其形象。

3. 公共关系策划是公共关系运作中的飞跃

公共关系运作，即组织通过一些典型的公共关系策划，在公众（包括组织内外部公众）心目中引起共鸣，使公共关系运作登上一个新台阶，从而产生的一种巨大的飞跃。

4. 公共关系策划是组织形象竞争的法宝

现代组织的竞争主要表现为组织形象竞争，即组织公共关系策划做得好，就能树立更好的形象，从而赢得公众、赢得发展。

案例

丑陋玩具风靡全美

有一次，美国艾士隆公司董事长布希耐在郊外散步，偶然看到几个儿童对一只肮脏且丑陋的昆虫爱不释手。布希耐突发奇想，市面上销售的玩具一般都是形象优美的，假若生产一些丑陋的玩具又将如何？于是，他让公司研制一套“丑陋玩具”，并迅速推向市场，结果一炮打响。“丑陋玩具”给艾士隆公司带来了巨大收益，并使同行们也受到了启发，于是“丑陋玩具”接踵而来。比如“疯球”就是一串小球上面印有许多丑陋不堪的面孔。又如橡皮做的“粗鲁陋夫”，长着枯黄的头发、绿色的皮肤和一双鼓胀且带血丝的眼睛，眨眼时发出非常难听的声音。这些“丑陋玩具”的售价虽然超过正常玩具，却一直畅销不衰，而且在美国掀起了一场销售“丑陋玩具”的热潮。

资料来源：蔡志刚．公共关系原理与实务[M]．西安：西北工业大学出版社，2010：20．

8.1.3 公共关系策划的特征

公共关系策划不是普通的想法和点子，而是一种带有鲜明的谋略性、创新性、系统性和超前性特征的高水平的智力活动。

1. 谋略性

公共关系策划的谋略性，即在公共关系策划活动中，组织善于审时度势，做到抓住时机、把握机遇、以智取胜。

健力宝集团的“计谋”

北京亚运会，健力宝集团抓住时机，果断策划了亚运火炬接力的独家赞助活动。当时有一家美国公司以10倍的价格竞标，健力宝集团以“在中国举办的亚运会，火炬上贴的应是中国公司的商标”为理由说服筹委会，从而使“健力宝”中标。如果没有智谋，单以出价竞标，健力宝集团断定会失败。健力宝集团抓住亚运会时机，利用民族优势，成功地塑造了健力宝品牌。

资料来源：根据第七章 公共关系工作过程．中华文本库．http://www.chinadmd.com/file/awvoetou6psorwxx6p3ocr6p_6.html. 增删整理。

2. 创新性

公共关系策划的创新性，即组织突破定势思维的局限，具有新颖独到的创新思维和科学系统的操作规划。正如美国杰出的石油地质学家华莱士 E. 普拉特在《找油的哲学》中写道：“真正找到石油的地方是在人们的脑海里。”创新思维是墨守成规的对立面，只有活跃敏锐的心灵，才能结出新奇独特的智慧之果。

在公共关系策划中，兴趣、灵感、想象、好奇心是策划者自身不断创新的必备条件。一是兴趣。兴趣是指策划者积极探求某种事物或从事某项活动的意识倾向或选择性态度。这种倾向和态度与一定的情感体验有着直接的联系，与创造力有极大的相关性。如果一个策划者对自己从事的工作有兴趣，工作主动性强，就可以发挥创造才能的80% ~ 90%；如果对从事的工作没有兴趣，工作积极性低，则会表现出不悦、厌恶等否定情绪，抑制创造能力，只能发挥全部创造才能的20% ~ 30%，可见，兴趣是创造性活动成功的动力。二是灵感。灵感是划破夜空的闪电，是紧张思维活动之后的顿悟，也是创新性活动的突变过程。三是想象。想象是创新的源泉，是策划者在已经积累起来的知觉材料的基础上，经过加工而创造出新形象的心理过程。通过想象，策划者把所观察到的现象、材料，经过分析思考，建立起一个新的、完整的形象。四是好奇。好奇是人的天性，表现为对新事物的特别注意。善于利用公众的好奇心，能使策划者的设计、计划和方案达到出奇制胜的效果。而对策划者来说，永不满足的好奇心能引导其不断地选择新目标，进行新的构思、新的设计，制定新的方案。

公共关系策划的创新性，还需要更多地进行思维训练，掌握常用的训练方法。反常逆变法，即突破习惯性思维，坚持结论—问题—思考—求证—完善—系统化的思维程序。例如，有个故事讲到某皮鞋商想开发南非的市场，派出两位推销员，几天后他同时收到两封电报。

推销员 A 说："这里的人都赤脚，完全没有希望，我要回来了。"而推销员 B 说："没有人穿皮鞋，大有希望，预定停留一周。"面对同样的现状，回答却迥然不同。可见推销员 B 采取的是逆变思维法。原型启发法，即观察联想法。19 世纪 20 年代，英国要在泰晤士河修建一条水下隧道，松软多水的河底使施工极为困难。工程师布鲁尔散步时无意中看到一只昆虫在其外壳保护下使劲向橡树皮里钻。受此启示，他提出了新的施工方案——"构盾施工法"。实践证明，这是一个成功的方案。冥想暗示法，即人躺在沙发上，闭上眼睛，专心回忆过去自己最放松时刻的情况，就像电影似的想象自己朝成功的目标一步一步地迈进。这时，你会看到自己成功完成某项任务或发明某项新技术的情形。变换组合法，即用变换方法将几件毫不相干的事件组合在一起，从而增加新意、提高新闻度，这便是变换组合法的真谛。脑力激荡法，即将几个人安排在一起，起初互不干扰，极尽所能地就某个问题进行思考，写出所想到的创意，持续 1 个小时左右，直到实在想不出来，再将每个人的方案优化组合的方法。

案　例　来自小虫子的"启发"

19 世纪 20 年代，英国要在泰晤士河修建一条水下隧道，这是世界上第一条水下隧道，也是一项前所未有的工程。在松软多水的河道下挖隧道，很容易塌方进水，且一旦塌方进水，施工的难度就可想而知了。负责该工程的布鲁内尔工程师冥思苦想，无计可施。一天，他一筹莫展地在一棵橡树下踱步，无意中看见一只小虫子在坚硬外壳的保护下慢慢地钻进了橡树的树干。他顿生灵感，难道不能用小虫子在坚硬外壳保护下钻进树干的方式挖掘隧道吗？于是，布鲁内尔改变传统的先掘进再支护的隧道施工方式，提出一个全新的施工方案，即先将一个空心的钢柱体打入地层中，然后再在其保护下掘进施工，果然成功地防止了塌方，加快了施工进度。

资料来源：根据第七章　公共关系工作过程．中华文本库．http://www.chinadmd.com/file/awvoetou6psorwxx6p3ocr6p_6.html. 增删整理。

3. 系统性

公共关系策划是智力性的工作，是在系统思维科学指导下的复杂理性行为。虽然公共关系策划的内容丰富多样，形式千差万别，作用各不相同，但其必须服从组织的战略规划和全局需要，而不能只满足于获得零星的、孤立的公共关系效益。公共关系策划是一项"系统工程"，高层次、亚层次、表层次的工作之间应相互协调、互补发展，并且按照一定的程序展开，承前启后、环环相扣，不能只是一次灵感突发的"点子"。

4. 超前性

公共关系策划能确保公共关系活动的高水平、高质量。其超前性反映在为塑造组织形象、推销组织品牌而主动谋划的全部过程中。任何公共关系策划活动，如同弈棋，不是走一步看一步，而必须事先做充分的准备，周密部署，未雨绸缪。

8.1.4 公共关系策划的原则

公共关系策划关系到整个公共关系活动的成败。为了确保策划的科学性与可行性，公共关系策划必须遵循以下原则。

1. 服务公众原则

对公共关系活动来说，公众永远是上帝，公众利益是压倒一切的，服务公众是公共关系策划的基本原则。因为公共关系的根本目的是通过有效的信息传播，实现组织与公众之间的双向沟通，使公众对组织产生良好的印象，进而为组织的生存发展创造有利的内外部环境。这种良好的印象，只能建立在服务公众及维护公众利益的基础上。当然，服务公众不仅表现在对公众物质利益的主动捍卫，也表现在对公众精神需求的满足。

美国西北航空公司的道歉

1997年4月，美国西北航空公司的一位空姐，在接受中国乘客询问机上用餐时态度极不友好，并反问“难道你们中国人总这样饥饿吗？”致使中国乘客极为不满。这位中国乘客及时向机长投诉，在没有得到合理解决后又向美国西北航空公司投诉，公司允诺提供免费机票一张作为赔偿，但中国乘客不同意，认为美国空姐伤害的不只是一位中国乘客，而是所有的中国同胞，因此美国西北航空公司应向全体中国同胞赔礼道歉。在事发半年后，西北航空公司总裁亲赴中国大陆专事处理，仍未取得圆满结果，美国西北航空公司在中国的形象因而大受影响。

资料来源：作者引自相关参考文献。

2. 求真务实原则

公共关系之父艾维·李倡导的“说真话，讲实情”、“公众必须被告知”原则，是公共关系活动的一条最基本的准则。公众作为公共关系活动的诉求对象，有权力知晓与其正当利益相关的组织信息。任何组织都不能隐瞒事实真相，更不能弄虚作假，欺骗公众。

核泄漏的影响

1986年，苏联切尔诺贝利核电站发生核泄漏，新闻媒介在事故发生3天后才对外发布正式信息，此前各方猜测不断、人心惶惶，且西方国家对之纷纷责难，影响极坏。苏联政府不仅因为核泄漏蒙受了重大损失，其国际形象也受到了严重损伤。

资料来源：作者引自相关参考文献。

3. 灵活机动原则

公共关系活动设计是根据组织形象的现状和目标要求，设计最佳行动方案的过程。而组织形象现状是由一系列变量组成的复合体，比如成本有升降，技术会反复，人员难免有闪失，公众偏好不稳定等。即使成本、技术、人员、公众偏好等现状因素不发生变化，组织自身也可能因环境变化而调整目标。这就要求在进行公共关系活动设计时，既要制定明确的活动流程，又要充分考虑各种变化的可能，给计划留出一定的伸缩空间，以备适时调整。

4. 连续与创新原则

良好的组织形象不是靠一两次成功的公共关系活动就能一劳永逸。因此，一项完善的公共关系活动设计，不仅要考虑一次活动的前因后果，还要关注该次活动在组织整体发展链条上的前后衔接问题，把公共关系活动的阶段性和连续性有机地统一起来。与此同时，公共关系活动要取得预期的效果，还必须根据内外部环境的变化，在内容和形式上不断创新。

5. 利益驱动原则

公共关系策划必须提前明确组织公共关系行为的深层次动机。马克斯说过："人的一切行为，都是为了利益的获取。"利益是公共关系策划和公共关系活动的原动力。公共关系活动的利益是由组织的经济效益和社会效益这两个方面组成。公共关系活动虽不表现为经济效益和社会效益的直接获取，但组织良好形象的塑造和与公众环境的协调，必定给组织带来有利于生存与发展的优越条件，以及因此而发生的更为深远的经济效益和社会效益。因此，公共关系活动不是慈善施舍，更不是一掷千金、花钱如流水，公共关系活动遵循的宗旨应是每一分投入都有产出。高明的公共关系策划，总是在有利于公众的同时也有利于自己，使公众觉得组织的利润不是竭力争得的，而是服务公众后自然得来的。

完善的乘客服务：新加坡航空公司的优质服务

如今，国际航空业竞争异常激烈，而新加坡航空公司（以下简称新航）在国际航空业群雄角逐的激烈竞争中独占鳌头，连续多年被国际民用航空组织评为优质服务第一名。新航的服务有很多独特之处，他们把西方的先进技术及管理手段与东方传统的殷勤待客有机地融合在一起，把"乘客至上"的公共关系思想贯穿于服务的全过程，给每一位乘客留下极为深刻的良好印象，使来自各国的乘客自然成为新航的义务宣传员，再通过新闻媒体做广告宣传，公司的形象就不胫而走，誉满五洲。

新航制定了严格的服务准则，即对所有乘客一视同仁地施以礼貌和关心，在一切微小的服务细节上给乘客留下难忘的印象，并以此树立公司的整体形象。这些服务准则通过每一位工作人员的良好服务体现出来。

通常情况下，一般航空公司的乘客在订票时是不能拿到座位号的，登机前才能在机场领取印有座位号的登机卡。而新航通过公司设在全球各地的电脑订票系统，可使乘客在任何国家预订任何班次的机票时，能够同时拿到座位号。公司将预订某班次的全体乘客姓名按舱位平面图排列交给当班乘务员，要求每个乘务员事先记住自己所负责舱位的所有乘客的姓名，乘客登机时只需将座位号贴在登机卡上，乘务员在机舱门处引导乘客对号入座，并在舱位图上做记号。乘客就座完毕后，乘务员就能按照记忆，对每一位乘客直接以姓相称呼，使乘客在感到宾至如归的同时又略感意外的和谐与舒适。这样周到的服务，是世界上任何其他航空公司都不曾做到的。

在愉快的旅行后，乘客可得到一包精美的盥洗用具，包括：牙刷、牙膏、肥皂、梳子和两小瓶化妆品，上面都印有新航标记，不但是美观实用的宣传品，更是值得保留的纪念品。

乘客如需写信，均可由新航免费邮寄至世界各地；头等舱和公务舱的乘客如果填写一张表格，便可将自己的姓名地址存入新航公司的计算机并取得一个编号，日后可得到公司寄来的一二十张优待券；乘客在一年之内可凭优待券优先购买新航的机票，行李超重部分可不付费；乘客还可以到新加坡的一些百货商店享受购物折扣优惠。通过一系列充满心意的公共关系服务措施，新航在国际航线上赢得了声誉、赢得了顾客，在激烈的国际航空业竞争中胜人一筹。

资料来源：公共关系策划综合案例．豆丁网 .http://www.docin.com/p-206775827.html .

讨论：

该案例带给你什么启示？

8.2 公共关系策划的程序

公共关系策划是公共关系人员通过调查研究和综合分析，确立公共关系目标，制定公共关系活动方案与战略的过程。按目前国内通行的做法，公共关系策划的程序分三个阶段，九个步骤。

8.2.1 准备阶段

在公共关系策划之前，公共关系人员应把握情况，做好调查分析，对搜集的材料、信息进行研究，为策划工作做充分的准备。准备阶段的工作可分为分析形象和确立目标这两个步骤。

1. 分析形象

分析形象实际上是公共关系人员对策划所依据的调查材料进行整理，从中找出有价值的信息汇总分析的过程。公共关系人员首先应确认调查材料的真实性与可靠性，其次针对组织形象现状及原因，寻找其实际形象与应有形象、期望形象之间的差距和问题，再次将差距和问题按照轻重缓急排队，理出头绪，最后为公共关系目标的确立做好准备。

2. 确立目标

目标是指在一定的环境和条件下，通过公共关系策划及策划的实施所希望达到的理想结果，即明确要做什么，达到什么程度或什么状态。目标既是公共关系策划的依据，又为评价公共关系活动效果提供标准。确立目标就是在调查分析和确认问题的基础上，建立公共关系目标系统。公共关系目标系统可以从不同的角度进行分类：从内容上可分为总目标和分目标；从时间上可分为长期目标、中期目标和短期目标；从规模上可分为战略目标和战术目标；从目的上可分为传播信息目标、沟通感情目标、改变公众态度目标、引起行为目标等；从作用形式上可分为进攻型目标、防守型目标；从性质上可分为一般目标和特殊目标。确定目标就是根据轻重缓急选择其中的一个或多个目标。确立目标一般要遵循三个基本要求。

（1）目标的确定性。目标是结果式而非过程式，是可以明确评估和测量的。例如，本次公共关系活动的目标是“召开一次新闻发布会”——过程式；“将本厂新产品在全国的知名度从现在的 20% 提高到 50%”——结果式。

（2）**目标的具体性**。目标不是一个抽象的概念或空洞的口号，而是在定性或定量上有具体的描述。例如，定性描述形象塑造目标，即以服务的新颖、周到而著称，以实力的雄厚、稳固而扬名；定量描述形象塑造目标，即知名度、美誉度要提高多少，有多少人支持、理解。

（3）**目标的可行性、可控性**。目标是在现实条件下通过努力能够实现的，并且有一定的激励性、挑战性。同时，目标还应该有一定的弹性、应变措施和保障。

8.2.2　实际策划阶段

准备工作就绪后便可进入实际策划阶段，该阶段可分为以下七个步骤。

1. 设计主题

设计主题是指围绕实现公共关系目标，针对特定公众，对整个公共关系活动的策划和操作起到指导、规范作用的中心思想。公共关系活动的主题是整个活动的灵魂，是对公共关系内容的高度概括。它提纲挈领，是公共关系宣传的重点。主题设计的是否精彩、恰当，对公共关系活动的成效影响很大。例如，某大学公共关系专业学生策划种植“公共关系树”活动。活动设计了“以人喻树，塑高尚正直的品质，用树比人，学勤奋向上精神”的主题，培植了一行挺拔伟岸的翠柏作为该专业的纪念树，使同学们受到教育的同时也引起媒介关注。

公共关系主题的表现方式多种多样，它可以是一个口号，也可以是一句陈述或一个抒情。要设计出一个好的主题，必须满足下列四个要求。

第一，公共关系主题必须与公共关系目标相一致，并能充分表现目标。

第二，公共关系主题要适应公众心理的需要，既要富有激情，又要使人感到亲切。

第三，公共关系主题应独特新颖、富有个性，突出活动的特色，使人留下深刻长久的印象。

第四，公共关系主题的表述应做到简短凝练，易于记忆和传播。

此外，主题设计还要考虑到不同阶段公共关系目标的特点，使之具有针对性。

【**阅读材料**】公共关系活动主题实例

广东顺德碧桂园：给你一个五星级的家

海南欢乐节的宣传主题：美丽与健康同行

99 云南世界园艺博览会：万绿之宗 彩云之南

成都首届国际熊猫节：人·动物·大自然

某企业重奖高考状元活动：教育·人才·明天

北京申办奥运会：新北京 新奥运；绿色奥运 科技奥运 人文奥运

2. 分析和确定目标公众

任何一个组织都有其特定的目标公众，公共关系策划必须针对其目标公众，以不同的方针针对不同的目标公众而展开工作，目的是为了建立受公众欢迎的有效形象。为此，组织必须对公众进行深入的分析研究，以确定目标公众。

（1）**确定目标公众的方法**。不同组织在每次公共关系活动确定目标公众时，很难有一个统一的标准，基本的原则就是考虑组织目标、需要和实力三个方面的因素，由各个组织灵活确定。一是以活动目标划定公众范围。这种划分主要强调的是公众的关联性。比如某学校为宣传自己的办学成果组织了一场人才交流会，那么与人才交流会相关联的公众主要是应届毕业生、招聘单位、新闻单位、人才交流部门、毕业生家长及部分教职工，而非毕业班学生和他们的家长、实习基地等则明显与此次活动关联性较低，不应该是此次活动的目标公众。二是以组织实力划定目标公众。这种划分主要强调的是重要性。在公共关系活动中，有时组织面对的公众面极广，面面俱到则人力有限、经费不足、忙于应付。这时候应将有关公众按与组织关系的密切程度、影响的大小程度、相关事情的急缓程度等因素进行分类，选出最为重要的公众作为目标公众。三是以组织需要决定目标公众。这种划分主要强调的是影响度。当组织出现形象危机时，目标公众应首指逆意公众和行动公众，以防止危机的扩散和加剧。

（2）鉴别目标公众的权力要求。确定目标公众还要了解公众的要求，因为不同的目标公众总是从各自的特殊视角来观察组织的形象。对目标公众的各种权力要求进行概括和分析，找出哪些是其共性要求，哪些是其特殊要求，哪些与组织信念和发展目标相符，哪些相悖，以便分出轻重缓急、区别对待，谋求组织与目标公众利益的共同发展。

3. 项目设计

公共关系活动项目是指围绕公共关系目标，在不同时期开展的各种形式的具体活动。任何一个成功的公共关系活动都是由一系列活动项目组成的系统工程。设计出能有效影响目标公众，实现公共关系目标的公共关系活动项目，是公共关系策划中至关重要的一环。

【阅读材料】2004年第二届万科社区HAPPY家庭节

亲爱的万科社区业主朋友们：

第二届万科社区HAPPY家庭节大型社区文化活动将于9月4日正式拉开帷幕。这是万科集团在全国12个城市60个社区同时开展的大型品牌活动，诚邀您及家人共同参与！

“情、亲情、真情”是每个家庭永恒不变得主旋律，也是每个人心灵最真切的需要。HAPPY家庭节正是我们心灵放飞、心犀相约、体验真情的约会。在此次大型系列活动中，我们共为您准备了8项主题活动，让我们一同来悉心体味家庭、邻里之间的亲情关爱吧！

系列活动一：开幕仪式暨“万科家庭‘Top 1挑战赛’”

以家庭成员为主开展系列趣味挑战赛，设置了家庭飞镖比赛、老公背老婆比赛、家庭踢毽子比赛等共12个比赛项目。浓情欢乐、健康和谐，全新的游戏项目，给您全新的体验。

活动时间：9月4日下午14：00 ~ 17：30

活动地点：万科东海岸

活动对象：万科各社区16岁以下小朋友及家庭成员

系列活动二：“情系永恒”——“牵手夕阳”寻找幸福老人

寻找社区内金婚（结婚50年）、银婚（结婚40年）的夫妇，举行隆重的金婚、银婚仪式；促膝畅忆，分享激情燃烧的岁月；“相伴今生、真情永远”文艺演出。

活动时间：9月11日下午14：30

活动地点：万科四季花城

系列活动三："美味心情"——家庭厨艺大比拼（具体活动安排见随后通知）

系列活动四："情满人间"——社区往事回顾展

收集能够展现社区历史沉淀的各类珍贵印记。

展出时间：9 月 16 日 ~ 9 月 26 日

系列活动五："亲情故事"——"情暖我心"征文比赛

征稿范围：分享感人的亲情故事，包括"我的好爸爸 \ 好妈妈 \ 好孩子 \ 好邻居"等与亲情有关的题材均可，文章题目不限、字数不限。

截稿时期：9 月 26 日

颁奖时间：2004 年 10 月

投稿方式：请投至本社区管理处，或 E-mail：szwy@vanke.com

系列活动六："融情乐园"——"家庭环保"作品比赛

收集各家庭利用废弃物品制作的各种环保小作品，进行评比。

收集时间：9 月 4 日 ~ 9 月 16 日

评奖时间：9 月 20 日

颁奖时间：2004 年 10 月

系列活动七："亲情体验"——"人间温情"公益活动

亲情体验献爱心，业主募捐，并组织部分代表前往敬老院、福利院开展慰问活动和演出。

募捐时间：9 月 4 日 ~ 9 月 16 日

募捐地点：各社区管理处

募捐内容：钱、财、物均可

慰问活动时间：9 月 19 日

系列活动八："浓情祝福"——闭幕式暨"情浓月圆时"中秋欢庆活动

报名地点：各管理处

活动详情请咨询管理处。

资料来源：海口经济学院．公共关系与窗口行业．《公共关系学》精品课程网站，2009-5-9．

4. 时机选择

所谓"机不可失，时不再来"，公共关系策划要取得好的效果，必先捕捉时机。一般来说，组织可预先选定利用的时机主要有以下八种。

（1）组织创办或开业之时。

（2）组织更名或与其他组织合作、兼并、资产重组之时。

（3）组织内部改组、转型、品牌延伸之时。

（4）组织迁址之时。

（5）组织推出新产品、新技术、新服务之时。

（6）组织举办周年庆典或周期性纪念活动之时。

（7）组织新股票上市之时。

（8）国际国内各种节日和纪念日之时。

另外，组织必须即时捕捉、稍纵即逝的时机主要包括以下八种。

（1）重大的社会活动和社会事件出现之时。

（2）组织形象出现危机之时。

（3）组织或社会爆发突发性灾害之时。

（4）国家或地方政府新政策出台或新领导人上任之时。

（5）公众观念和需求发生转变之时。

（6）组织经营出现困难之时。

（7）国际国内政治经济大环境、大气候转变之时。

（8）组织内部资源条件发生变化之时。

时机具有不可逆转性，“难得者时，易失者机”。公共关系策划者必须抓住不可复得的机会，迅速果断地采取对策。时机又具有机会的均等性，它公平地赐予每一个组织和公共关系策划者，谁先抓住了它，就将在竞争中获得先机，就可能获得成功。

5. 选择媒介

传播媒介多种多样、各有所长，组织恰当地选择媒介才能事半功倍，成效显著。媒介选择应该慎重，其基本要求有以下四个方面。

（1）与组织经济条件相符合。成功的公共关系策划应“量身定做”，选择恰当的媒介与方式，争取以最小的支出取得最好的效果。

（2）与组织活动目标相适应。比如组织活动目标是提高知名度，则可选择大众传播媒介；如果是协调主雇关系，则通过群体传播媒介、人际传播媒介，以对话、交谈等方式加以解决。

（3）与公共关系传播内容相一致。每种传播媒介都有其鲜明的特点和一定的适用范围，而且优缺点都很明显。比如广播覆盖面广、传播速度快，但稍纵即逝；电视生动逼真能引人入胜，但时空限制性强。所以内容简单的信息可选择广播媒介，形象生动的内容可选择电视媒介，而复杂、抽象的内容可组选报刊、广播、户外广告等多重媒介。

（4）适用目标公众。比如对出租车司机可采用广播，对教师可采用报刊，对儿童可采用电视。根据公众的职业、年龄、受教育程度、生活方式及常用接收信息的习惯，使用不同的传播媒介，将信息有效地传递给目标公众。

6. 预算经费

预算经费是确保公共关系活动顺利实施的必不可少的物质条件，一般包括行政开支和项目开支这两个部分。行政开支主要有工资、房租、水电、办公用品、通信费用、管理费用等；项目开支是该项公共关系活动单列的支出，比如调研费用、咨询费用、广告费用、招待费用、赞助费用等。公共关系活动经费额度的确定，可根据该活动目标内容的需要来确定，也可先确定可支付总额，再据此安排公共关系活动的规模。

7. 审定方案

公共关系活动通常要求同时设计两三种思路各异的方案，因此应对其加以比较鉴别，通过考察各方案的目标设计、操作过程及经费预算情况，择优而从。如果只设计一套方案，必须对之进行完善，使方案设计具有可行性、可控性和高效性。审定方案要注意以下四个方面。

（1）论证分析。其主要内容有：一是可行性分析，即评价不同的行动方案在人力、物力、财力和内外条件约束下是否可行、合理。二是目标系统的限制性因素和潜在性问题的分析。

（2）预期效果综合评价，即对公共效益和社会效益的综合评价。

（3）风险预测，即对潜在问题进行分析，预测方案在实施时可能遇到的风险和可能带来的负面效应。

（4）优化方案。根据既定目标，从各种可供选择的行动方案中进行择优。择优的方法有重点法、反向增益法、优点综合法等。在优化过程中，组织应尽可能考虑各个方案的成本和效益，以最小成本获得最佳效益，同时预测环境背景的变化，增加策划方案的弹性，提高策划的抗风险能力。

8.2.3　撰写策划书

公共关系论证后，必须形成书面报告——策划书。策划书的写作应简明扼要地说明策划背景，引人入胜地描绘策划主题，详细地描述整体形象，严谨科学地说明预算，尽量条款化和图表化。

一份完整的公共关系策划书应包括以下十个方面内容。

1. 封面

注明策划的形式与名称、策划的主体（公司或部门）、策划日期、文件编号，此外，还可加上简短新颖的内文说明。

2. 序文

扼要说明策划背景，概括提炼策划书的要点，篇幅不宜超过 400 字。

3. 目录

提纲挈领地将策划内容列出，体现策划精髓，给人一目了然之感。

4. 宗旨

说明策划的重要性、活动目标、社会意义、操作实施的可行性，展示策划的合理性和必要性。

5. 内容

这是策划书的主体，说明策划项目的具体内容，但切忌拖沓冗长，而要求简单精练、层次分明、逻辑性强。

6. 预算

按策划方案的设计，列出开支细目，计算所需经费。

7. 策划进度表

策划活动全部实施过程的时间安排表，标明各时间段的实施内容，使活动进展清楚明朗。

8. 人员目标责任分配表

为避免责任不清、权力交叉造成混乱，相关人员的责、权、利应明确，每项目标、任务应由专人负责，并根据目标管理原则细列成表。

9. 策划所需物资及活动场地安排

何时何地、提供何种物资及场地布置的规格，必须事先周密安排，并逐项落实。

10. 附件

与策划相关的资料，一般包括有关的背景材料、前期调查结果、类似项目及竞争对手情况等，为策划的相关人员和审查者提供决策参考。

案例 10万美元寻找主人

某公司为宣传其新型保险柜的卓越功能，登出一则这样的广告："10万美元寻找主人！本公司展厅保险柜里存放有10万美元，在不弄响警报器的前提下，各路豪杰可用任何手段拿出享用！"

广告一出，轰动全城。前往一试身手的人形形色色：工人、学生、工程师、警察和侦探，甚至还有不露声色的小偷，但都没有人能够得手。各大报纸连续几天都为此事做免费报道，影响极大。这家公司新型保险柜的声誉随之大增。

资料来源：案例分析．河源职业技术学院《公共关系》精品课程网站．http://jpk1.hycollege.net/gggx/newsand/news_view.

评析：

此案例体现了策划新闻事件在公共关系活动中的实际应用。策划具有新闻价值的事件也称"制造新闻"或"策划新闻"，是组织争取新闻传播机会的一种技巧。组织通过策划，举办具有新闻价值的事件或活动，吸引新闻媒介和公众的注意力，制造新闻热点，争取被报道的机会，以达到提高知名度、扩大社会影响的目的。在此案例中，这家公司就策划了"10万美元寻找主人"这一具有新闻价值的事件，达到了自己的公共关系目的。

小 结

公共关系策划是公共关系人员根据组织现状和目标要求，通过调查、分析和谋划，设计最佳行动方案的过程。它不是普通的想法和点子，而是一种带有鲜明的谋略性、创新性、系统性和超前性特征的高水平的智力活动。公共关系策划坚持服务公众、求真务实、灵活机动、连续与创新和利益驱动这五项原则。公共关系策划的整个程序包括分析形象、确立目标、设计主题、分析和确定目标公众、项目设计、时机选择、选择媒介、预算经费、审定方案、撰写策划书九个步骤。

思考讨论

1. 策划制造新闻事件的关键是“新”，跟在别人后面就会失去新闻价值，公众不会产生新鲜感，也就失去兴趣。因此，公共关系人员应善于开动脑筋，充分发挥创造性和想象力，出奇制胜方能奏效。你怎么理解这句话?
2. 组织在策划公共关系活动时，往往借助名流的知名度扩大组织的公共关系网络，增大组织的公众影响力，增强组织的社会形象。请举例说明一下。
3. 选择某个感兴趣的电视广告，具体分析一下这则广告的公共关系策划的方法。

能力实训

1. 请以小组为单位，为你熟悉的学校或企业设计一项公共关系活动，并撰写公共关系策划书。
2. 假定你所在的学校近日有一次重要的公共关系活动，但由于天气恶劣，致使活动不能如期开展，请拟订一个应急方案，以消除或减少不利影响。

课外导读

[1] 欧阳国忠. 活动策划实战全攻略 [M]. 北京：清华大学出版社，2013.
[2] 曹琳. 创意·策划·操作——大型综艺活动 IPO [M]. 南京：东南大学出版社，2012.
[3] 祝文欣. 零售业 100 个创意促销方案 [M]. 北京：中国发展出版社，2008.
[4] 张默闻. 创意是根钉 [M]. 北京：机械工业出版社，2013.

Chapter 9
第 9 章

公共关系实施

学习目标

掌握：公共关系方案实施的过程，包括公共关系方案实施的准备阶段、公共关系方案实施的执行阶段、公共关系方案实施的结束阶段。

理解：公共关系实施的特点。

了解：公共关系实施的含义、作用和原则。

美国平等生活保险公司的公共关系活动

美国平等生活保险公司在策划保健教育宣传的公共关系活动时，严格遵循统一性的策划要求，及时调整策划过程的程序和步骤。最初，保险公司策划在全国范围内发行一种预防共同性疾病的小册子，但是，他们通过国家公共保健局了解到，50%以上的学龄儿童已经进行了流行病的防疫，而社会人口中的中下层社会集团却严重地存在着对疾病预防漠不关心的问题。这群人生活范围狭窄，文化素养较低，很难进行沟通。于是，保险公司决定改变原来设想，将原先长篇宣传文章改编成文字活泼通俗，并附有详细图解的小册子，为新的目标公众服务。此后，他们先印刷了140份，在一个居民区散发，进行摸底，了解公众的反应，结果多数目标公众表示对这一宣传手册没有能力接受。于是，他们又一次请专业通俗文学作家将文字缩减到3 000 ~ 5 000字，使之更通俗、更浅显易懂，从而符合这些目标公众的欣赏水平，最终使这次宣传策划获得成功。

由此可见，一项精心策划的公共关系活动方案要经过实施过程的检验，并在实施过程中不断调整，才能取得预期效果。

资料来源：电子教案．丽水职业技术学院《公共关系》精品课程网站．http://gggx.lszjy.com/Article/jakj/bzja/201111/232.html .

9.1 公共关系实施的含义和作用

经过调查和策划，公共关系就进入实施阶段，本节主要介绍公共关系实施的含义和作用。

9.1.1 公共关系实施的含义

公共关系的实施是整个公共关系活动的中心环节，是组织为了实现既定公共关系目标，充分依据和利用实施条件，对公共关系计划实施策略、手段、方法设计并进行实际操作与管理的过程。因此公共关系计划的实施就是公共关系计划被采纳以后，把公共关系计划的内容转变成为现实的过程。公共关系的实施过程是公共关系工作法中的第三个环节，也是多变、复杂的环节，它关系着公共关系策划方案的成败。

9.1.2 公共关系实施的作用

公共关系实施是整个公共关系计划实现的关键。事实上，只有通过把优秀的公共关系策划方案付诸实施，才能为组织塑造良好的社会形象，影响公众的舆论，以优化组织环境。

1. 实施是实现公共关系目标的关键环节

一个公共关系的计划要达到预期的目标，公共关系的实施是关键环节，公共关系的计划不管设计得多么完善，如果不进行实践，就无法达到预期的效果。实施公共关系计划，要根据不同类型的公众对象，不同类型的组织及其发展过程中的不同阶段，分别采取适合的工作方式，才能实现预期的目的。

2. 实施过程中可以及时检验和调整公共关系计划

在公共关系活动的实施过程中，如果实施人员能够选择最有效的途径和手段，采取多种技巧和方法，并且利用创造性的努力及时调整和完善公共关系策划方案，以此来弥补计划的不足，不仅可以圆满地完成计划中确定的任务，实现计划目标，甚至还可以重塑组织在公众中的良好形象；一旦公共关系实施人员思想懈怠或操作失误，不仅不能实现计划目标，有时还可能使计划中要解决的问题更加恶化，甚至完全与计划背道而驰，使公共关系实施失败。公共关系的实施不仅决定计划能否实现，而且也决定了计划实现的效果。

3. 实施结果是制定后续方案的重要依据

一项公共关系计划的实施过程无论成功与否，都会对组织制定后续方案，甚至对日后开展公共关系各项工作造成一定的影响。计划实施成功可以以此为突破口再接再厉，制订下一轮的公共关系计划；实施失败，应该在最短的时间内找出问题所在，重新调整或者修订公共关系计划。

9.2 公共关系实施的特点和原则

公共关系计划的实施是极为复杂、多变的过程。公共关系人员在具体操作过程中，必须把握其动态多变特点，发挥创造性，实现方案目标。

9.2.1 公共关系实施的特点

公共关系实施是一种行动的过程，具体地说，公共关系实施具有以下特点。

1. 实施过程的动态性

公共关系实施是由一系列连续活动构成的过程，是一个思想和行为需要不断变化、不断调整的过程。一项公共关系策划方案无论制定得多么周密、具体和细致，它总免不了与实际情况存在一定的差异。另外，随着时间的推移、实施的进展、环境的变化，实施过程中仍会遇到一些新情况和新问题。因此，不断地改变、修正或调整原定的实施方案、程序、方法、策略等则是实施过程中不可避免的正常现象。实施过程的动态性，并不意味着实施人员可以随意以一些无关大局的变化为借口而不按原计划去实施。公共关系实施的动态性与实施人员的主观随意性不可混为一谈。

2. 实施过程的创造性

由于计划的实施是一个不断变化和需要调整的动态过程，公共关系实施的过程绝不是一个简单的照章办事的过程，而是由一系列不同层次的实施人员发挥主观能动性的过程。实施人员应该充分地发挥自己的积极性、主动性和创造性。从这个意义上说，公共关系实施的过程也是一个对原计划进行艺术再创造的过程。

3. 实施影响的广泛性

一项公共关系计划涉及很多因素和变量，会对各类公众产生广泛的影响。公共关系计划实施营造强烈的社会气氛，最大限度地扩大公共关系活动的影响力。公共关系实施产生的影响主要表现在以下两个方面：一是公共关系实施会对公众产生深刻的影响，一项公共关系策划方案成功实施后，常常会使该社会组织的异己力量变为自己的合作者和支持者；二是公共关系计划的实施有时还会深刻地影响到整个社会的文化、习俗，甚至改变某些观念，从而对整个社会的进步产生推动作用。

9.2.2 公共关系实施的原则

公共关系实施原则是公共关系实施的工作准则，是公共关系管理者和操作者在错综复杂的实施环境中，排除各种实际困难，完成公共关系实施的各项工作，实现公共关系目标的成功法则。

1. 目标导向原则

目标导向原则要求公共关系人员在公共关系策划方案实施过程中，不断地利用目标对整个实施活动进行引导、制约和促进，以保证实施活动不偏离公共关系目标。在实施过程中，由于环境的变化，需要对公共关系策划方案做一些调整，但这些调整不能改变原来的目标，否则就要重新制定公共关系策划方案。遵循目标导向原则实际上就是加强控制的一种手段，目标导向原则又称为目标控制原则。

2. 控制进度原则

根据整个公共关系策划方案和目标的需要，按照一定的程序，掌握工作的进展速度。由于公共关系人员的分工不同、能力差异和环境影响，在公共关系实施时，会出现进度快慢不一致的情况，有时会造成工作的脱节。控制进度，就是要使工作同步协调，防止超前或滞后情况的发生，使各项工作内容按计划协调、平衡地发展，并确保按时完成。要做好预测和及时发现各种可能影响实施工作进度因素的工作，针对关键原因采取有效的预防和应急措施。例如，某项赞助活动在电视和报刊上已经传遍，但是赞助活动的纪念品还没有制作完成，这样就会造成工作的脱节，以致赞助活动没有办法正常进行，影响主办单位的声誉。因此，在公共关系活动进程中，应经常检查各方面工作的进度，及时发现超前或滞后的情况，协调各方面工作同步进行或平衡发展。

3. 整体协调原则

整体协调原则是指在公共关系实施过程中，使工作所涉及的方方面面达到和谐、合理、配合、互补和统一的状态。公共关系实施是一个系统工程，各项工作只有相互配合才能达到整体最佳的效果。协调不同于控制，控制是对一个组织的计划实施过程中是否与公共关系计划的目标有差异或背离，而进行纠正或克服；协调则强调在各个实施过程中的环节之间、部门之间及实施主体和公众之间和谐化、合理化，尽量避免矛盾的发生。如果整体不协调，只能增加内耗，严重时导致公共关系实施的失败。

4. 反馈调整原则

由于公共关系实施的环境和目标公众是复杂多变的，在实施过程中，必须不断地把公共关系实施的结果与策划方案的目标相对照，发现偏差，及时对实施方案、行动和目标做出相应的调整。在计划实施阶段，这种反馈调整是始终不断进行的，直至计划目标的实现。

5. 选择时机原则

在公共关系计划的实施过程中，正确地选择时机是提高公共关系计划成功率的必要条件。公共关系计划实施时机的选择，一方面要服从组织整体公共关系计划，另一方面又要使公众的心理期望得到满足。正确地选择时机，是实施公共关系计划的一种技巧和方法。它并不能按一种固定的模式去进行，应具体问题具体分析，从具体的公共关系计划的目标出发，正确地选择时机、把握时机和运用时机以达到预期效果。

长跑竞赛发生事故

1999年6月在春江市“阳歌杯”全民健身周长跑竞赛中，多人中暑，两人不幸死亡。当日上午，春江市骄阳似火，天气暴热。上午9时整，3 000多名运动员参加了1 500米长的群众性长跑活动后，其中的350名运动员移师江滨路进行长跑竞赛。其中，中年男、女组和青年组赛程为8 000米，少年组赛程为3 600米。由于在烈日下激烈地奔跑，有不少运动员先后出现不同程度的中暑反应。8名中暑较严重的运动员被迅速送往市急救医疗中心抢救。伍思聪在长跑途中中暑摔倒，头部被摔伤，待送达急救中心时，心跳已停止。夺得中年女子组竞赛第2名的春江市第一机床厂的申桂英也因中暑不治，于次日凌晨死亡。

资料来源：《现代公共关系学》讲义（word 文档）. http://www2.shengda.edu.cn/yxx/gggx/jxzd/.

讨论：

试运用公共关系实施中的相关知识分析这一案例。

9.3 公共关系方案实施的过程

公共关系方案实施的过程是一个解决问题的过程，公共关系方案实施的过程包括以下三个阶段：首先，公共关系实施的准备阶段，它包括制定实施方案，制订对各类公众的行动、沟通计划，确定实施的措施和程序，建立或组成实施组织，训练实施人员；其次，公共关系实施的执行阶段，实施人员按照已经设计好的实施公关策划方案，落实各项措施；最后，公共关系实施的结束阶段，为下一阶段的效果评估做好相应的准备。

9.3.1 公共关系实施的准备阶段

公共关系活动是一项时效性很强的活动，一般在公共关系策划方案正式实施之前，必须做好各种实施准备工作。实施准备是公共关系活动实施成功的基础和前提条件。公共关系实施前的准备工作，主要有以下四个方面。

1. 人员培训

对相关实施人员进行培训，使他们不仅明确公共关系活动的内容、意义、作用、目的和要求，明确自身的工作与责任范围及相关的工作纪律、考核标准和奖惩办法，还要掌握活动所需要的知识、方法与技能，在工作能力和心理状态方面都做好准备。要组织相关实施人员认真学习、研讨公共关系策划方案实施工作内容的操作方法，反复体会、彻底弄懂、绝不含糊。重要的方法可以通过讲解、讨论、答辩、模拟训练来使其正确掌握；有使用风险的方法要反复模拟演习，切实提高操作的把握度，把失误率降至最低；很重要的实施内容，应做好预案，确保万一某种公共关系策划方案失败时有备用的其他方案。

2. 财物准备

根据公共关系策划方案的要求，购置或租赁相关物品和材料，一般包括音响器材、摄影摄像器材、交通工具、场地布置物品、宣传材料等。

3. 对外联络

注意与新闻传播媒介等外部公众的联络，预先确定邀请活动所需邀请的嘉宾，及时将活动安排和宣传计划告知新闻媒介，并提前联系相关的采访、报道、刊登和播放事宜；提前到相关政府部门办理活动所需要的公务报批手续。

4. 实施试验

在公共关系策划方案实施之前，有必要将策划方案在一个典型的、较小的公众范围做一些试探性试验，目的是验证各项工作的操作方法，取得实施经验。通过试验，针对实施障碍和策划方案的不足，修改、调整、完善公共关系策划方案。这也是公共关系策划方案的实践性论证和修改的过程。

9.3.2　公共关系实施的执行阶段

公共关系实施的执行阶段要对实施中的各要素及其阶段性的实施目标进行管理。在一项具体的公共关系实施中，要分析各种实施要素在实施中的重要性，将最重要的要素进行重点管理。

1. 人员管理

在人员管理中，一方面要借助相应的规章制度和激励手段去调动实施人员的工作热情和积极性，监控他们的工作方法和质量，另一方面要通过明确合理的分工安排及合作竞争并行的机制提高工作效率，努力营造团结、和谐、有效的工作氛围。

2. 沟通管理

公共关系实施的过程实际上是传播沟通的过程。实施中的传播沟通常常会因为传播沟通工具的运用不当、方式方法不妥和传播渠道不畅而使实施工作发生传播沟通障碍。实施过程中的沟通并不是一帆风顺的，常见的沟通障碍主要包括以下五个方面。

（1）**语言障碍**。语言是一种极复杂的工具，要有效地使用并非易事。常见的语言障碍有语音混淆、语义不明、语法不通、用词不当。不同国家、不同民族有着不同的文字，也会造成文字障碍。对于文盲半文盲的公众，文字也会造成障碍。

（2）**习俗障碍**。习俗是在一定的文化历史背景下形成的具有固定特点的调整人际关系的社会因素。常见的习俗障碍有违反道德、礼仪、习惯、传统、风俗等。

（3）**观念障碍**。观念是由一定的经验和知识积淀而成，在一定条件下为人们所接受、信奉并用以指导自己行动的理论和观点。常见的观念障碍有保守观念、封建观念、自私观念、极端观念、片面观念等。

（4）**心理障碍**。心理障碍是指人的认识、情感、态度等心理因素对沟通过程的障碍。常见的心理障碍有消费心理、交际心理、政治心理、工作心理等。

（5）**机构障碍**。由于组织层次不合理，如机构臃肿或结构松散而造成的信息传递失真，或传递速度减慢等问题。

因此，在公共关系实施中，一定要认真研究目标公众的生活方式、价值标准，以及利用大众传播媒介的习惯等，尽量避免主客观因素的干扰，并及时针对障碍产生的原因进行疏通，努力消除不良影响，使信息完整、客观、清晰地传递给目标公众。

3. 进程管理

（1）**时机与进度控制**。在公共关系实施中主要处理计划进度和实际进度、时间进度和工作任务进度的关系，流程控制、时间衔接、操作时机的掌握问题，还有影响进度的了解与掌握。

（2）**资金物品管理**。在公共关系实施中随时需要经费开支，摄影、音响、通信器材和交通工具等各种资金物品的使用，因此涉及成本控制和物品管理工作。这类工作要管理各种所需物品的选购过程、价格、质量等问题，并关注各种物品特别是贵重器材的保管、发放、使用和回收问题。一般来说，应安排专人负责并及时登记在册以便有账可查，既要保证供给公共关系实施的需要，充分发挥财物的功效，又要避免不必要的损坏、遗失和浪费。

（3）**突发危机事件控制**。在公共关系活动中可能发生严重阻碍活动实施并影响组织形象的突发事件，实施人员应预先准备危机管理方案，并密切注意实施过程中是否存在各种矛盾和不协调因素，比如实施环境有无障碍因素，新闻媒介有无不利报道，工作方法是否存在较大的风险，竞争对手有无对抗行为等，并及时加以化解与调整，以免情况恶化。

求新求异结硕果

美国实业界巨子华诺密克参加了在芝加哥举行的美国商品展览会，遗憾的是他被分配在一个极偏僻的角落，这个角落是很少有参观者光顾的。因此，为他设计布置摊位的装饰工程师萨孟逊劝他索性放弃这个摊位，待明年再来参加商品展览会。华诺密克却回答说："萨孟逊先生，机会要靠自己去创造，不会从天而降。"华诺密克随即向他的公共关系部求援。公共关系人员明白了他的处境和要求之后，召开会议、集思广益，最后得出一条妙计，即设计一个美观而富于东方色彩的摊位。萨孟逊不负所托，果然为他设计了一个古阿拉伯宫殿式的摊位，摊位前面的大路变成了一个人工大沙漠，当参观者走到摊位前面时，就仿佛置身于阿拉伯一样。华诺密克对这个设计很满意，他让雇用的200多名男女职员，全部穿上阿拉伯的服装，并且特地派人去阿拉伯买回6只双峰骆驼来运输货物。他还派人去定做了一大批气球，准备在展览会开始时使用。这一切都是秘密进行的，在展览会开幕之前，不许任何人说出去。这个古阿拉伯宫殿式的摊位设计，引起了参加展览会的商人们的兴趣，不少报纸、电台的记者都报道了这个新奇的设计。这些报道也引起了市民们的注意，展览会开幕那天，有很多市民都怀着好奇心前来参观。这时，展厅内升起无数个彩色气球，升空不久便自动爆破，落下来一片片印着一行美观小字的胶片，上面写着："当你拾到这小小的胶片时，亲爱的女士或先生，你的好运气就开始了，我们衷心祝贺你。请你拿着这张胶片到华诺密克的阿拉伯摊位去，换取一件阿拉伯的纪念品。谢谢！"这消息马上传开了，参观者纷纷挤到华诺密克偏僻的摊位，而冷落了那些开设在黄金地段的摊位。第二天，芝加哥城里又升起许多华诺密克的气球，引起了更多市民的到来。45天后，展览会结束了。华诺密克做成了2 000多笔生意，其中有500多笔是超过100万美元的大交易，他的摊位成为展览会中参观者最多的摊位。

资料来源：《公共关系学》经典案例分析．精品资料网．http://www.cnshu.cn/yxgl/579209.html．

讨论：

该故事告诉你哪些公共关系实施原理和技巧。

9.3.3 公共关系实施的结束阶段

公共关系实施的结束阶段也就是公共关系实施的修正阶段。在第一时间得到了公众的反馈，也就为计划的成功实施扫清了障碍。修正阶段的主要任务：一是及时收集反馈信息和总结效果，二是进行必要的改进和反馈。

1. 收集反馈信息

收集反馈信息的过程，也是一个自我检验的过程。任何一个计划在实施过程中都不可能百分之百实现，肯定会有成绩，也会有问题。所以，成功地将信息收集上来，是修正阶段的第一任务。收集反馈信息的最重要的一条就是不能有好恶观，好消息喜上眉梢、坏消息眉头紧锁，计划的执行肯定就会报喜不报忧，那么公共关系的效果就会大打折扣，甚至因此耽搁下一阶段的任务。因为现在是利益在牵制着一切执行的过程，所以如果计划的实施人员不能以开放的心态去看待每一次公共关系活动，那么所得到的公共关系信息将一次比一次成功，但实际上也可能一次比一次效果糟糕。

2. 总结效果

只有收集到正确的第一手信息，才能保证总结效果的真实可信，并且为下一阶段的反馈奠定坚实的基础。例如，有些项目老板亲自上阵，以确保信息收集的真实性、可靠性，并及时总结效果，这样固然好，但老板毕竟不能事必躬亲。所以，依靠合理的制度来保证总结效果才是长期有效的收集信息的合理方法。有了正确的方法，总结效果就会好做得多了。总结效果只能是对执行过程的一个简单理解，不可能是对整体公共关系效果的评估。所以，这里的总结效果只是对计划的执行进行的方法上的修改，而不是对整个计划的总结和修正。

3. 计划的改进和反馈

计划实施阶段的改进和反馈，一旦得到完善的执行，那么计划的实施就等于完美和成功。比如过去说的打飞机一样，肯定不是一下瞄准就发射了。飞机就像执行中的计划一样，他是一个动态的事物，而不是一个固定的东西，换一个地方就可以了。所以，实施人员要想计划得到完美的成功，没有实施过程中的改进和反馈，肯定是不完美的，也是经不起实践考验的。改进后的计划就会更加贴近实际，更富有弹性，也更有利于实施人员的执行。这个过程中最重要的方法就是要敢于打破计划的框架，勇于实践，让事实来说话，就会有好的实施结果。

小　结

公共关系的实施是整个公共关系活动的中心环节，是组织为了实现既定公共关系目标，充分依据和利用实施条件，对公共关系计划实施策略、手段、方法设计并进行实际操作与管理的过程。公共关系的实施是组织实现公共关系目标的关键环节，实施过程中可以及时检验和调整公共关系计划，实施结果是制定后续方案的重要依据。公共关系实施具有实施过程的动态性、实施过程的创造性、实施影响的广泛性等特点。公共关系实施的原则包括目标导向原则、控制进度原则、整体协调原则、反馈调整原则和选择时机原则。公共关系方案实施的过程是一个解决问题的过程，公共关系方案实施的过程包括以下三个阶段：首先，公共关系实施的准备阶段，包括人员培训、财物准备、对外联络和实施试验；其次，公共关系实施的执行阶段，包括人员管理、沟通管理和进程管理；最后，公共关系实施的结束阶段，也就是公共关系实施的修正阶段。修正阶段的主要任务：一是及时收集反馈信息和总结效果，二是进行必要的改进和反馈。

思考讨论

1. 运用公共关系实施的理论谈谈你对“纸上谈来终觉浅，绝知此事须躬行”的理解。
2. “计划本身并没有价值，只有当计划付诸实施并经过实施，确实给组织带来收益，计划的价值才得以体现。”谈谈你对这句话的理解和领悟。
3. 老子有句名言：“天下大事必作于细，天下难事必作于易。”结合公共关系实施的理论与实践，谈谈你对这句名言的认知。

能力实训

1. 杭州某中档火锅餐厅进行了餐厅开业公共关系策划，针对其目标公众——中档收入居民家庭，提出公共关系策划是“公开成本，请顾客自己定价，最低定价不低于成本价”。根据这样一个公共关系策划思想，策划方案主要包括以下三部分内容。

   （1）特殊菜谱。通过菜谱形式告诉顾客每种菜的原料价格、餐厅成本价格和餐厅市场价格。

   （2）宣传工作。要将“公开成本，顾客定价”的消费方式和本餐厅开业、欢迎顾客光临的细节传达给本餐厅附近的居民家庭。

   （3）咨询工作。向顾客解释、说明活动有关的各种问题。

   要求：根据上述策划方案分别形成完整的公共关系实施方案。
2. 学校要开展一次“少年强则国强”的国学经典讲堂活动，结合所学的关于公共关系活动策划与实施的相关知识，请你策划这次活动，并拟写一份活动实施流程图和时间进度安排表。

课外导读

[1] 余世维．赢在执行（员工版）[M]．北京：北京出版社，2009．

[2] 汪中求．细节决定成败（白金版）[M]．北京：新华出版社，2009．

[3] 罗伯特 L 戴伦施耐德．企业公关实务手册 [M]．王俊杰，甄寒，译．北京：经济科学出版社，2013．

[4] 迈克尔·李维纳．低成本公关实务 [M]．吴幸玲，译．广州：汕头大学出版社，2005．

Chapter 10
第 10 章

公共关系评估

学习目标

掌握：公共关系评估的方法和标准。

理解：公共关系评估的含义和作用。

了解：公共关系评估的内容和程序。

引例

“无形的公共关系效果”

“为什么不行呢?”

“它们看不见摸不着，你实际上看不到公共关系的结果。”

“我为什么要为了那些探测不到的事情——你所说的‘看不见摸不着的结果’而付钱给你呢?”

“因为公共关系与众不同，不能采取像其他部门一样的工作标准。”

“好吧，给你钱。”

“在哪? 我没看到任何钱呀。”

“当然看不见啦，它是感觉不到的——这就是你所说的‘看不见摸不着’。”

资料来源：斯各特·卡特里普. 公共关系教程 [M]. 8 版. 明安香，译. 北京：华夏出版社，2001.

讨论：以上是一段对话，你认为这段对话说明什么问题?

10.1 公共关系评估的含义和作用

对于任何公共关系活动都要考虑投入和产出，公共关系工作程序最后的一步就是对公共关系活动效果进行总结评估。

10.1.1 公共关系评估的含义

公共关系评估是指有关专家或机构依据某种科学的标准和方法，对公共关系的整体策划、准备过程、实施过程及实施效果进行测量、检查、评价和判断的一种活动。其目的就是获取公共关系工作过程、工作效益和工作效率的信息，作为决定是否开展公共关系工作、改进公共关系计划的依据。由于公共关系活动是以人为工作对象，工作效果主要体现为公众的感觉，这使得公共关系工作具有较大的弹性，很难对效果进行量化。随着人力资源管理理论的发展，目标管理和绩效评估引入组织管理的实践，对工作成果进行科学的分析评价是管理工作的必要环节。

公共关系评估实际上是对整个公共关系活动过程的评估。它贯穿于公共关系活动的整个过程中，包括事前、事中和事后的评估。它伴随公共关系活动的进展，根据需要随时进行。

10.1.2 公共关系评估的作用

1. 公共关系评估是改进公共关系工作的重要环节

公共关系评估对一个社会组织的公共关系工作具有“效果导向”的作用。公共关系的先驱者埃瓦茨·罗特扎恩早在 1920 年就曾经说过，当最后一次会议已经召开，最后一批宣传品已经散发，最后一项活动已经成为历史的纪录时，就是你在头脑中将自己和自己所采用的方法重新过滤一遍的时刻。这样你就会清理出经验和教训，供下一次借鉴。这位先驱者所说的“清理出经验和教训，供下一次借鉴”，恰恰说明了公共关系评估对改进公共关系工作的重要作用。对公共关系活动进行全面、客观的事后评估，指出得失、找出原因，可以了解公关活动的成绩与问题，使组织可以总结经验、吸取教训，提出修正意见。

2. 公共关系评估是开展后续公共关系的必要前提

公共关系工作贯穿于组织生存与发展的整个过程，具有连续性和阶段性的特点。制订新的公共关系工作计划，要对前一项公共关系工作从计划的制订到实施、从效果到环境变迁进行系统评估分析。因此，对前一项公共关系活动的评估，可以为后一项公共关系活动计划的制订与实施提供决策依据、经验和教训。这是公共关系活动连续性和阶段性的一种表现。

3. 公共关系评估是鼓舞士气、激励内部公众的重要形式

公共关系工作实施的效果本身往往表现为一个复杂的局面，既涉及公众利益的满足，又涉及公众利益的调整。一般来说，组织内部的管理者和员工很难对公共关系活动的效果有深刻的认识和全面的了解。只有通过公共关系评估，将公共关系活动的目标、措施、实施的过程和效果向组织内部员工说明，才能使他们体会到公共关系工作的重要性，同时认清本组织的利益和实现的途径，自觉将实现本组织的利益与自己的本职工作紧密地联系在一起，增强凝聚力。因此，公共关系评估是鼓舞士气、激励内部公众的重要形式。

4. 公共关系评估是有效提高公共关系部门效率的手段

通过公共关系评估，可以评估出经过公共关系工作之后的组织形象的状况，组织形象各因素（如员工素质、产品质量、服务方针等）与期望值的差距，为组织经营管理决策提供参考。公共关系评估还可以使组织管理者看到开展公共关系工作的明显效果，从而使他们能更加自觉地重视公共关系工作。公共关系评估，可以通过衡量公共关系活动的效益，来判断公共关系人员的工作水平，尤其是在外聘公共关系公司从事公共关系活动时，公共关系评估是考核它们的重要依据。一项公共关系活动计划的实施涉及计划的制订人员和实施人员，这两个方面的人员对公共关系计划的实施抱有不同的期望和要求。通过公共关系评估，对公共关系活动计划的制订和实施及通过实施所取得的效果做出全面具体的评价，可以根据各类人员对信息的不同需求，有针对性地向他们提供所需要的信息。这些信息可以成为开展公共关系活动、改进公共关系工作、制订新的公共关系活动计划的可靠依据。

10.2　公共关系评估的方法

公共关系评估本身是一项研究工作，需要采用各种各样的研究方法。公共关系评估具体采用的方法有以下四种。

10.2.1　自我评价法

自我评价法，是指由主持或参与公共关系计划实施的人员凭借自我的感觉来评估工作效果。采用这种方法的前提是公共关系人员在公共关系活动的全过程中，或者在组织的日常活动中坚持记录有关指标和数据的变化，具体可以通过方案与实效的对比进行评估，也可以通过了解公共关系活动对象来评估，还可以通过收集、对比各种统计数字进行评估。采用这种方法要尽量做到客观、公平、实事求是，尽量消除主观色彩。由于实施人员自我心得和心境的特定作用，这种评估的结果往往是比较独特的，通常表现为他人感觉不错的地方自我感觉不好，他人感觉不足的地方自己却相当欣赏，感觉与表达不一致等。

10.2.2　专家评价法

专家评价法，就是聘请公共关系方面及有关方面的专家，采取调查、咨询、座谈、评估等方法，对组织公共关系活动做出各自的客观评价。这种方法是将拟定好的评价项目、评价标准和活动背景资料送至专家手中，请专家就所掌握的资料，提出评估结果、列出评估依据，在综合汇总专家意见后，形成评价结论。外部专家通过调查访问和分析，能对组织的公共关系工作效果做出较为客观的评价，并能对组织今后的公共关系工作提出有价值的建议和意见。因此，这种评估方法很值得重视。

10.2.3 公众评价法

公众评估法，是通过公众意见调查来间接推断公共关系活动的效果。比如借助于民意测验的形式可以了解公众的态度是否发生变化，组织在公众心目中的形象如何，组织公共关系活动中存在的问题和公众的意愿，从而为下一步改善公共关系工作奠定基础。此外，还可以通过公众代表座谈会、深度访问等形式来确认公共关系活动在影响目标公众方面所取得的效果。采用公众评价法有利于从多方面检验组织开展公共关系活动的效果，但一般耗费较大。公众评价法是一种最重要的评价方法，通过调查研究公众的反应，便可以确认公共关系工作在影响目标公众的认知、态度、观点和行为等方面的效果。

10.2.4 新闻媒体推断法

新闻媒体推断法，是通过新闻媒体的报道和传播情况来间接评估组织公共关系活动效果的评估方法，即通过对外发布本组织信息的统计分析，评估组织的信息传播状态。这种评估方法的基本内容包括如下四个方面。

1. 对报道数量的评价分析

它包括某一时段的报道频率；报道媒体的种类和数量；报道的篇幅；报道的次数；报道的范围等。

2. 对报道质量的评价分析

它包括报道媒体的层次、级别；报道的角度和切入点，即所报道的内容是正面报道还是负面报道，是全面报道还是部分报道；报道的版面安排（时间安排）等。

3. 对各方反应的评价分析

它包括各方反应量的多少；反应媒体的层次、性质、重要性；内容是肯定还是否定等。

4. 对报道时机的评价和分析

它包括报道的时机是否及时；是否符合公共关系目标的要求；是否恰好配合组织的发展；报道与当前社会舆论主题在性质上的关系；报道是否有可能成为社会舆论注视的中心等。

10.3 公共关系评估的程序

公共关系的评估是一个过程，这个过程将依以下程序进行。

第一，设立统一的评估目标。统一的评估目标是检验公共关系工作的参照物，即使这一评估目标更多的是定性的而非定量的。这需要评估人员就有关问题如评估重点、提问要点形成书面材料，以保证评估工作顺利进行。另外，还要详细规定调查结果如何运用，如果目标不统一，则会在调查中搜集许多无用的材料，影响评估的效率与效果。

第二，取得组织最高管理者的认可。评估不是公共关系计划的附属品或计划实施后的事后思考和补救措施，而是整个公共关系计划的重要组成部分。因此，组织对评估应该给予足够的重视，对评估的方法、程序等方面予以充分的考虑和周密的筹划。

第三，在公共关系部门内部取得对评估的一致意见。这一部门的负责人要认识到，即使是公共关系人员本身，也不能立刻就把公共关系活动中没有实物性结果的性质和它的可测量效果联系起来，要给他们足够的时间来认识效果评估的作用和现实性，并允许他们通过亲身体验加深这一认识。

第四，从可观察与测量的角度将目标具体化。在项目评估过程中，应该将项目目标具体化。比如谁是目标公众，哪些预期效果将会发生及何时发生等。没有这样的目标分解，项目评估就无法进行。同时，目标分解还可以使公共关系计划的实施过程更加明确化与准确化。

第五，选择适当的评估标准。目标说明了组织的期望效果。如果一个组织将"让公众了解自己，通过支持当地福利机构，以改善自己的形象"作为公共关系活动的目标，那么评估此公共关系活动的标准就不应是了解公众是否知道当地报纸上的哪一个专栏报道了这一信息，占用了多大篇幅，而应该了解公众对组织认知情况，以及观点、态度和行为的变化。

第六，确定搜集证据的最佳途径。调查并非是了解公共关系活动影响的最佳途径，有时组织活动记录也能给这方面提供大量材料。在有些情况下，小范围的试验也是十分有效的。在搜集有关评估材料方面，没有绝对唯一的最佳途径，途径的选择取决于评估的目的、提问的方式及前面已经确定的评估标准。

第七，保证完整的计划实施记录。这些资料能够充分反映公共关系人员的工作方式和工作效果，尤其重要的是反映计划的可行性程度：哪些策略是有效的，哪些策略是无力的或无效的；哪些环节衔接比较紧密，哪些环节还有疏漏或欠缺。

第八，及时、有效地使用评估结果。公共关系活动的每一个周期都要比前一个周期表现出更大的影响力，这是使用前一个周期的评估结果对后一个周期进行了调整的缘故。对评估结果的使用，将会使问题确定及形势分析更加准确，公共关系目标更加符合组织发展的要求。

第九，将评价结果向组织管理者报告。将评价结果向组织管理者报告应成为一项固定的制度，一方面可以保证组织管理者及时掌握情况，利于进行全面的协调；另一方面说明公共关系活动在实现组织目标过程中的重要作用。

第十，提高对公共关系的理性认识。公共关系活动的科学组织与准备效果的评估使得人们对这一活动及其效果有更多的理解与认识，效果评估的成果又进一步丰富了公共关系专业知识的内容。通过对具体项目效果评估所得到的资料进行抽象化分析，可以得到对指导这一活动有普遍意义的思想、方法与原则。

10.4　公共关系评估的内容

公共关系评估的内容可以从不同的角度进行分类，我们从理论和实际操作这两个角度综合考虑，公共关系评估内容包括以下四个方面。

10.4.1 公共关系工作程序评估

1. 公共关系调查过程的评估

公共关系调查过程的评估具体包括四个方面。

（1）公共关系调研的设计是否合理，能否据此搜集到准备充分的公共关系工作信息。

（2）公共关系调研方法的选择是否恰当，能否据此获得普遍、深层的信息资料。

（3）公共关系调研工作的组织实施是否科学、合理。

（4）公共关系调研的结论分析是否科学。

2. 公共关系计划的制订过程的评估

公共关系计划的制订过程的评估具体包括六个方面。

（1）公共关系计划的目标是否正确。

（2）公共关系总体计划是否合理、可行。

（3）公共关系计划构思是否科学。

（4）目标公众选择是否正确，有无遗漏。

（5）媒体选择及媒体策略是否得当。

（6）经费预算是否合理。

3. 公共关系计划实施过程的评估

公共关系计划实施过程的评估具体包括五个方面。

（1）实施过程的准备是否充分，包括实施方案的准备、组织机构统筹分工准备、信息资料准备、实施人员训练的准备、各种实物准备、沟通协调工作等。

（2）实施过程安排是否合理、细致、周到、灵活、创新。

（3）信息制作如何，内容是否准确充实，表现形式是否恰当，数量和质量如何。

（4）信息传播如何，发送信息量多大，被采用多少，有多少公众已接收到信息，有多少公众注意到信息。

（5）实施效果如何，包括测量公众在了解信息、改变观点和态度方面的数量分析，引起行为的公众数量、重复行为的公众数量，是否达到目标及解决问题等。

4. 活动影响效果的评估

活动影响效果的评估具体包括五个方面。

（1）了解信息内容的公众数量。

（2）改变观点、态度的公众数量。

（3）发生期望行为和重复期望行为的公众数量。

（4）达到的目标和解决的问题。

（5）对社会和文化发展产生的影响。

10.4.2　专项公共关系活动评估

专项公共关系活动的评估研究，主要包括以下四类：一是日常公共关系活动成效评估，二是单项公共关系活动效果评估，三是年度公共关系活动效果评估，四是长期公共关系活动效果评估。

1. 日常公共关系活动成效评估

日常公共关系活动成效评估，主要评估以下五个方面的问题。

（1）组织公共关系运作如何，管理者内外部公共关系活动开展得如何，全体员工的公共关系意识和行为表现如何，组织的形象如何，组织和各部门在经营管理的各个环节上的公共关系投入如何，组织是否通过日常活动建立了有利的公共关系网络。

（2）组织的内部公共关系协调状况如何，平时的组织沟通如何，人际关系如何。

（3）组织的外部公共关系协调状况如何，认知度如何，美誉度如何，外部公众传播沟通如何，公共关系环境是否有利。

（4）公共关系人员的工作是否得力，日常工作的内容是否有利于推进内外部公共关系的进展，日常工作是否井然有序又灵活创新，日常工作是否确定了长远目标。

（5）公共关系人员与管理者配合如何，是否经常与管理者沟通，是否为组织决策收集和提供了大量可靠的信息。

2. 单项公共关系活动效果评估

通过公共关系专项计划开展的公共关系活动，一般均属重大的公共关系活动。这样的公共关系活动效果如何对组织今后的发展影响甚大，必须予以高度重视。对专项公共关系活动效果进行评估，常常针对下列问题来确定评估内容与评估标准。

（1）项目的计划是否合适。

（2）项目的目标与公共关系总目标是否一致，项目的目标是否已经实现。

（3）项目所要求的沟通交往是否达到了目标公众的范围。

（4）在项目活动过程中是否产生了预料之外的影响，其影响方向如何，影响范围有多大。

（5）项目所有的支出是否在预算之内，是否超支，原因是什么。

（6）通过这项活动，组织的公共关系形象会发生哪些变化，其知名度与信誉度是否有所提高。

（7）项目活动出现了哪些预想不到的问题，哪些工作做得不妥。

（8）对于存在的问题和发生的不利于组织的事件，应如何采取措施给予补救并预防下次发生同类问题？

（9）本次活动对组织总体发展目标起到了什么作用。

（10）本次活动为下次同类活动公共关系目标的设计提供了哪些有价值的资料和可供参考的依据。

3. 年度公共关系活动效果评估

年度公共关系活动效果评估是指对计划年度内所有公共关系活动进行总体评估，以总结经验、吸取教训，找出存在的问题，作为下一年度公共关系计划的依据。对年度公共关系活动效果进行评估，要针对以下问题确定评估内容和评估标准。

（1）年度公共关系计划目标是否实现。

（2）年度公共关系活动开展得是否顺利。

（3）年度内出现了哪些重大的公共关系事件，对此采取的措施是否得当。

（4）年度内开展了哪些重大的公共关系活动，其效果如何。

（5）年度内是否有超出公共关系计划的活动，其效果如何。

（6）年度内公共关系活动有无预料之外的影响，其影响多大，效果如何。

（7）年度公共关系计划预算是否满足了需求，有无超支现象，其原因是什么，效果如何。

（8）年度内公共关系活动有哪些经验、教训。

（9）组织内部公众对组织的各项公共关系活动有哪些意见和建议。

4. 长期公共关系活动效果评估

长期公共关系活动效果评估包括某一长期的公共关系活动及公共关系工作的效果分析。这是一个总结过程，需要将公共关系日常工作评估效果、专项公共关系活动评估效果、阶段性公共关系工作评估效果一并收集起来，进行系统地分析，从而获得一个总的结论。另外，还应该对公共关系活动的经历进行效果评估。同时，应将前几种公共关系活动效果评估的内容要点加以归纳整理和分析研究，要特别注意公共关系计划的得失问题、公共关系变动规律问题、公共关系与管理者的关系问题等。

10.4.3 传播沟通评估

对传播沟通的评估，旨在专门分析衡量公共关系中的传播效果，以检测传播沟通工作中的得失问题。传播沟通的评估要点包括如下三个方面。

1. 信息制作评估

检测公共关系人员的制作能力，比如在一定期限内的新闻稿件撰写数量、专题报道数量、其他传播资料的制作数量、图片和信件的数量等。检测其制作的表现形式是否合适、表现手法和质量是否很高等。

2. 信息曝光度评估

仅仅制作了信息而没有得到足够的曝光，则不会有多大的传播沟通效果。因此，需要对信息曝光度进行必要的评估研究，把握信息传播的覆盖面、数量。比如发稿量，被媒体采用的数量，信息被哪家媒体采用效果更好，传播是否充分，传播是否浪费等。

3. 信息传播有效性评估

对信息传播效果大小的衡量主要是检测这样一些内容：公众对信息本身的了解情况，比如有多少公众了解，了解程度如何；公众接受信息的情况，是否接受、承认信息内容，接受的比例多大；公众接受信息后的态度，有多少公众赞同信息内容，多少公众形成了对组织的良好印象；公众行为效果的情况，有多少公众对信息产生相应反应，有多少公众达到公共关系目标的期望水平；传播沟通方案如何，目标是否得体，策略是否恰当；媒体选择是否合适，信息策略是否得当，目标状况如何，等等。

10.4.4 公共关系状态评估

公共关系状态评估旨在通过各类公众关系的变化来评估以往公共关系工作的成效，公共关系状态的评估可以将内部公共关系与外部公共关系区分开来进行。

1. 内部公共关系状态评估

主要包括评估全体员工的公共关系意识，员工的士气和归属感；组织的凝聚力和号召力，组织的政策在沟通中被员工接受的程度；双向沟通带来哪些生机和活力；影响员工关系的因素测评；沟通渠道需做哪些改进；传播策略及目标有何欠缺；公共关系贯穿于各种经营管理活动的各个环节中有否障碍等。

2. 外部公共关系状态评估

主要考察消费者、媒介、社区、政府等多种目标公众在接受信息、产生情感、改变态度、引起行为等方面的变化情况。消费者关系评估，评估组织对消费者信息传播、沟通及人际协调方面的工作效果；媒体关系评估，看其态度冷漠还是热情、是否积极支持，采取何种沟通策略及效果；社区关系评估；政府关系评估，组织与政府关系的沟通协调策略等。

上述公共关系评估类型，在内容上互有交叉，区别只在于评估的角度。因此，公共关系评估的工作可视其需要，选取其中一类或几类进行评估。

小　结

公共关系工作程序的最后一步就是对公共关系活动效果进行总结评估。公共关系评估是改进公共关系工作的重要环节，是开展后续公共关系的必要前提，是鼓舞士气、激励内部公众的重要形式，是有效提高公共关系部门效率的手段。公共关系评估具体采用的方法有自我评价法、专家评价法、公众评价法和新闻媒体推断法。公共关系评估内容主要包括公共关系工作程序评估、专项公共关系活动评估、传播沟通的评估、公共关系状态评估。

思考讨论

1. 你认为目前公共关系评估在实践中存在哪些误区？如何走出这些误区？
2. 你认为公共关系评估工作必须得到组织管理者的支持吗？为什么？
3. 下面是一段公共关系经理和 CEO 的对话：

公共关系经理：我们这个月发了创纪录的15万字，超出××公司1/3，这是传播剪报！(等待老板的夸奖)

CEO：哦，辛苦了！但××公司上月的销售势头很猛，销售部门反映，从经销商和用户端得到的信息是，他们好像比我们强。这是怎么回事？(显得有些烦躁)

你认为为什么会出现上面对话中的情况？

能力实训

评估肯德基“秒杀门”事件

2010年4月6日，肯德基中国公司推出“超值星期二”三轮秒杀活动，64元的外带全家桶只要32元，于是在全国引爆消费热情。但当消费者拿着从网上辛苦秒杀回来的半价优惠券消费时，突然被肯德基单方面宣布无效。与此同时，肯德基中国公司发表声明称，由于部分优惠券是假的，所以取消优惠兑现，并向顾客致歉。此次肯德基“超值星期二”秒杀活动是在全国范围内推出，北京、上海、南京、成都、广州等地也发生了类似事件，被消费者称为肯德基“秒杀门”。秒杀活动突然取消之后，消费者认为是肯德基忽悠了大家，在各大论坛发表谴责贴子，对肯德基的这一行为纷纷表示不满。“谁动了我的全家桶？”、“KFC秒杀门，涉嫌欺诈消费者”成为网络热贴。有消费者认为，肯德基之所以取消活动，是因为秒杀活动诱惑力之大导致销售异常火爆。

资料来源：蔡志刚．公共关系原理与实务[M]．西安：西北工业大学出版社，2010：223．

1. 采用舆论和态度调查法对本次KFC秒杀门事件进行评估。
2. 分析此次公共关系活动对公众的态度、动机、心理、舆论等方面的影响。
3. 对此次公共关系活动前后KFC的知名度和美誉度进行模拟评估。
4. 根据模拟评估结果对KFC提出建议。

课外导读

[1] 罗希，李普希，弗里曼．评估：方法与技术[M]．7版．邱泽奇，等译．重庆：重庆大学出版社，2007．

[2] 周严，杨小松．三点式公关[M]．厦门：厦门大学出版社，2011．

[3] 舍恩伯格，库克耶．大数据时代[M]．盛杨燕，周涛，译．杭州：浙江人民出版社，2013．

[4] 西奥迪尼．影响力（经典版）[M]．闾佳，译．沈阳：万卷出版公司，2010．

第四篇　实务应用篇

Chapter 11
第 11 章

公共关系语言艺术应用

学习目标

掌握：语言艺术在公共关系谈判和演讲中的应用。

理解：语言和无声语言沟通传播技巧（幽默法、委婉法、暗示法、模糊法、激将法）的作用和用法。

了解：公共关系语言艺术的魅力和能量。

艾柯卡寻求政府支持

在克莱斯勒汽车公司 9 年内竟有 4 年经营亏损的危难之际，艾柯卡出任了总经理。为了维持公司最低限度的生产活动，艾柯卡请求政府提供贷款担保。在国会为此而举行的听证会上，银行业务委员会主席威廉·普洛斯迈质问他："如果保证贷款案获得通过的话，那么政府对克莱斯勒将介入更深，这对你长久以来鼓吹的十分动听的主张（自由企业的竞争）来说，不是自相矛盾吗？""你说得一点也不错，"艾柯卡回答说，"我这一辈子一直都是自由企业的拥护者，我是极不情愿来到这里的，但我们目前的处境进退维谷，除非我们能取得联邦政府的某种保证贷款，否则我根本没办法去拯救克莱斯勒。"他接着说："我这不是在说谎，其实在座的参议员们都比我还清楚，克莱斯勒的请求贷款案并非首开先例。事实上，你们的账册上目前已有了 4 090 亿美元的保证贷款，因此务必请你们通融一下，不要到此为止，请你们也全力为克莱斯勒争取 4 100 万美元的贷款吧，因为克莱斯勒乃是美国的第十大公司，它关系到 60 万职员的工作机会。"艾柯卡随后指出日本汽车公司正乘虚而入，如果克莱斯勒倒闭了，其 60 万职员就得成为日本汽车公司的佣工。根据财政部的调查材料显示，如果克莱斯勒倒闭，国家在第 1 年里就得为所有失业人口花费 27 亿美元的保险金和福利金。所以，他向国会参议员们说："各位目前有个选择，你们是愿意现在就支付 27 亿美元的保险金和福利金呢？还是将它的一半作为保证贷款，日后皆可全数收回？"持反对意见的国会参议员无言以对，贷款终获通过。

资料来源：谈判案例分析．西南财经大学谈判学会的日志．http://page.renren.com/600006186/note/470063247?op=pre&curTime=1275908516000.

讨论： 在这场公共关系活动中，艾柯卡成功的奥妙在哪里？你学到了哪些公共关系语言艺术？

11.1　语言和无声语言沟通传播技巧

11.1.1　语言沟通传播技巧

语言是人类交往的最主要手段，人类借助语言传递信息、表达情感、协调行为。在公共关系传播中，公共关系人员只有掌握了良好的语言沟通传播技巧，才能引起公众的注意，形成互相理解、互相协调、互相支持的良好氛围，产生最佳的沟通效果。公共关系语言艺术的方法主要包括：幽默法、委婉法、暗示法、模糊法、激将法。

1. 幽默法

幽默法不是指一般意义上的“笑话”、“滑稽”，而是指语言中最富审美价值的精神现象，是一种风格、一种以愉悦的方式让别人得到精神上的快感的方法。具有幽默感的公共关系人员在实际公共关系活动中容易得到他人的好感与接受，从而达到良好的沟通效果。幽默法在公共关系交际中的作用主要体现在三个方面：首先，在喜庆欢乐的场合制造愉悦的气氛；其次，当言语交际由于某种原因陷入僵持或难堪的境地时，恰当地运用幽默语言，可以有效地缓和和化解紧张气氛；最后，有助于融洽人们的感情，缩短交际双方的心理距离。

2. 委婉法

委婉法是运用迂回曲折的含蓄语言表达本意的方法。人际交往中常常有许多禁忌是不能被打破的，这形成了一种潜在规则。公共关系是一种人际交往的艺术，对此更应当有所了解。公共关系人员在交际中用语犯忌，违反了双向沟通原则和礼貌得体原则，便可能使交际无法正常进行。

礼貌的拒绝

美国总统罗斯福在就任总统前，曾担任海军要职。有一次，他的一位好友向他打听海军在加勒比海一个小岛建立潜艇基地的计划。罗斯福很神秘地向四周看了看，压低声音问道：“你能保密吗？”“当然能。”他的好友说。罗斯福微笑地看着他说：“那么，我也能。”

资料来源：根据历史上哪些人守口如瓶？网易新闻中心，2009-10-20．http://news.163.com/09/1020/13/5M2S8FLE00011247.htm. 删减整理。

3. 暗示法

暗示，是一种信号化的刺激。从社会心理学的角度看，暗示是在无对抗的条件下用含蓄、间接的方法对人的心理和行为产生影响。暗示法比直接点破的效果要好得多，正确应用这一方法将在公共关系活动中受益不少。暗示法是一种常用的方法，由于客观环境的需要，不适合用语言直接表达时，公共关系人员常常会通过行为或其他符号把自己的意图传递给对方，并引起反应。暗示法可以通过手势、表情等非语言的表达形式或特定的语境等来实现。暗示法是公共关系中很有效的语言艺术。

4. 模糊法

模糊法是运用不确定的或不精确的语言进行交际的方法。在公共关系中适当地运用模糊法，是一种必不可少的语言艺术。在交际中出于种种考虑，宜用不置可否的模糊语言来回答，这样的回答既没有实质性的内容，又能保持沟通的顺畅；有时对于不愿、不便回答的问题，也可使用此方法。

5. 激将法

激将法，就是利用他人的自尊心和逆反心理的积极面，以“刺激”的方式，激起其不服输的情绪，将其潜能发挥出来，从而得到不同寻常的说服效果。激将法是一种很有力的语言技巧，在运用时要根据对象、环境及条件，不能滥用。公共关系人员在运用时要掌握分寸，不能过急，也不能过缓。过急，欲速则不达；过缓，对方无动于衷，无法激起对方的自尊心，也就达不到目的。激将法是人们熟悉的语言艺术，既可用于己，也可用于友，还可用于敌。

11.1.2　无声语言沟通传播技巧

无声语言，是指人际交往中用以表情达意的姿态、神情和形体动作。它作为有声语言的辅助形式，是语言交际的重要辅助手段，甚至可以代替部分有声语言或表达有声语言难以表达的感情和态度。美国心理学家艾伯特·梅瑞宾认为，在一条信息的传递效果中，词语的作用占 7%，声音的作用占 38%，而面部表情占 55%。正如欧文·戈夫曼所说，一个人可能停止说话，但是他不能停止身体习惯动作的传播。所以，要想取得良好的沟通效果，一定要注意无声语言的运用。心理学家甚至认为，无声语言所显示的意义要比有声语言多得多、深刻得多，而且在特定的语言环境中，无声语言的作用是其他载体所无法替代的。“无声语言”常常可以收到“无声胜有声”的效果。

案　例　　肢体语言的文化差异

有一个 10 来岁的波多黎各姑娘在纽约一所中学里读书。有一天，校长怀疑她和另外几个姑娘吸烟，就把她们叫去。尽管这个姑娘一向表现不错，也没有做错什么事的证据，但校长还是认为她做贼心虚，勒令停学。他在报告中写道：“她躲躲闪闪，很可疑。她不敢正视我的眼睛，她不愿看着我。”校长查问时，她的确一直注视着地板，没有看着校长的眼睛。而美国有“不要相信不敢直视你的人”这样一句格言。碰巧有一位出生于拉丁美洲家庭的教师，对波多黎各文化有所了解，他同这个姑娘的家长谈话后对校长解释说，就波多黎各的习惯而言，好姑娘“不看成人的眼睛”这种行为“是尊敬和听话的表现”。幸而校长接受了这个解释，承认了错误，妥善处理了这件事。对这种目光视向不同的含义给他留下很深的印象，也使他记住各民族的文化是多种多样的。

资料来源：肢体语言的中西方文化差异．道客巴巴．http://www.doc88.com/p-9723793982193.html．

1. 表情语言

表情语言是指人的面部表情，即通过面部表情来交流情感，传递信息的语言。表情语言的核心是目光和微笑。表情语言不仅能给人以直观印象，而且还能给人以艺术感染力；它同有声语言相配合，能产生极佳的交际效果。

2. 动作语言

动作语言是指人体的部位做出表现某种具体含义的动作符号。在人际交往中，最常用且较为典型的动作语言为手语、手势语、手指语、握手语、鼓掌语、挥手语，可以表达友好、祝贺、欢迎、惜别、不同意、为难等多种语义。在日常生活中，人们的一举一动、一颦一笑，往往是心灵的显露、情感的外现。人体是一个信息发射站，它发射出的种种动作是无声的“语言”，常常可以补充有声语言的未尽之意，从而帮助人们正确、完整地表达自己的思想，理解别人的思想。

3. 体姿语言

体姿语言是指通过人体的姿势、动作来表达情感、传递信息，主要包括手语、坐姿语、站姿语和行（步）姿语。它可表达自信、乐观、豁达、庄重、矜持、积极向上、感兴趣、尊敬或与其相反的语义。人的体姿是思想感情和文化教养的外在体现。

11.2 语言艺术在公共关系中的应用

11.2.1 公共关系谈判

谈判是由涉及某个问题的各方，为解决问题而进行的沟通和磋商活动。谈判，可以在国家、党派、社会集团之间进行，也可以在人与人之间进行，甚至在家庭成员如父母与子女、兄弟姐妹之间进行。现代社会像一张巨大的谈判桌，无论是国家元首、军事首脑、金融巨头，还是普通公民乃至其他任何个人，都不能没有谈判。谈判无时不在，无处不有，任何问题都可以谈判，满足需要是一切谈判的共同目标。因此，我们可以把谈判看作“合作的事业”，谈判时假如双方建立在合作的基础上，则彼此就会朝着公平分享的目标前进。公共关系谈判是一种特殊的谈判，目的是为了改善组织形象，协调双方关系，而不是压倒对方。公共关系人员在坚持自己的观点和原则的同时令双方都满意，这就需要渊博的知识、灵活的机智和高超的谈判艺术。公共关系人员必须掌握谈判的原理和娴熟的谈判艺术技巧，以应对各种错综复杂的局面，创造平和的气氛。

案例 埃及与以色列的领土之争

1967年，以色列发动了中东战争，占领了埃及的西奈半岛。在美国总统协调下，两国在美国进行谈判。双方立场根本对立，埃及要求以色列归还领土，以色列坚绝不还，谈判进行得艰难无果。在谈判专家介入之后，理清了双方意图：埃及要求归还领土，追求的是民族自尊心和自豪感，而且也符合国际惯例；以色列却更关注安全，西奈半岛的山脉是以色列与埃及之间的唯一屏障，易守难攻，而越过这条山脉，以色列无险可守。据此，专家设计了协调方案，西奈半岛归还埃及，但部分地区划作非军事区，埃及军队不许进入。既满足了埃及的自尊要求，也满足了以色列的安全需要，双方达成和平协议。

资料来源：公共关系学案例．豆搜网，2010-06-02．http://www.docsou.com/doc/110032.html．

评析：

谈判的过程实际上是在双方都对对方有需要的时候进行的一种交流。与传统的“非输即赢”的谈判观念不同，现代谈判大多追求在协调利益关系的基础上的双赢。实事求是地看待对方的要求，充分交流，仔细分析双方的利益共同点，最终找到最佳的双赢方案。

1. 谈判的程序

一般来说，正式的谈判活动从开始到结束，可以分为以下六个阶段。

（1）**导入阶段**。导入阶段就是谈判各方正式直接接触，通过简要介绍相互认识的阶段。这一阶段主要是谈判双方对对方的基本情况有个概括的了解。导入阶段自然大方的举止和热情适中的寒暄是创造谈判和谐气氛的重要因素。

（2）**概说阶段**。概说阶段就是谈判各方陈述己方意向，让对方知晓己方的基本想法。在这一阶段需持十分谨慎，陈述内容要简洁明了，只告知己方的基本想法和意图即可。在对方概说时仔细倾听，注意对方对己方的概况有何反映，并将对方的目的与动机与己方的进行比较，从中找到差别。

（3）**明示阶段**。在明示阶段，双方都进入实质性问题的磋商洽谈，彼此明确表示各自的需求，提出问题并回答问题，努力达到各自的利益。因此，通过不同方式向对方传递信息、表明自己的意图和所要达到的目标，冷静分析对手，找出己方需求、对方需求和彼此相互的需求。

（4）**交锋阶段**。交锋阶段就是谈判双方为了获取利益、争夺优势而处于对立状态的阶段。在这个阶段，双方对彼此的要求和意图都有了较清楚的了解，都极力坚持自己的立场，竞争明显展开，谈判形成了紧张气氛。双方都列举大量事实数据，证实己方的观点，希望对方理解并接受己方的想法和建议。

（5）**妥协阶段**。妥协阶段就是谈判双方经过激烈交锋后，寻求都可以接受的途径阶段。在妥协阶段，双方要科学地分析谈判的发展趋势，对可能妥协的范围、谁先妥协、怎样妥协、在什么地方妥协、妥协到什么程度及妥协带来的补偿等问题做到心中有数。妥协的关键是要把握双方的利益所在。

（6）**签约阶段**。谈判的协议文字要简洁，内容要具体。切忌在协议中使用模棱两可的词句，以免日后引起不必要的纷争。双方在签字时应详细地、谨慎地予以检查，确认协议书上没有任何问题后，方可签字。

2. 谈判的讨价还价策略

讨价还价是谈判中一项重要的内容，一个优秀的谈判者不仅要掌握谈判的基本原则、方法，还要学会熟练地运用讨价还价的策略与技巧，这是促成谈判成功的保证，讨价还价的策略包括如下十种。

（1）**故布疑阵策略**。故布疑阵策略是指通过不露痕迹地向对方提供虚假信息或大量无用信息而使对方上当，从而取得有利的谈判条件。

（2）**投石问路策略**。投石问路策略是指利用一些对对方具有吸引力或突发性的话题同对方交谈，或通过所谓的谣言、秘讯，或有意泄密等手段，借此琢磨和探测对方的态度和反应。

（3）**抛砖引玉策略**。这一策略的基本做法是在对方询价时，己方先不开价，而是举一两个近期达成交易的案例，给出其成交价，进行价格暗示，反过来请对方出价。

（4）**吹毛求疵策略**。己方会对产品和对方的提议尽可能地挑毛病，利用这种吹毛求疵的策略来和对方讨价还价。运用此策略向对方提出要求时，注意不能过于苛刻，漫无边际，不能与通行做法和惯例相距太远。

（5）**价格诱惑策略**。价格诱惑策略就是卖方利用买方担心市场价格上涨的心理，诱使买方迅速签订购买协议的策略。价格诱惑的实质，就是利用买方担心市场价格上涨的心理，把买方的注意力吸引到价格问题上来，使其忽略对其他重要合同条款的讨价还价，进而在这些方面争得让步与优惠。

（6）**步步为营策略**。步步为营策略是指谈判者在谈判过程中步步设防，试探着前进，不断地巩固阵地，不动声色地推行自己的方案让对方难以察觉，自己的每一微小让步都要让对方付出相当代价。

（7）**疲劳轰炸策略**。疲劳轰炸策略是指通过疲劳战术来干扰对方的注意力，瓦解其意志并抓住有利时机达成协议。在商务谈判中，如果一方的谈判者表现出居高临下、先声夺人的姿态，那么就可以采用疲劳轰炸策略。

（8）**以林遮木策略**。以林遮木策略是指在谈判中故意搅乱正常的谈判秩序，许多问题一股脑儿地摊在桌面上，使人疲于应付，难以做出正确选择，进而达到使对方慌乱失误的目的。

（9）**软硬兼施策略**。软硬兼施策略又称“黑脸白脸策略”、“好人坏人策略”或“鸽派鹰派策略”。该策略是通过“先兵后礼”的举措来感化或压迫对方转变立场，从而打破僵局促成交易。

（10）**权力有限策略**。权力有限策略是指当双方就某些问题进行协商，一方要求对方做出某些让步时，另一方可以向对方宣称，在这个问题上授权有限，他无权向对方做出这样的让步，或无法更改既定的事实。此策略一般是在对方要求条件过高或己方需要对方在后期做出更大让步的情形下使用。

3. 谈判的让步策略

谈判是双方不断地让步最终达到价值交换的一个过程。但是，让步不是轻率的行动，必须慎重处理，成功的让步策略可以起到以牺牲局部利益来换取整体利益的作用。谈判时要愿意让步，才能获得对方让步，但是让步时需要注意一些技巧。

案　例　　让步不是谈判

伦敦科斯塔洛旅游有限公司的经理与西班牙一家连锁饭店的销售经理就下一年度整包客房的条件进行谈判。一开始旅游公司就根据旅客的投诉就客房的条件、服务项目与原来协议不符之处提出一张要求改进的长长的清单，那位连锁饭店的销售经理逐项看过清单后，对其中的大部分都同意改进，他不禁叹道："天哪！我本来是来谈判的，谁知却做了这么多的让步！"旅游公司的经理回答道："谁说不是呀，等你停止了让步，我们再开始谈判。"

资料来源：http://book.sina.com.cn/longbook/1098433533_tanpan/48.shtml.

（1）**互利互惠的让步策略**。谈判不会是仅仅有利于某一方的谈判，一方做出了让步，必然期望对方对此有所补偿，获得更大的让步。争取互惠式让步，需要谈判者开阔的思路和视野，能统观全局，分清利害关系，避重就轻，灵活地使己方的利益在其他方面能够得到补偿。

（2）**予远利谋近惠的让步策略**。在对于有些谈判者来说，可以通过给予其期待的满足或未来的满足而避免给予其现实的满足，即为了避免现实的让步而给予对方以远利。

（3）**丝毫无损的让步策略**。在谈判过程中，当谈判的对方就某个交易条件要求己方做出让步，其要求的确有些理由，而己方又不愿意在这个问题上做出实质性的让步时，采取这样一种处理的办法。比如对方要求己方在某个问题上让步，己方不能让，但是己方保证在这个问题上给予他方的条件，绝对不比给对方的好。

4. 谈判的僵局处理策略

（1）**低潮回避策略**。当谈判陷入僵局，经过协商而毫无进展，双方的情绪均处于低潮时，可以采用避开该议题的办法，换一个新的议题与对方谈判，以等待情绪的恢复。

（2）**总结休会策略**。当谈判呈现僵局而一时无法用其他双方都能接受的方法打破僵局时，可以采用冷处理的办法，即总结已取得的成果，然后决定休会，使双方冷静下来认真考虑对方的要求。

（3）**多案选择策略**。当对方坚持自己的条件而使谈判陷入僵局时，己方可以由过去是否接受对方的条件改为让对方选择自己的条件来打破僵局，即提出多种谈判条件的组合，让对方从中选择所能接受的条件。

（4）**妥协退让策略**。当谈判由于各抒己见、互不相让而陷入僵局时，可以采用妥协退让的策略打破僵局，即首先在某些条件上做出让步，然后要求对方让步。

（5）**以硬碰硬策略**。当对方通过制造僵局，给己方施加压力时，妥协退让已无法满足对方的要求，应采用以硬碰硬的策略向对方反击，让对方自动放弃过高的要求。

（6）**场外调停策略**。当谈判双方话不投机，出现横眉冷对的场面时，僵局已无法在场内打破，只能到场外寻找打破僵局的办法。比如请对方参加己方组织的参观游览、运动、娱乐、宴会、舞会等。在这些活动中，双方可进行不拘形式的畅谈，对某些僵持的问题可进一步交换意见。

案 例

暂时休会化僵局

北欧深海渔产公司的冻鱼产品质量优良，味道独特，深受各国消费者的喜爱，但从未进入到我国市场。深海公司希望能在中国开展冻鱼销售业务，并在我国找到合作伙伴。经由我国某市经委介绍，该公司派代表来我国与北方某罐头制品厂进行冻鱼产品的经销谈判。该罐头制品厂在国内有广泛的销售网络，非常愿意与北欧深海渔产公司合作。因此，在谈判开始阶段，会谈气氛十分融洽，但当谈到价格问题时双方出现了较大的分歧。罐头制品厂的谈判代表表示，深海公司所提出的报价过高，按此价格进入我国市场销售，很难为中国消费者接受。深海公司的谈判代表则表示，此报价已经比他们在国际市场上的报价降低了4%，无法继续降低价格。谈判进入僵局。

谈判休会期间，罐头制品厂公共关系部组织深海公司的谈判代表参观了谈判所在城市的几个大型超市，使深海公司的谈判代表对我国消费者的消费习惯和消费水平有了初步的了解。罐头厂的谈判代表特别向深海公司的谈判代表指出，中国人口众多，人民消费水平稳步提高，市场潜力很大。超市中拥挤的人流是世界各国中所少见的，这一点给深海公司的谈判代表很深的印象，他们看到了一个未来极有发展前途的新市场。深海公司的谈判代表在和总部的领导反复协商之后，为了在开始阶段打开中国市场，决定将冻鱼制品的报价降低30%，并向我国的经销商提供部分广告和促销费用。

资料来源：商务谈判教学案例．学习资料共享网，2010-12-16．http://www.87994.com/read/1c2b12093e7864bd20d4b27e.html.

讨论：

该案例带给你什么启示？

11.2.2 公共关系演讲

公共关系演讲是指公共关系人员为了提高组织的知名度和美誉度，塑造良好的组织形象，争取内外部公众的支持，在特定的时间和环境条件下，运用语言艺术，向公众发表声明、宣传主张、抒发情感，以感召公众的一种社会实践活动，是公共关系实用技巧之一。在生活中，我们会碰到许多场合，需要当众说几句话，而在商业环境中，演讲更为普遍。世上没有与生俱来的演讲家，任何人只要加强锻炼和培训，都可以当众说话或即兴演讲，关键是要掌握和运用一些技巧。

林语堂巧妙解难题

被称为“幽默大师”的林语堂，一生著作颇丰，其中最畅销的书是1937年完成的《生活的艺术》。该书在美国已发行了40版以上，历经数十年不衰。有一次，纽约某林氏宗亲会邀请他演讲，希望借此宣扬林氏祖先的光荣事迹。这种演讲吃力不讨好，因为不说些夸赞祖先的话，宗亲会失望；若是太过吹嘘，又有失学者风范。当时，他不慌不忙地上台说："我们姓林的始祖，据说是有商朝的比干丞相，这在《封神榜》里提到过；英勇的有《水浒传》里的林冲；旅行家有《镜花缘》里的林之洋；才女有《红楼梦》里的林黛玉。另外，还有美国大总统林肯，独自驾飞机飞越大西洋的林白，可以说是人才辈出。"台下的宗亲们听了，都高兴地鼓掌。

资料来源：根据林语堂．中国儿童资源网．http://www.tom61.com/ertongwenxue/youmogusi/2008-09-30/13106.html. 删减。

评析：

林语堂的演讲，听起来是在夸林氏的先贤，但是仔细听会发现林语堂说的大多数是神话故事里面的人物，并非真实存在。这样既满足了同宗的要求，同时，又不失学者风范。

1. 演讲语言的基本要求

演讲语言是人们交流思想的直接手段，演讲语言运用得好与坏直接影响着演讲的社会效果。

（1）**清晰准确**。演讲者要让听众知道你说的是什么，运用的语言一定要确切、清晰地表现出所要讲述的事实和思想。只有准确的语言才能真实地反映出内在的思想，才能为听众接受，达到宣传、影响听众的目的。

（2）**简洁流畅**。演讲者要做到语言的简洁，必须对自己要讲的思想内容经过认真思考，理清道理，抓住要点，明确中心。

（3）**响亮**。演讲是说给大家听的，除非是悄悄话，有隐私，要把声音送到他人耳朵里，让人听得清楚，所以要响亮。

（4）**通俗易懂**。演讲稿是要讲给大家听的，一定要口语化，把生僻的词换成常用的词，恰当地使用普通话，用明白的语言解释难以理解的术语。

2. 演讲声音的有效利用

声音是语言的载体，有效地利用声音包括六个要素：音量、语调、语速、词汇、发音和节奏。

（1）**音量大小合适**。演讲者要学会准确地控制和把握音量大小的变化。在情感激荡、意思重复之处，音量要大些，反之则要小些。音量大小变化要自然、流畅，是要感情的自然流露。

（2）**语调贴切、自然、动情**。语调要随着内容、环境的变化而不断调整，演讲时的语调起伏不仅能使演讲更生动，而且还能传达演讲者丰富的感情信息。

（3）**语速松弛结合**。语速是指讲话的速度。确定讲稿后，可根据其内容及自己的特性来确定语速。在调整语速时，通常不要太快，太快不仅听不清楚，还会给人一种紧张的感觉；也不能太慢，太慢会显得拖拖拉拉。

（4）**词汇生动**。尽量运用不同的词汇以增强语言的活力，运用生动形象的语言表达主题。为了增强气势，可以采用排比句，用重复的词汇加强语言的力量。

（5）**发音清晰准确**。正确、清晰、连贯、优美的发音是吸引听众的最有力的法宝。发音要清晰，不要含含糊糊，切记"不要自己把自己的话吃掉"。

（6）**节奏起伏结合**。演讲要有节奏，该快的时候快，该慢的时候慢，继而有起伏、有快慢、有轻重。

3. 演讲态势语的技巧

语言除了有声语言外，还有辅助语言，就是态势语。演讲的态势语是指演讲者的姿态、眼神、表情、手势等，它不仅有一定的表情达意的作用，还可以弥补口语表达的不足，使思想感情表达得直观、充分、形象、具体。在演讲时，演讲者表情要自然，面带微笑，眼睛要直视听众，与听众做眼神的交流；适当地加入一些姿势，以强调自己的讲话，但不要过分夸张。演讲者在发言时昂然挺立可以缓解局促不安，不但看起来具有自信的神态，而且自己也会感觉到更加自信；切勿低头垂肩地站立，显出一副无精打采的样子；举止要文雅适度，不可以过分夸张，否则就会令人讨厌。

4. 演讲的情感调动

（1）**用巧妙开场白吸引听众**。演讲的开场白是演讲者与听众之间沟通的第一座桥梁，是演讲者给听众留下的第一印象。演讲开场白最不易把握，要想三言两语抓住听众的心并非易事。一个能打动听众的开场白要独具匠心，以其新颖、奇趣、敏慧之美抓住听众的注意力，立即控制场上气氛，从而为接下来的演讲内容顺利地搭梯架桥。在演讲的开头切忌讲一些毫无必要的客套话，也不要东拉西扯、离题万里。开场白必须要注意紧扣主题，适合听众心理和场上环境，切不可为追求新奇而故弄玄虚。

里根的开场白

美国总统里根访华期间曾到上海复旦大学做演讲。演讲前，里根微笑着说道："我来中国之前，碰到了一位你们复旦大学去美国的留学生，她要我代她向谢希德校长问好。"说着，他把身体转向站在旁边的谢希德女士说："现在这个口信我带到了，请您打个电话告诉那位女同学，她的电话号码是……"这个精彩的开场白，赢得了全场百余名师生代表的热烈掌声，也赢得了他们对"平民总统"里根乃至美国政府的好感。

资料来源：辉浩．开场白：适用于任何场合的22种开场白[M]．北京：中国商业出版社，2012．

讨论：

1. 里根总统为什么要研究中国礼节，并清楚怎样的礼节能够适合中国人的口味？
2. 你从里根总统的演讲开场白中得到什么启示？

（2）**用丰富多彩的语言打动听众**。演讲者与听众的信息交流是通过演讲语言来实现的，离开了语言，演讲也不复存在。丰富的学识是演讲成功的基本条件。演讲者必须要经常更新知识，跟上现代科学文化的发展步伐，这样就可以在演讲中旁征博引、妙语惊人，把具体、精彩的事例自如地组织到演讲中，保证演讲充实、生动。要成为一名成功的演讲者，除了要有丰富的知识外，还必须具备敏锐的观察力，能了解听众的表情、心理及场上的气氛变化，及时调整演讲的内容、方式和节奏；用丰富的想象力将各种各样的事物与演讲主题巧妙地组合起来，并形成自己的语言风格，比如简洁质朴、幽默风趣、严肃冷峻等。

案　例　闻一多的五四演讲

1945 年 5 月 4 日，西南联大等四校学生在云大操场举行“五四纪念大会”，闻一多、潘光旦等教授出席大会，还有记者、其他友人等，共计 6 000 余人。大会活动开始了，吴晗开始演讲，此时偏偏天公不作美，下起雨来，于是有人跑到树下躲雨，会场秩序顿时乱起来。闻一多走上讲台，高呼：“热血青年过来！继承五四精神的青年过来！怕雨吗?”不少青年同声回答：“不怕!”于是，闻一多接着高呼：“武王伐纣誓师时也下起大雨。武王说，这是‘天洗兵’，是要把蒙在盔甲上的灰尘洗干净，好上战场攻打敌人。今天，我们纪念五四运动，天下雨了，也是‘天洗兵’！是热血青年的都过来，是继承五四精神的青年都过来！这雨算得什么雨? 雨，为我们洗兵！这是该行动的时候了，让民主回到民间去！”在闻一多的召唤下，群众稳住了，冒着雨开完了大会。会后，举行了万人游行，人们高呼“立即结束国民党独裁专政！”、“建立联合政府！”等口号，走过昆明主要街道。这次游行在昆明乃至全国都产生了重大影响。

资料来源：根据 http://www.luobinghui.com/ld/zl/200509/5700.html. 删减整理。

评析：

闻一多适应演讲情境，克服不利因素的干扰，取得了良好的演讲效果。

（3）**用真情实感引起听众共鸣**。演讲特别需要强烈的感情投入，不仅要说服听众，而且要感染听众。这种感情的投入，除了语言的抒情、表达时的激情外，更重要的是内容的入情。演讲者阐述自己的主张，要考虑最佳的表达角度和方式，才能达到预期的效果。演讲要能打动人心，而要打动人心，离不开演讲者的情感投入，即演讲者的感情流露和情绪表现。无论在演讲的开端、过程、还是推向高潮，乃至结尾，演讲者的神情都应随着演讲内容的变化而变化，富有情感性。

（4）**精彩有力的结尾引起无穷回味**。演讲的结尾如同演讲的开端，都是演讲中最关键的地方。演讲的结尾要对演讲的整体内容进行概括后再总结，或对演讲全文要点进行简明扼要的小结，或以号召性、鼓动性的语言结尾，或以诗文名言及幽默俏皮的语言结尾。言简意赅的结尾或意犹未尽时的戛然而止都能使听众精神振奋，并使听众不断地思考和回味。

小　结

公共关系人员只有掌握了良好的语言沟通传播技巧，才能引起公众的注意，形成互相理解、互相支持的良好氛围。公共关系语言艺术的方法主要包括：幽默法、委婉法、暗示法、模糊法、激励法等。语言艺术在公共关系中的应用主要列举了公共关系谈判和公共关系演讲。正式的谈判活动从开始到结束，可以分为导入、概说、明示、交锋、妥协、签约这六个阶段。谈判策略主要包括讨价还价策略、让步策略和僵局处理策略。公共关系演讲中的演讲者不仅要注意演讲语言的基本要求，还要注意声音的有效利用，态势语的技巧和受众情感的调动。

思考讨论

1. 在与人进行沟通和交流的过程中，下列信息：姓名、性格、特点、职业目标、理想、家庭、为什么在此工作、学历、知识技能、工作经验、身体状况、精力、信仰、信用、道德、人际关系、朋友状况。

（1）哪些是5分钟就可以了解到的?

（2）哪些是10分钟可以了解到的?

（3）哪些是需要较长时间才可以了解到的?

2. 在阿拉伯人和英国人谈话时，常常出现阿拉伯人往前挪，英国人往后退。在谈话结束时，两个人距原来站的地方可能相当远，为什么会这样呢?

3. 为什么说“世界是张谈判桌，人人都是谈判者”，谈谈你的理解。

4. 为什么说“谈判者永远没有现成的、固定的、成竹在胸的策略与方法去应对所有谈判”?

能力实训

1. 新学期开始了，班里要改选班干部，请根据自己的实际情况，准备一份“假如我当选为班长”的演讲稿，并在班上进行演讲。

2. 学校运动会赞助的模拟谈判。为了成功举办学校运动会，校方一直在寻求企业的赞助合作。经过初步接触，目前已经有几家比较合适的企业，其中包括NIKE。校方在和各方的初步接触中介绍了关于竞赛的策划及组织情况，并提出了合作愿景。今晚7：30分，校方与NIKE方预约进行谈判，地点为校方会议室。谈判焦点：赞助方式，赞助费用，长期合作模式。

课外导读

[1] 爱德华·斯坎奈儿，约翰·纽斯特洛姆．游戏比你会说话：演讲、会议、培训、交际游戏大全[M]．2版．吉晓倩，等译．北京：企业管理出版社，2006．

[2] 卡耐基．卡耐基口才的艺术与人际关系[M]．马剑涛，肖文键，译．北京：中国华侨出版社，2010．

[3] 肖祥银．说话的艺术：最有中国味的魅力口才[M]．北京：中国华侨出版社，2013．

[4] 加洛．乔布斯的魔力演讲（珍藏版）[M]．葛志福，译．北京：中信出版社，2011．

[5] 闻一多，等．最精彩的演讲词[M]．北京：中国华侨出版社，2010．

[6] 张潜．软谈判——公关专家不说的谈判技巧[M]．北京：南方出版社，2010．

[7] 李维文．六度人脉[M]．长沙：湖南文艺出版社，2012．

[8] 光华．好饭局是设计出来的[M]．广州：广东经济出版社有限公司，2012．

Chapter 12
第 12 章
公共关系写作应用

学习目标

掌握：公关函柬、公关致辞、公关广告、公关新闻稿的含义、种类和写法。

理解：公共关系礼仪文书和公共关系形象传播文书的写作。

了解：公共关系离不开公共关系文书写作。

引例

“小燕子”的一封信

日本奈良市郊区有一家旅馆，环境优美，待客热情，吸引了很多旅客。但美中不足的是，每到春季，许多燕子在房檐下营巢安家，排泄物弄脏了玻璃窗和走廊，工作人员擦不胜擦，部分旅馆也颇有微词。一天，旅馆大堂出现了这样一份公开信。

尊敬的女士们、先生们：

我们是刚从北方赶到这儿过冬的小燕子，没有征得主人的同意，就在这儿安了家，还要生儿育女。我们的小宝贝年幼无知，我们的习惯也不好，常常弄脏您的玻璃窗和走廊，致使您不愉快。我们很过意不去，请女士们、先生们多多原谅！

还有一事恳求女士们和先生们，请您千万不要埋怨服务员小姐，她们是经常打扫的，只是她们擦不胜擦。这完全是我们的过错。请您稍等一会儿，她们就来了。

您的朋友 小燕子

看到这封用小燕子的名义写的信，旅客们先是一愣，但很快就被信中的幽默和真诚所打动，对旅馆的意见顷刻间烟消云散，而且还对该旅馆留下了美好的印象。原来这是旅馆主人的一条锦囊妙计，旅馆主人爱鸟，不忍心赶走燕子，但又无法及时清除小燕子的粪便，于是便想出这个主意。

资料来源：根据李道平．公共关系学 [M]．4 版．北京：经济科学出版社，2011：162．删减整理。

讨论： 上述案例带给我们什么启示？

公共关系是由组织、公众、传播三个要素构成的。传播是组织与公众之间的“桥梁”，公共关系的过程就是一个信息传播的过程，而信息传播的载体就是公共关系文书。不管是书面文字印刷传播，还是广播、电影、电视等电子传播，大部分都离不开语言。只要是使用公共关系语言的地方，都存在着公共关系文书写作的问题。即使是口头表达，为了达到预期目的，许多时候事先都要打个腹稿，也就是没有形成书面文字的公共关系文书。离开了公共关系文书，信息的传播很大程度上是一句空话。同时，公共关系成果的巩固，更是以公共关系文书为媒介而实现的。

公共关系文书，是各类组织为了实现自己的公共关系目标、开展公共关系活动而制作的各种书面文字材料，是文书在公共关系活动中的运用。“内求团结，外求发展”，是每一个现代组织开展公共关系活动时所追求的目标，实现这一目标的途径有很多，但其中极为重要的、不可缺少的一种就是公共关系文书写作。尽管公共关系文书的文体和内容涉及较多，但概括起来，可以分为三个方面：公共关系礼仪文书、公共关系形象传播文书和公共关系事务文书。因为篇幅所限，本章主要介绍常用的公共关系礼仪文书和公共关系形象传播文书的写作。

12.1 公共关系礼仪文书写作

12.1.1 公关函柬

组织为了与其他组织及公众建立良好关系，体现公关礼仪，常常需要运用请柬、邀请函、贺信、慰问信等公关柬贴和公关函电，这些统称为公关函柬。公关函柬是社会交往和公共关系活动中经常使用的一种书信体礼仪文书，可用于个人和个人之闻、个人和组织之间、组织和组织之间，对于沟通双方感情、协调发展双方关系，争取公众的理解、信赖、支持和合作等起着重要作用。

1. 请柬

请柬又称请帖，是一种专门邀请客人参加某项活动的公关文书。它的使用者既可以是个人，也可以是组织。请柬应用广泛，凡举行吉庆活动或聚会时均可使用。使用请柬，既可以表示对被邀请者的尊重，又可体现出邀请者的郑重态度。

请柬的格式如下：

（1）**标题**。一般直接用“请柬”作为标题。请柬有单面请柬和双面请柬（折叠式）两种样式，如果是单面请柬，用醒目的、大于正文的字体在正文上方居中书写标题；如果是双面请柬，则在封面上书写“请柬”二字。

（2）**称谓**。在第一行顶格书写被邀请的个人或单位。发给个人的请柬，个人姓名后应加上职称、职务名，或“先生”、“女士”、“小姐”等称呼；发给单位的请柬，则应写明单位全称。

（3）**正文**。简要写明活动的名称、时间、地点及其他应知事项。

（4）**结语**。一般用“敬请光临”、“恭请莅临指导”等敬语，以示礼貌和尊重。

（5）**落款**。写明邀请单位名称或个人姓名，并注明具体日期。

2. 邀请函

邀请函又称邀请书，是组织邀请有关单位和个人前来访问、参加活动、开展合作、担任职务等的公关文书。邀请函可以分为会议邀请函、活动邀请函和事项邀请函。

邀请函的格式如下：

（1）**标题**。可以直接写"邀请函"，也可以在文种前面冠以会议或活动名称，如"医学学术会议邀请函"、"公关策划大赛邀请函"。

（2）**称谓**。是指对被邀请的个人或单位的称呼。发给单位的邀请函，应写单位全称；发给个人的邀请函，应写个人姓名，前冠"尊敬的"等敬语，后缀"女士"、"先生"、"同志"等称呼。

（3）**正文**。开头部分，要说明所召开会议、开展活动或事项的名称、时间等。主体部分，是邀请函的核心内容，要说明会议、活动等的目的、性质及要求等具体事项。为了表达清晰、一目了然，如果涉及内容较多，可以采取标序列述的方法，写明有关事项及要求。结尾部分，一般要写常用的邀请惯用语，如"敬请光临"、"欢迎光临"。

（4）**落款**。写明活动主办单位的全称和发出邀请的具体日期。若是以单位负责人名义发送的邀请函，还要在单位名称之下写明负责人的职务、姓名等，如"会长 ×××"。

3. 贺信

贺信是以组织或管理者的名义向有关方面表示祝贺的一种公关书信。贺信如以电报的形式发出，则称贺电。贺信适用范围很广，当个人取得荣誉或有毕业、升职、结婚、生子、乔迁等喜事时，当单位或集体取得骄人成绩、举办隆重的会议、庆典或纪念活动时，都可以发贺信表示庆贺。

贺信的格式如下：

（1）**标题**。贺信名称可以直接由文种名称构成，也可以由发电双方名称和文种名共同组成，比如"国务院致中国体操队的贺电"，还可以加副标题，以发电双方名称和文种名作为主标题，而以副标题说明内容。

（2）**称谓**。对受贺个人或单位的称呼。如果是个人，应在姓名后加上"先生"、"女士"、"同志"、"局长"、"教授"、"医生"等尊称或职务、职称，姓名前也可以加上"尊敬的"、"敬爱的"等修饰语。如果是单位，则应写明单位全称。

（3）**正文**。贺信的正文要根据内容和对象而定。若发给个人，用于一般私人交往，可以把重点放在祝贺上。若发给单位或集体，在表示祝贺的同时，还应对其成绩、成就等给予肯定、做出评价、提出希望。在正文开头通常要概括说明祝贺的缘由和背景，常用句式包括："欣闻贵单位在……取得了……（成绩）"、"在……（大好形势）指引下，×× 会议隆重地拉开了帷幕，我们谨向大会致以最热烈的祝贺"等。主体部分要赞扬对方所取得的成绩，或会议、活动举办的重大意义。

（4）**结尾**。表达热烈的祝贺、热情的鼓励、良好的祝愿或殷切的希望。向对方表示美好祝愿，或者预祝庆典、会议、活动等圆满成功，或者鼓励对方再接再厉、再创佳绩。

（5）**落款**。在正文右下方署上发信单位名称或个人的姓名，最后注明发出贺信的日期。

4. 慰问信

慰问信是以组织或管理者的名义向有关方面表示关怀、问候、安慰和鼓励的一种公关书信。它体现了组织的关怀和温暖，社会的爱心和支持，组织与公众之间的深情厚谊，能给人以前进的信心、勇气和力量。当慰问信以电信的方式传送时，称为慰问电。

慰问信大体可以分为以下三种。

一是节日慰问。在春节、元旦等重大节日里，向有关集体或个人表示问候，肯定他们所取得的成绩或做出的贡献，并联系形势阐述当前责任和今后任务，提出希望。

二是慰问受难者。向在自然灾害、战争或事故中遭遇重大损失、巨大困难或意外不幸的集体或个人表示同情、安慰，阐述克服逆境的有利条件，鼓励他们战胜困难，改变困境，并表达爱心和良好祝愿。

三是慰问先进者。向取得了重大业绩或做出了卓越贡献的个人或集体表示慰问，对他们的成就表示赞扬，并鼓励他们戒骄戒躁，再创辉煌。

慰问信的格式如下：

（1）**标题**。在第一行居中写“慰问信”或“×××致×××的慰问信”，字体大于正文。

（2）**称谓**。另起一行顶格写受慰问的个人或单位名称。如果是个人，应在姓名后加上“先生”、“女士”、“同志”等称呼。

（3）**正文**。另起一行，空两格写慰问信的内容。一是要写明写慰问信的原因或背景，二是要叙述事实。如果是慰问受难者，既要具体叙述对方面临的困境，也要写出战胜困难的有利条件；如果是慰问先进者，则应全面叙述对方的模范事迹或卓越贡献，实事求是地肯定其成绩。

（4）**结尾**。可以用一些慰问和祝愿的话作结尾。结合不同的情况，或表示共同的愿望和决心，或表达鼓励和祝愿，或提出殷切的希望等。

（5）**落款**。在正文的右下方，署上发信单位名称或个人姓名，如果写慰问信的单位、个人不止一个，则都要写上。最后注明发出慰问信的日期。

12.1.2 公关致词

公关致词又称公关致辞，是指组织的管理者或代表在各种公关仪式和典礼中所发表的礼仪性讲话。公关致词应用广泛，常见的有欢迎词、欢送词、祝酒词、答谢词、开幕词、闭幕词。

1. 欢迎词和欢送词

欢迎词是东道主为了对宾客莅临表示欢迎而发表的热情友好的讲话。它既是对宾客的致意，也是东道主热情好客的体现。欢迎词在语言上通常是活泼热情、富有感染力。它广泛地运用于迎宾、宴请、会议等公关场合。

欢送词是东道主在欢送仪式或来宾访问结束，即宾客将离开时发表的讲话。欢送词要讲述宾客到访的成果及对其的良好祝愿。

欢迎词和欢送词的格式一般由标题、称呼、正文和落款四个部分组成。

（1）**标题**。标题可以单独以文种命名，如《欢迎词》；也可加上致词人的姓名、致词场合等，如《×××董事长在××晚宴上的欢迎词》、《在×××大会上的欢送词》。

（2）**称呼**。对于集体成员，一般采用泛称，如“各位来宾”、“尊敬的女士们、先生们”、“亲爱的××公司同仁”等。对于个人的称呼，一般采用“姓名＋职务”，如“×××部长”、“×××董事长”等；如果是欢迎外国宾客，还可以在姓名后加上“阁下”、“夫人”等。

（3）**正文**。一般由开头、主体和结尾三个部分组成。欢迎词开头通常应说明现场举办的是何种仪式，发言人代表谁对宾客表示欢迎。主体部分是欢迎词的核心部分，旨在对宾客表达欢迎之意，一般要叙述双方的交往和友谊，阐明宾客到访的意义和作用，表达对宾主友谊的珍惜及进一步合作交流的期待。结尾通常是再次表达欢迎之意，或表示感谢和祝愿，比如“预祝会议圆满成功”、“为了美好的明天干杯”、“祝各位生活幸福”等。

欢送词要表达出东道主热烈的欢送之意，可以回顾宾客到访的情况，叙述宾主合作的成果，阐明宾客到访的意义和作用，表达出对双方友好交往的珍惜和重视。在结尾再次表达感谢和祝愿，比如“再一次向×××表示诚挚的感谢”、“祝×××旅途愉快”等。

（4）**落款**。在演讲时不用念出落款，但在书面欢迎词或欢送词中，应署上致词单位名称、致词者的身份、姓名，并署上成文日期。

2. 祝酒词

祝酒词，用于酒席宴会开始，主人向客人表示欢迎、问候和感谢，客人进行答谢、祝愿的应酬之辞。好的祝酒词，可以为酒席宴会增添热烈气氛，为个人和组织树立良好形象，赢得社交的成功。在商务、社交、公务场合中，祝酒词是合作往来的重要手段。

祝酒词的格式如下：

（1）**标题**。可以直接写文种，如“祝酒词”；也可以写出具体祝贺的内容，由“事由＋文种”或“致词人＋事由＋文种”构成，如《×××在××晚宴上的祝酒词》。

（2）**称谓**。在标题之下的第一行顶格书写，以示尊重。对于个人的称呼一般用泛称，如“各位来宾，各位亲朋好友”、“同志们，朋友们”、“女士们，先生们”；对于单位的称呼一般用单位或部门名称。此外，要注意称呼的先后顺序。

（3）**正文**。正文是祝酒词的核心。由于祝酒词适用范围和对象的不同，在内容和语体风格上各有不同，因此这部分写法比较灵活。但一般都应包含以下几层意思：首先，要说明祝贺的缘由，表达祝贺之情；其次，对祝贺的内容进行适当评价，或指出其意义；最后，表示祝愿、希望、祝贺，给客人以鼓舞。

（4）**结束语**。在正文结束之后，常用一句礼节性的祝颂语结束全文。

3. 答谢词

答谢词，既是在特定的公共礼仪场合中，客人对主人的热情接待和关照表示谢意所发表的讲话，也是在举行必要的答谢活动中所使用的表示感谢的文稿。

答谢词的格式如下：

（1）**标题**。在第一行居中书写，或直接写上文种名称《答谢词》，或“事由＋文种”，如《在物资捐赠仪式上的答谢词》；或由“致辞人＋事由＋文种”构成，如《×××在××酒会上的答谢词》。

（2）**称谓**。对答谢对象的称呼，既可以是某一特定对象，也可以是广泛对象，如“女士们，先生们”、“同志们”、“朋友们”、“各位来宾”等，通常在前面加上“尊敬的”、“敬爱的”等。此外，注意要把所有答谢对象都囊括进去。

（3）**正文**。首先，要对答谢对象表示感谢，表达出自己的荣幸与激动，这是答谢词的写作重点。其次，对相关的情况做进一步的介绍，如叙述双方的交往和友谊，强调对方所给予的支持和帮助，并表明希望巩固和发展双方友谊或合作的强烈愿望。最后，再次表示感谢，并表达良好的祝愿。

需要注意的是，答谢词一般都是预先准备好的，但应注意与现场相呼应。比如在主人致词后进行答谢，就要注意与主人的欢迎词在某些内容上相呼应，这也是一种对主人尊重的表现。因此，即使预先已经准备好了答谢词，有时候仍需要在现场紧急修改补充或临场发挥，以呼应情境。

4. 开幕词和闭幕词

开幕词和闭幕词是在公共关系活动正式开始和结束时，由主办方身份最高的领导人宣布活动开幕或闭幕所做的讲话。公共关系活动是否举行开幕式和闭幕式，可根据实际需要确定，即使不举行专门的开幕式和闭幕式，也可致开幕词和闭幕词。

开幕词除了宣布活动开幕之外，还可以对来宾表示欢迎和感谢，阐述本次活动的目的、任务、意义等，提出希望和要求。闭幕词除了宣布活动闭幕之外，还可以总结本次活动取得的成果，对来宾表示欢送和祝福，对有关方面的支持表示感谢。

开幕词和闭幕词一般由标题、称谓、正文和结束语组成。

（1）**标题**。一般由“事由＋文种”构成，如《中国共产党第十八次全国代表大会开幕词》、《××市科学技术协会第×次代表大会闭幕词》；或由“致辞人＋事由＋文种”构成，如《×××同志在×××会议上的开幕词》、《××董事长在年终晚会上的闭幕词》；或采用复式标题，主标题揭示会议的主旨或中心内容，副标题则由“事由＋文种”构成，如《我们的文学应该站在世界的前列——中国作家协会第四次会员代表大会开幕词》。标题下面，一般应用括号注明活动开始或结束的日期。

（2）**称谓**。一般根据会议或活动的性质及来宾的身份确定，如“同志们”、“各位代表、各位来宾”等。

（3）**正文**。包括开头、主体和结尾。

开幕词正文。开头一般开门见山地宣布会议或活动开幕，也可对会议或活动的规模及来宾身份做简要介绍，如“参加这次大会的代表有××人，其中有来自……”，并对会议或活动的召开表示祝贺。另外，开头通常单独列为一个自然段，与主体部分分开。主体部分是开幕词的核心部分，主要阐明会议或活动的宗旨、意义、指导思想，说明拟解决的问题和要达到的目的等。结尾提出会议或活动的任务、要求和希望等。

闭幕词正文。开头一般概述会议或活动的进行情况，指出是否圆满地完成了任务。主体部分要阐明会议或活动通过的主要事项和基本精神，重要性和深远意义；对整个会议或活动做出高度的总结和评价，有时还需指出会议或活动的不足之处和需要改进的地方。结尾对保障会议或活动顺利进行的有关单位和个人表示感谢，或提出希望、发出号召。

（4）**结束语**。一般单列一段，常用鼓舞性的语言简短有力地表达祝贺、发出号召，如"预祝大会圆满成功"、"现在，我宣布，×××× 大会圆满闭幕！"

需要注意的是，闭幕词最好与开幕词前后呼应、首尾衔接。

12.2 公共关系形象传播文书写作

12.2.1 公关广告文案

1. 公关广告的含义

公关广告是向公众推销组织或组织的某种观念，用以协调组织关系，提升组织形象的广告。它是公共关系实务活动中塑造实体形象、传递新信息的一种宣传方式，公开面向广大公众，具有传播性和告知性。它旨在提高组织知名度和美誉度，不以盈利为目的。

2. 公关广告的特征

与商业广告相比，公关广告具有以下一些特征。

（1）**以宣传组织形象为目的**。与商业广告的目的不同，公关广告的目的不是推销商品，而是推销组织的形象，争取公众对组织的了解、支持、赞许和合作。公关广告可以形象地称之为"攻心广告"。

（2）**以长期战略为观念**。公关广告注重长期性、系统性和战略性，要考虑组织长远利益，因此在制定方案时切忌急功近利和半途而废，要持之以恒地在公众心目中建立起牢固的形象。

（3）**以间接宣传为主要方式**。公关广告不像商业广告那样直接介绍产品的功能、特性，而是通过间接的宣传手段让公众了解组织及其品牌。

3. 公关广告的类型

（1）**形象广告**。形象广告是以提高组织的知名度和树立组织的良好形象为主要目的的广告形式。例如，三亚市城市名片"美丽三亚，浪漫天涯"，广州白云山制药厂广告"白云山，白云山，爱心满人间"。

（2）**倡议广告**。倡议广告是组织以自身的名义率先发起某种社会活动，或提倡某种有意义的新观念的广告。例如，2013 年 9 月，海门市文明办、海门市民政局、海门日报社联合举办“我们的节日·重阳”有奖征文大赛，倡导大力弘扬尊老、敬老、爱老、助老这一中华民族的传统美德，在全社会营造尊老敬老的良好氛围，促进家庭和睦与社会和谐。这一活动无疑有助于营造良好的政府形象。

（3）**响应广告**。响应广告是对政府的某种活动或社会生活中的重大事件表示响应和支持的广告。2013年1月，习近平总书记在新华社一份《网民呼吁遏制餐饮环节“舌尖上的浪费”》的材料上做出批示，要求大力弘扬中华民族勤俭节约的优秀传统，厉行节约、反对浪费。随后，首都文明办就专门设计了一则广告响应这一号召。创意为一只漂亮的中国青花瓷盘子，中间是汉字“美德”，只要顾客吃完盘中餐，就能“食尽美德观”。

另一种常见的响应广告是祝贺性的广告。例如，北京申办2008年奥运会成功，举国欢庆。第二天上午，华龙集团就在石家庄主要的公共场所打出了“华龙面庆祝北京申办奥运成功”的大型横幅，既表达了他们对中国申奥成功的自豪，也将自己的企业形象传播了出去。

（4）**致歉广告**。致歉广告是向公众表示歉意的广告。常见的致歉广告有两种：一是向公众赔礼道歉的致歉广告，组织以真诚态度对自己的过错或失误向公众道歉、取得公众谅解，挽回组织形象；二是向公众排除误解的致歉广告，在组织形象被歪曲、造成公众误解时，及时向公众解释事实真相，以矫正被损害的形象，维护声誉。例如，2012年9月28日，光明乳业在《人民日报》刊登公开致歉信，就公司连续发生的多起产品质量事件，向全国消费者道歉。同时表示公司已成立质量安全监督小组，正在实施包括完善组织保障、排查管理流程、建立问责制、完善产品监察体系、加强冷链配送管理、强化全员责任意识六项整改措施。这是一则典型的致歉广告。

（5）**公益广告**。公益广告是就某些行为、观念、道德或哲理向公众进行告知、提示、劝导和警示的社会性广告。例如，公共交通公益广告语“实线虚线斑马线，都是生命安全线”，“心头常亮红绿灯，安全行驶伴人生”；倡导保护环境的公益广告语“除了相片，什么都不要带走；除了脚印，什么都不要留下”。

4. 公关广告文案的构成

公关广告文案一般包括标题、正文、广告词和随文这四个部分。

（1）**标题**。公关广告的主旨体现在标题上，因此标题的拟写在公关广告文案的写作中具有特殊的意义。公关广告的标题要求醒目、通俗、自然、亲切、有吸引力，能有效地抓住公众心理。公关广告的标题写作在形式上有直接标题、间接标题和复合标题。

直接标题是把最重要的事实和情况，直截了当地告诉公众，例如，美的广告语“美的，原来生活可以更美的”。

间接标题则不在标题中明确显示广告的主要信息或主题，而是运用艺术手法暗示或诱导公众，激发公众的兴趣和好奇心，进一步关注广告正文。例如，“发光的不完全是黄金”，这是美国一家银器制造商的广告标题，巧妙地运用谚语引人注意，正文则接着说明他们制造的银器也是发光锃亮的，由此达到宣传的目的。

复合标题在形式上通常由两个或两个以上的标题构成，与多行式新闻标题类似；在创意上往往是将直接标题和间接标题有机地组合起来，例如：

万科城市花园告诉您——（引题）

不要把所有的鸡蛋都放在同一个篮子里（正题）

购买有增值潜力的物业，您明智而深远的选择（副题）

（2）**正文**。正文是公关广告文案的核心，是对广告标题的具体展开，其任务是传递组织、品牌、活动的主要信息和特点，以说服公众。写作时要做到真实可靠、重点突出、简明扼要、通俗易懂。公关广告的写作体式，常见的有陈述体、说明体、论证体、文艺体。

陈述体，即以陈述作为广告文案的主要表达方式，以陈述性的语言来介绍广告内容，有脉络清晰、交代明白、立见主干的效果。

说明体，这类文案旨在以说明的方法阐释广告内容，往往给公众以客观、实在的感觉。

论证体，主要是展示有关权威的鉴定评价、获奖情况、典型用户的见证、典型的事例来说明广告内容的真实性、可靠性。

文艺体，这类广告文案主要借助文艺的形式，比如用诗歌、散文、故事等来表现广告内容，具有生动活泼、形象鲜明、感染力强的特点，例如，中央电视台的 FAMILY 公益广告“有爱就有责任”就属此类。

（3）**广告词**。广告词，也可以说是广告口号，是组织在广告运作中长期而反复使用的、简明扼要的、具有口号性质的、表现组织精神理念或商品特性的语句。它可以独立使用，也可以与标题、正文组合使用。广告词经反复宣传，能不断地强化公众对组织形象及其品牌的一贯印象，因此要精心推敲，认真措辞。例如，“城市，让生活更美好”，即 2010 年上海世博会的主题，同时也是上海世博会的广告口号。广告语要求简短、独特、易记。例如，“怕上火就喝王老吉”这句广告语曾经妇孺皆知，巴黎欧莱雅品牌宣传广告语“你值得拥有！”PEAK（匹克）品牌广告语“我能，无限可能！ I CAN PLAY！”

（4）**随文**。随文也称附文、结尾语，是广告文案的结尾部分，其功能是对正文的内容做进一步的补充说明。随文中一般写明组织名称、地址、电话、网址、联系人员等信息。这一部分不是广告文案的必备部分，可以根据实际需要决定。

5. 公关广告文案写作的总体要求

（1）**主题鲜明**。与商业广告不同，公关广告文案要突出宣传组织、品牌、活动的特色和亮点，做到主题鲜明、重点突出，避免面面俱到，这样才能给人以深刻的印象。有的组织和品牌已经为人熟知，公关广告文案可以形象塑造为主，洗练明快，甚至全篇仅为一个揭示活动名称的标题或一句突出活动理念、主题的广告语。例如：

2012 年上海世界博览会（标题）

城市，让生活更美好（广告语）

（2）**信息真实**。真实是公关广告的生命。公关广告文案传达的信息要有客观依据，材料一定要准确，切忌夸大虚构，并要处理好广告的形式虚构和信息真实之间的关系。在商业广告中，阿凡提可以骑着小毛驴向现代小朋友推荐“草珊瑚”，这是艺术上的想象和虚拟手法，而公关广告则一般不用这样的虚拟夸张。

（3）**形式活泼**。公关广告的写作没有固定的模式，设计公关广告重点在创新。在表现方法、结构安排、语言运用和版式设计上，公关广告应做到构思新颖、形式活泼、图文互补、动静结合。

12.2.2 公关新闻稿

1. 公关新闻稿的含义

公关新闻稿，是指某一组织将自身新近发生的、广大公众所关心的事实借助新闻媒体报道给社会公众而使用的文稿的总称。

通过公关新闻稿及时、适时地编发，组织能便捷地与外界沟通联系，有效地塑造自身的社会形象，提升自身的知名度、美誉度，省时省力而又广泛地赢取公众的信任、理解和支持，营造有益于组织发展的良好社会环境。

2. 公关新闻稿的特点

（1）**真实性**。真实性是一切新闻稿的生命，也是公关新闻稿最根本性的特征，唯有真实才能取信于公众，也唯有真实才能建设组织的自身形象。

（2）**时间性**。新闻关键在于一个“新”字，这极大程度上取决于报道的快速及时。新闻报道的价值与报道的时间是一对反比关系，时间越短、价值越大，产生的效果就越好。因此，公关新闻稿的编发力求快速及时，这样才能充分而强烈地获取公众的注意，为组织的发展赢得先机。另外，公关新闻稿还应考虑发布的时宜性，即什么时候进行报道最为适宜，既保证良好的效果，又不会产生副作用。公关新闻稿讲究编发的及时性与时宜性的统一，是其区别于普通新闻稿的显著特征。

（3）**通俗性**。组织编发公关新闻稿的根本目的，是要把组织的有关信息向公众宣示，这一根本目的决定了公关新闻稿必须具有通俗性的特点。首先，公关新闻稿的通俗性表现在内容上，即报道内容在时间、空间、心理、行业、职业等方面贴近公众。心理学研究表明，距离公众越近的事情越容易引起公众的关注与兴趣。因此，公关新闻稿的报道内容应与公众的切身利益或思想感情有机地联系起来，最大限度地激活公众的关注热情。其次，公关新闻稿的通俗性还表现在表达方式上，即要求运用单一的结构、直接的表述、形象的语言来传播信息，尽可能降低传播的难度系数，排除在表达形式上可能会有的一切传播障碍，达到通俗易懂。

3. 公关新闻稿的类型

公关新闻稿常见的类型有公关消息、新闻发布稿、新闻公报、公关通信和广播稿。其中最基本的两种类型是公关消息和公关通信，其他文种都是这两种类型的变体。

4. 公关新闻稿的写作

公关新闻稿的结构包括标题、导语、主体、背景和结尾五部分。前三者是主要部分，后两者是辅助部分。

（1）**标题**。公关新闻稿的标题设计非常重要，公众往往都是通过新闻标题而获取信息，因此标题要高度概括、抓人眼球。新闻标题具有突显主题信息的作用，为了增大标题的信息量，新闻标题可以有如下三种形式：单行式（正题）、双行式（正题 + 副题）、多行式（引题 + 正题 + 副题）。

（2）**导语**。导语是新闻稿开首的第一句或第一段文字。它要求用最精练的语言，简明扼要地把最重要、最精彩的，也就是新闻事实的核心及意义概括出来。导语具有吸引读者、引导阅读的作用。导语写作有以下三种形式。

1）叙述性导语。这种导语采用摘要或综合的方法，直接叙述新闻中最鲜明、最主要的事实，是导语写作中最常用的一种形式。

2）描写式导语。这种导语就是抓住新闻事实的特色，选择一个有意义的侧面进行简洁生动地描写，使公众产生身临其境的感受。

3）议论式导语。用议论的方式，对所报道的新闻事实进行精辟的评价，以揭示事实的性质、特征或重要价值，从而引起公众对新闻的重视和关注，具体又可分为提问式、引语式和结论式三种。

（3）**主体**。主体是公关新闻稿的主要部分，它承接导语，需要用充分、典型的材料对导语所披露的新闻事实做进一步的解释、补充和阐述，从而突出表达或深化主题。主体的结构通常有以下五种。

1）金字塔式结构。完全按照新闻事实发生的时间顺序来写，便于对事实发展的各个阶段做明晰的介绍和概括的描述。如果导语已经概括了主要事实，主体部分再按时间顺序表述，称为倒金字塔式结构和金字塔式组合结构。

2）倒金字塔式结构。把新闻的高潮或结论放在最前面，然后按事实重要程度的递减顺序来安排主体的结构，从大到小突出最重要、最鲜明的事实。大部分新闻写作采用倒金字塔式结构。

3）并列式结构，也称双塔式结构。如果新闻报道的事实是由并列的几个方面组成，便可采用这种结构。

4）逻辑顺序式结构。将新闻事实按照其内在联系和逻辑层次来安排主体部分的结构，或主次关系，或因果关系，或递进关系，或点面关系。

5）自由式结构，又称散文式结构。由作者根据新闻事实表达的需要采用多种多样的方式组织材料，灵活安排结构，使之具有散文的特点。

（4）**背景**。所谓背景，即新闻所报道事实的历史和环境条件。背景能对新闻事实起到说明、补充、衬托作用，又称为“新闻背后的新闻”。它有利于公众了解新闻事实发生发展的来龙去脉，加深对新闻事实的认识和理解，深化新闻事实的主题，并有丰富内容、增加知识性和趣味性的作用。背景大致有对比性背景、说明性背景和注释性背景。背景不是新闻的独立结构单元，它可以独立构成一个自然段，也可以穿插在导语、主体或结尾中，使用自由、灵活。

（5）**结尾**。公关新闻稿的结尾往往是最后一句或一段话。它旨在呼应导语、总结全文，以升华主题、启人遐思，是报道新闻与逻辑发展的自然结果。常见的结尾方法有评论式、总结式、启发式、激励式、展望式和补充式等。如果新闻稿本身比较简短，或新闻的全部事实已在主体部分交代完毕，也可不再另续结尾。

小 结

公共关系写作源于公共关系的客观需要，担负着促进公共关系的主体和客体之间相互沟通的重任。在公共关系写作过程中，写作主体始终处于主导地位。由于公共关系写作的任务最终要落实到具体的写作人员，公共关系文案的质量在很大程度上取决于写作人员的素养。因此，提升写作人员的素养对于提高公共关系写作水平和公共关系传播的效能具有十分重要的作用。作为写作人员，不仅要掌握常用的公共关系文书写作的结构和方法，还要有强烈的公共关系意识、广博的学科知识、敏锐的思维能力、科学的创新精神和扎实的写作技能。如此，才能成为从事公共关系事业的优秀人才。

思考讨论

1. 公共关系为什么离不开公共关系文书写作？
2. 提高公共关系文书写作应掌握哪些技能？你打算如何提高公共关系文书写作水平？

能力实训

1. 新的一年即将来临，某企业要给本企业的离退休职工写一封慰问信，请你帮助撰写。
2. 某公司总经理在公司年会上要发表祝酒词，请你代为撰写。
3. 请为某协会撰写一篇旨在介绍该协会良好形象的公关广告。
4. 就某项校园活动，练习写一篇公关新闻稿，内容自定，题目自拟。

课外导读

[1] 卡罗尔·里奇．新闻写作与报道训练教程 [M]．6 版．钟新，等译．北京：中国人民大学出版社，2012．

[2] 邦尼 L 朱丽安妮，A 杰尔姆·朱勒．广告创意战略 [M]．9 版．杭虹利，译．上海：复旦大学出版社出版，2011．

[3] 周裕新．公关写作艺术 [M]．上海：同济大学出版社，2003．

[4] 阎杰，高鸿雁．文秘人员工作必备的公关文案写作规范与例文 [M]．北京：中国纺织出版社，2012．

Chapter 13
第 13 章

公共关系专题活动

学习目标

掌握：各种公共关系专题活动（记者招待会、展览会、赞助活动、庆典活动）的特点和工作程序。

理解：各种公共关系专题活动的重要作用和意义。

了解：各种公共关系专题活动产生的效果及影响。

红楼梦酒厂的公关战略

第十一届亚运会在北京召开的时候，富有眼光的企业家们立即意识到这是一次难得的宣传企业、宣传产品的机会，于是各种名目的赞助、各种各样的广告申请像雪片一般飞向北京第十一届亚运会组委会。

四川省宜宾红楼梦酒厂也想通过赞助亚运会宣传本厂和产品。厂领导带了500盒礼酒到北京赞助给亚运会，并且要求亚运会组委会接见。然而，对当时的亚运会组委会来说，每天都收到全国甚至全世界的大量赞助，红楼梦酒厂价值不足万元的酒实在是太微不足道了。

没有达到目的的红楼梦酒厂厂领导在万般无奈的情况下，找到了当时任中华国产精品秘书长的铁流，请他出面帮忙。铁流接手此事后，审时度势、斟酌再三，他联想到古代将士出征前必饮酒壮行的动人场面，感到如果以“壮行酒”的名义赞助即将出征的中国体育代表团，这无疑是份难得的礼品，也是一件难得的新闻。于是，铁流向中国体育代表团说明了红楼梦酒厂的赞助意向，尤其特别郑重地表达了“千里送鹅毛，礼轻情义重”的诚意和心意，因为只有突出“情义重”，才能使不足万元的500盒礼酒超出其实际价值。中国体育代表团欣然接受，随即，铁流精心策划此次“壮行酒”的赠酒仪式。

赠酒仪式在引人注目的亚运村中国体育代表团的驻地举行，其场面非常隆重。当红楼梦酒厂厂领导赠上千里迢迢带到北京来的酒，动情地嘱托中国体育健儿不负父老乡亲的重托，努力为国争光时，闻讯赶来的记者们为此大为感动，纷纷举起照相机、摄影机，拍下了这动人的一幕。原本毫无新闻价值的事件，在铁流的安排下却变得如此感人和富有新意，中央电视台、北京电视台当晚都播放了这一新闻，第二天全国有40多家报纸报道了这一新闻。

11月，在石家庄举办的订酒会上，3 600万瓶“壮行酒”全部脱销，红楼梦酒厂厂长发自内心地对铁流说：“谢谢您！这是我当企业家以来，花钱最少、收效最大的一次公关活动。”

同样的赞助品、同样的赞助对象、同样的目的，但由于赞助方式不同，得到的效果也截然不同。可见，并不是任何形式的赞助都会使赞助者如愿以偿，赞助活动的策划也是一门艺术，最有新闻价值的赞助活动才是最成功的。

资料来源：PPT课件．公共关系实务（上）．豆丁网．http://www.docin.com/p-62042866.html．

讨论：在这场公关活动中，红楼梦酒厂成功的原因在哪里？

13.1 公共关系专题活动概述

公共关系专题活动是针对某种特定的主题，利用某种特定的时机举办的公共关系活动。公共关系专题活动是公共关系工作重要的组成部分，同其他任何传播、沟通方式或活动一样，也属于公共关系的手段。公共关系专题活动能把组织与公众紧密地联系在一起，增强公众对组织的亲近感，吸引社会舆论对组织的兴趣与关注。

13.1.1 公共关系专题活动的概念

公共关系专题活动是以公共关系传播为目的，有计划、有步骤地组织众多人参与协调的社会活动。在大型活动的定义里，我们必须掌握以下三个概念。

第一，专题活动以公共关系传播为目的。专题活动是借助特定主题而开展的，以传播组织形象、特色、魅力为目的的活动。例如，中国银行斥巨资赞助香港“97回归”，在香港维多利亚港的烟花大会演，目的就是传播中国银行是香港发钞银行的良好形象。健力宝赞助中国女排是为了宣传健力宝公司是运动型饮料的生产厂商。

第二，众多人参与协调的社会活动是专题活动定义的基本条件。大型活动要符合两个基本条件：一是活动社会化，二是活动参加人的数量多。公共关系专题活动是以人聚集起来一同活动为基本形式。借助活动形式，使人的生活有了新鲜的情绪体验、良好的思想情感交流、饶有兴致的情趣欣赏、密切的关系促进和感染人的情感氛围。例如，香港烟花汇演覆盖香港，参加活动的人有上百万，加上电视的转播，影响的人就更多了。

第三，活动是有组织、有计划、有步骤的社会协调行动。公共关系专题活动是为协调社会组织与公众之间关系而组织策划的，假如不是协调的行动，再多人参与也不能算是专题活动。

13.1.2 公共关系专题活动的策划目的

通过公共关系人员独具匠心地公共关系专题活动策划，可以使公共关系日常工作高潮迭起，为组织创造有利的公共关系时机。策划公共关系专题活动主要为了达到以下目的。

1. 制造新闻

通过举办具有新闻价值的活动，吸引新闻媒介和社会公众的注意，争取被报道的机会，从而扩大组织的社会影响，提高组织的知名度和美誉度。公共关系专题活动一般都有明确的主题，独特设计的活动内容，因而会成为新闻媒介和社会公众关注的“热点”。当然，组织也可以主动与新闻媒介联系，使新闻媒介的参与成为整个活动的组成内容之一。

2. 为促销服务

通过公共关系专题活动，淡化推销的色彩，使社会公众从感情上接受一种新产品、新服务，制造有利的营销气氛，从而为进一步的销售活动开拓道路。

3. 增强好感

利用社会传统的重大节日或组织自身富有意义的纪念日，举办公共关系专题活动，可以表达组织对社会公众的善意，改变组织的社会舆论和关系环境，改善组织内部的人际关系。

4. 联络感情

通过策划和举办公共关系专题活动，与社会各界广泛联络交往，为组织广结善缘。

5. 挽回影响

当组织形象受到损害时，需要运用多种手段加以纠正，通过巧妙的设计和有效的工作，改善公众原有的印象，使受到损害的形象得以恢复。

13.1.3　公共关系专题活动的基本要求

公共关系专题活动是组织围绕某一明确的目的而开展的活动，是一项操作性、应用性和技术性很强的工作。为了确保专题活动的公共关系效果，开展公共关系专题活动必须讲究基本的活动策略，掌握基本技巧，注意工作方法。

1. 明确目标

一切公共关系活动的长远目标，都是为了塑造组织的良好形象，使组织形象深受广大公众的喜爱。但从近期来看，筹办专题活动先要选择明确而具体的公共关系专题活动目标，然后才能根据活动目标确定专题活动的主题、内容和范围。公共关系专题活动的目标不能过于抽象，更不能含糊其辞。一般来说，专题活动只有一个基本目标，这个目标必须具体、明确。常见的专题活动目标有如下七种。

（1）让公众接受某个信息。

（2）消除公众对组织的误解和偏见。

（3）让公众知晓组织的新发展（如技术革新、管理创新、新产品问世等）。

（4）加强内部公众的相互了解及信任，巩固组织与公众的友好关系。

（5）促成新闻媒介对社会组织的关注。

（6）鼓动公众支持组织的某项决策。

（7）收集公众对组织的意见和建议等。

2. 精选主题

公共关系专题活动的主题是公共关系专题活动目标的具体体现。公共关系专题活动有明确的主题，并且围绕这一主题开展特殊方式的活动。它通过引起舆论和公众的关注，引发他们的浓厚兴趣，使组织在公众的心目中留下深刻印象。明确的主题可让舆论和公众更好地知晓组织行为的目的及其活动的意义，加强对组织的了解。选择专题活动主题应遵循以下四点原则。

（1）**主题与目标一致**。专题活动的主题要与组织的公共关系目标相一致，任何与目标实现相悖的专题活动，无论其设计如何精彩，都应当放弃。

（2）**主题与公众心理一致**。任何一项专题活动的主题必须符合公众的心理要求，另外主题还必须符合社会发展的要求，符合时代的特征。

（3）**主题必须富有特色**。特色是鲜明的个性，是有别于其他活动的特性，是提高知名度的重要因素。

（4）**主题易于传播**。主题的表现形式是多种多样的，无论是一句话、一首歌或一段文字，都要求容易传播、朗朗上口，要具有震动力、冲击力。

案 例

福州麦当劳公司与福州环保局合作发起了保护环境的活动，规定自4月22日～5月31日，顾客可在该市任何一家麦当劳餐厅用10节废旧电池兑换一杯可乐；用20节废旧电池则可另加一个圆筒冰淇淋。麦当劳公司主管还在电视报道中表示，保护环境事关子孙后代，是全社会的大事，麦当劳愿为马前卒。

资料来源：根据福州晚报，2000-4-26. 删减整理。

讨论：

1. 谈谈这次活动的主题有什么特点？有哪些值得学习的地方？
2. 请你预测一下这次活动会产生什么效果？

3. 周密筹备

公共关系专题活动工作量大、涉及面广，需要精心准备和系统规划。一个专题活动往往是多个活动的组合。例如，一个庆典活动，可能要涉及宴请、仪式、联欢、新闻发布会等多项活动。在公共关系专题活动的筹备工作中，主要做好以下三件事。

（1）**确定名称**。名称是公共关系专题活动的窗口，一个好的名称可以增强公共关系专题活动的吸引力。

（2）**选择时间和地点**。开张吉庆、周年纪念、节假日及某些社会活动时间，都是开展公共关系专题活动的黄金时间，但公共关系专题活动的时间安排不能与重大事件或重大节日相冲突。开展专题活动的地点，一般应选择组织所在地或熟悉的地方，因为在熟悉的地域内对公众比较了解，容易满足公众的心理需求。此外，也可以选择交通便利或公众集中的地方。公共关系专题活动的时间和地点确定后，应提前一周左右通知公众，以便让公众及早做出安排。

（3）**准备接待**。公共关系接待人员应当穿着醒目的制服，彬彬有礼、洒脱大方。

4. 策动媒介宣传

为了扩大公共关系专题活动的影响范围，引起公共关系专题活动的轰动效应，使公共关系专题活动取得更大程度上的成功，组织必须策动媒介宣传，利用传播媒介增强公共关系专题活动的影响力。在公共关系专题活动过程中，为了充分发挥传播媒介的作用，策动媒介宣传应做到以下四点。

（1）力求使公共关系专题活动充满特色、富有魅力、规模适中，以引起传播媒介的关注，争取传播媒介进行必要的报道。

（2）开展公共关系专题活动时，应事先邀请新闻记者召开记者招待会，把有关的背景资料寄给新闻单位，争取电台、电视台、报刊、杂志为公共关系专题活动进行报道、宣传。

（3）积极制作组织的媒介刊物，比如厂报、厂刊、宣传材料、画册、书籍、黑板报等，及时向公众发布有关信息，使公众充分知晓公共关系专题活动的内容。

（4）自觉做好公共关系专题活动的摄影和访问工作，主动为新闻记者和电台报刊提供宣传材料和新闻稿。

5. 灵活驾驭

组织制定公共关系专题活动的计划和方案时，不可能预见所有可能发生的问题，所以，公共关系专题活动主持人必须具备较强的组织能力和驾驭能力。这样，组织既能使专题活动按照原定的基本程序进行，又能及时处理各种突发事件；同时，还能利用专题活动过程中出现的各种机会，机智幽默地活跃专题活动的气氛，使整个公共关系专题活动盎然有趣、轻松活泼而又井然有序，提高专题活动的艺术感染力。

某地一个商场开业庆典，推出了一个专题活动，即凡是手持号码尾数为“88”的100元人民币可当200元消费。结果顾客手持“中奖”人民币蜂拥而至，柜台被挤坏，还有人员受伤，商场只好提前宣布活动停止。这次活动招致顾客不满，还受到中国人民银行的警告，工商部门也前来干预。

资料来源：重大节日庆祝与庆典活动策划书（word 文档）. 豆丁网. http://www.docin.com/p-531524491.html.

讨论：

1. 以上案例策划错在哪些地方？
2. 为什么会造成如此局面？

13.2　记者招待会

记者招待会又称新闻发布会，是组织为公布重大新闻或解释重要方针政策而邀请新闻记者参加的一种公共关系专题活动。它是组织与新闻媒介建立和保持联系的一种较正规的形式。任何组织如政府、企业、社会团体都可以举行记者招待会。例如，西方国家政府普遍采用的是记者招待会的形式发布新闻。

13.2.1 记者招待会的特点

记者招待会是一种两级传播，组织先将信息告知记者，再通过记者所属的传播媒介告知公众。它一般具有以下四个方面特点。

第一，以记者招待会发布信息，信息权威真实，其形式比较正规、隆重，规格较高，容易引起社会广泛的关注。

第二，在记者招待会上，记者可根据自己感兴趣的方面进行提问，能更好地发掘信息，充分地采访该组织，同时也使组织更深入地了解新闻媒介。在这种形式下的双向沟通，无论在深度和广度上都较其他形式更为优越。

第三，记者招待会往往占有记者和组织较多的时间，经费支出也较多，因此成本较高。

第四，记者招待会对于组织的发言人和会议的主持人要求很高，比如发言人和主持人需要十分敏感、善于应对、反应迅速等。

13.2.2 记者招待会的工作内容

1. 记者招待会前的准备

（1）确定举行记者招待会的必要性。根据记者招待会的特点，在招待会举行之前必须对所要发布的信息是否重要、是否具有广泛传播的新闻价值及新闻发布的紧迫性与最佳时机进行分析和研究。只有在确认召开的必要性和可能性后，才可决定召开记者招待会。一般来说，组织举行招待会的原因，有以下几方面：出现紧急情况，比如爆炸事件、起火事件等；对社会产生重大影响的新政策的提出；组织的新技术、新产品的开发和投产；组织对社会做出重大贡献或善事；推出影响社会的新措施；组织的开张、关闭、合并转产；组织的重大庆典等。

（2）确定应邀者的范围。应邀者的范围应视问题涉及的范围或事件发生的地点而定，比如事件在某城市发生，一般就请当地的新闻记者到会。邀请的记者应该有较大的覆盖面，既要有报纸、杂志方面的记者，也要有广播、电视方面的记者；既要有文字方面的记者，也要有摄影方面的记者。

（3）资料准备。记者招待会需用的资料主要有两个方面：一是会上发言人的发言提纲和报道提纲，二是有关的辅助材料。前者应在会前根据会议主题，组织熟悉情况的人成立专门的小组负责起草。其内容要求全面、准确、简明扼要，主题突出。发言人的发言提纲和报道提纲的内容在组织内部通报，要求统一口径，以免引起记者猜疑。后者的准备应围绕会议主题，尽量做到全面、详细、具体和形象。它可以包括发给记者的文字资料，布置会场内外的图片、实物、模型，也包括将在会议进行中播放的音像资料等。

（4）选择记者招待会的地点和时间。记者招待会的地点，主要考虑的是要给记者创造各种方便采访的条件。例如，是否具备录像、拍摄的辅助灯光，视听辅助工具，幻灯，电影的播放设备等；会场的对外通信联络条件如何，交通是否便利；会场是否安全舒适，不受干扰；会场内的桌椅设置是否方便记者们提问和记录等。记者招待会的日期，应尽量避开节假日和有重大社会活动的日子，以免记者不能参加会议，影响记者招待会的效果。

（5）**确定主持人和发言人**。由于记者的职业要求和习惯，他们常常在会上提出一些尖锐深刻甚至很棘手的问题，这就对主持人和发言人提出很高的要求，要求其思维敏捷、反应机敏、口齿伶俐、有较高的文化修养和专业水平。会议的主持人一般可由具有较高公共关系专业能力的人来担任。会议的发言人应由组织的管理者来担任，因为管理者清楚组织的整体情况，掌握组织的方针、政策和计划，回答问题具有权威性。若管理者尚不能胜任，则需要在会前进行必要的训练和准备，以达到在会上应对自如的能力。

（6）**组织记者参观的准备**。在记者招待会的前后，可以配合会议主题组织记者进行参观活动，给记者创造实地采访、拍摄、录像等机会，增加记者对会议主题的感性认识。此外，应在记者将要参观的地方派专人接待，介绍情况。

（7）**小型宴请的安排**。为了使记者招待会收到最大的效果，在组织财力允许的情况下，可以安排小型宴会或工作餐。这也是一种相互沟通的机会，可以利用这种场合融洽与新闻媒介的关系，及时收集反馈信息，进一步联络感情。

（8）**其他**。组织应根据会议的规模和规格做出费用预算。费用预算一般包括场租、会场布置、印刷品、茶点、礼品、文书用具、音响器材、邮费、电话费、交通费等。在发出邀请信后，开会前应再电话落实。此外，还应安排接待人员，布置会场，准备音响器材、签到名册等。

2. 记者招待会中的注意事项

（1）会议发言人和主持人应相互配合。在记者招待会进行过程中，应始终围绕着会议主题进行。这就需要会议的发言人和主持人配合一致，相互呼应。比如当记者的问题离开主题太远时，主持人要能巧妙地将话题引向主题，发言人通过回答问题将话题引到会议的主题上来。

（2）对于不愿发表和透露的内容，应委婉地向记者做出解释，记者一般会尊重组织的意见，不可以“我不清楚”或“这是保密的问题”来简单处理。

（3）遇到无法回答的问题时，应告诉记者如何获得圆满答案的途径，不可不计后果地随意说“无可奉告”或“没什么好解释的”，这会引起记者的不满和反感。

（4）不要随便打断或阻止记者的发言和提问。即使是记者带有很强的偏见或进行挑衅性的发言，也不要显示出激动和失态，说话应有涵养，切不可拍案而起，针锋相对地进行反驳。

（5）对待各媒体记者、来宾应一视同仁，不能厚此薄彼、亲疏不一。

（6）会议主持人和发言人应精神饱满、落落大方、风趣幽默、热情自信，以自身的人格魅力增强信息的可信度。

（7）记者招待会要有正式的结尾，不能草率收场，主持人应对会议进行高度概括。

3. 记者招待会后的工作

作为一项活动的完整过程，招待会结束之后，要及时检验会议是否达到了预定的效果。

所以，会后工作主要有以下四个方面内容。

（1）搜集到会记者在报刊、电台上的报道，并进行归类分析，检查是否达到了举办记者招待会的预定目标，是否由于工作失误造成消极影响。组织对检查出的问题，应分析原因，设法弥补损失。

（2）对照会议签到簿，检查与会记者是否都发了稿件，并对稿件的内容及倾向做出分析，以此作为以后举行记者招待会时选定与会记者的参考依据。

（3）搜集与会记者及其他代表对会议的反应，检查记者招待会在接待、安排、提供便利等方面的工作是否有欠妥之处，以便改进今后工作。

（4）整理出会议的记录材料，对记者招待会的组织、布置、主持和回答问题等方面的工作进行总结，从中认真汲取经验教训，并将总结材料归档备查。

13.3 展览会

展览会是公共活动中经常采用的形式。它是通过实物展示和示范表演来展示组织的成果和风貌的公共关系宣传活动。展览会是一种综合运用各种媒介、手段推广产品，宣传组织形象，建立良好公共关系的大型活动，比较容易引起公众和新闻媒介的注意。展览会上不仅可安排实物、模型、示范表演，放映幻灯片、电视、电影，还可展出照片、图片，并加以解说等，使展览会具有一定的知识性和趣味性，使公众更直观、更全面地了解组织及其产品，从而留下深刻的印象。另外，在展览会上还可以了解公众对此的反映和意见，相互沟通，增进友谊。可见，展览会的确是一种重要的树立组织形象、推广产品的好形式。

13.3.1 展览会的类型

按照不同的标准，展览会可有以下不同的分类。

1. 贸易展览会和宣传展览会

按展览活动性质的不同，展览会可分为贸易展览会和宣传展览会。贸易展览会主要通过产品、实物的展示来直接促成交易，往往展览和贸易同步进行，即面向目标公众既展又销；另外一种贸易展览会活动是商品交易会，这是组织最常开展的一种展销会，组织与产品的代理商及行业专家等进行深入洽谈、签订合同。宣传展销会主要是对组织及其产品和服务的宣传，配以图片、资料、实物等，达到与公众沟通的目的，并不直接发生贸易活动。

2. 综合展览会和专题展览会

按展览活动内容的不同，展览会可分为综合展览会和专题展览会。综合展览会是全面介绍一个地区的情况，其综合概括性强，能让公众留下全面深刻的印象。这类展览会产品或服务品种繁多、规模庞大、组织工作复杂，如“上海世界博览会”。专题展览会是因某个特殊专题而组织的展览活动，与综合展览会相比，其内容较少、规模较小，不具综合性，但更要求主题鲜明，内容集中且具有深度，如“昆明世界园艺博览会”等。

3. 室内展览会和露天展览会

按展览活动地点的不同，展览会可分为室内展览会和露天展览会。市内展览会往往在一个大厅或展览馆里举行，不受气候影响，并可精心布置，展览效果较好，但展台租金较贵，且受空间限制。露天展览会一般在室外的广场、操场等空旷地带举行，不受空间限制，且投资较少，但受气候影响较大，因而展览时间不宜过长。

4. 大型展览会、小型展览会和微型展览会

按展览活动规模的不同，展览会可分为大型展览会、小型展览会和微型展览会。大型展览会一般由行业主管部门发起和组织，参展单位多，展品丰富，影响比较大，如“国际旅游博览会”等。小型展览会通常由若干组织或某个组织主办，参展单位少，规模比较小。微型展览会也称袖珍展览会，比如橱窗展览会、流动车展览会等。这类展览会看似简单，其实技巧性要求较高，举办得当也能扩大组织的影响。

5. 固定展览会和流动展览会

按展览活动时间的不同，展览会可分为固定展览会和流动展览会。固定展览会一般在室外或某一固定空间举办，又可进一步分为长期性展览会和周期性展览会。前者往往长期稳定不变；后者则是定期更换内容，而地点和名称不变。流动展览会也被称为一次性展览会，没有固定的举办地点，且无固定规律，如“2012 苏州国际节能环保技术及设备展览会”等。

【阅读材料】展览会上的多样文化

1994 年国庆节期间，中共中央办公厅和国务院办公厅邀请了全国 7 个省、市到北京举办“建国 45 周年经济社会成就展览”，应邀的上海、天津、山东、辽宁、四川、陕西、广东除了在北京展览馆参加集中展览外，还分别在中山公园、劳动人民文化宫、北海公园、天坛公园举办了各具特色的展览。上海的展览高雅清新，内蕴“海派”文化的格调；北京、天津的展览恢弘大气，显示出一种“大家风范”；山东的展览兼有粗犷豪气与秀美别致；辽宁的展览厚重精巧，传统与现代浑然一体；四川的展览温文尔雅，玲珑细腻；陕西的展览浑厚朴实，“土”得别具一格；而广东则无比新潮，声、光、电手段尽情使用。这次展览成为当年国庆节期间北京人的一个“看点”和新闻媒介的一个“卖点”。公众参观这样的展览，不仅可以形象直观地了解新中国成立以来各地经济和社会方面的辉煌成就，还可以从中感受到各地不同风格的布展创意和制作手法，学习多方面的知识和经验。

资料来源：公共关系专题活动（PPT）. 百度文库. http://wenku.baidu.com/view/f5459215ba1aa8114431d9af.html.

13.3.2　展览会的特点

1. 直观性

展览会是一种非常直观形象的传播方式。它把实物直接展现在公众面前，并有现场操作表演，给人以“亲眼目睹”、“眼见为实”的感受。

2. 双向性

展览会不仅可以当面向公众展示自身形象，同时还可以收集公众反馈意见，有针对性地就个别公众或某种特殊情况进行交谈，做到良性的双向沟通。

3. 复合性

展览会是一种复合性的传播方式。它通常运用多种媒介进行交叉混合传播，往往以实物展出为主，配以文字宣传资料、图片、幻灯片、录像、电脑等媒介，再加上动人的解说、友好的交谈、优美的音乐、生动的造型艺术，综合了多种媒介的传播优势，具有很强的吸引力。

4. 高效性

展览会可以一次展示许多行业的不同产品，也可以集中同一行业的多种品牌来展示，是一种高度集中和高效率的沟通方式，为参观者提供了更多的机会并节省了大量的时间和费用。

5. 新闻性

展览会是一种综合性的大型活动，除本身能进行自我宣传外，往往能够成为新闻媒介追踪的对象，成为新闻报道的题材。通过新闻媒介的报道宣传，展览会的宣传效果将大大增强。

13.3.3 展览会的工作程序与内容

展览会是一种综合性的活动，综合运用各种文字、图片、实物模型、讲解、幻灯、录像、音响、环境布置、现场示范、现场咨询等传播手段，为公众提供一个详细了解、咨询、交流的机会。举办展览会要耗费大量的人力、物力和财力。组织的展览会可以分为主办展览会和参与展览会，两者的工作程序和内容有很大差异。

1. 主办展览会的工作程序和内容

为使展览会取得成功，组织应把握以下环节和内容。

（1）确定展览会的主题与目的，确定参展单位、参展项目与参展标准，然后采取广告和给有可能参展的单位发邀请信的方式召集参展者，并明确告知展览会的主题与目的、展览会的类型、要求与费用等。在确定展览会的时间和地点时要考虑到交通情况、服务设施、天气情况，以及时间的长短等。

（2）认真培训工作人员，比如讲解员、接待员和有关专业人员等。准备展览会的辅助设备和相关服务，并将样品、样本、货单及宣传材料准备齐全，制定展览会的经费预算。

（3）认真设计布展。围绕展览的主体，精心选择展品和制作展览图片、文字说明、实物模型，准备影视、音响资料等。根据展览大纲撰写布展脚本，统筹美术、摄影、灯光、音响、装修等方面的工程人员，进行展厅布置。

（4）做好宣传。展览一般是固定在某一场馆的，必须招徕观众，才能达到传播的目的。因此对展览会本身要进行足够的宣传，通过新闻媒介、广告、海报、传单、邀请函等方式将展览会的信息传递出去，吸引观众，扩大影响。为此，应设立专门机构并随时开放，充分利用一切可以扩大影响的机会，比如对人数达到一定的数量或是重要人物出现等进行特别报道，加大宣传力度，一些大型的展览会还可以举行记者招待会。

（5）搞好接待。展览会需要面对人数众多的公众，接待任务非常重要。

（6）展览会结束后，公共关系人员应当注意收集新闻媒介对展览会的有关报道，对闭幕式的报道及各种评价，总结经验教训，存档保留，作为下次举办展览活动的参考依据。

2. 参与展览会的工作程序和内容

为使展览会取得成功，组织应把握住以下环节和内容。

（1）**了解特征**。若要充分利用展览会，必须了解展览会的特征。展览会有别于其他营销方式，是唯一充分利用人体感官的营销活动，公众通过展览会对产品的认知是最全面、最深刻的。同时，展览会又是一个中立场所，不属于买卖任何一方私有。从心理学角度看，这种环境易使人产生独立感，从而以积极、平等的态度进行谈判。这种高度竞争而充分自由的气氛，正是组织在开拓市场时最需要的。

同时，展览会又是一项极为复杂的系统工程，受制因素很多。从制订计划、市场调研、展位选择、展品征集、报关运输、客户邀请、展场布置、广告宣传、组织成交直至展品回运，形成了一个互相影响、互相制约的整体，任何一个环节的失误，都会直接影响展览会的效果。因此，如果对展览会的这些特性了解不够，即使组织花费了大量的人力物力，也未必能达到预期的效果。

（2）**明确目标**。组织的参展目标通常有以下几种：树立、维护组织形象；开发市场和寻找新客户；介绍新产品或服务；物色代理商、批发商或合资伙伴；扩展或保持销售成效；研究当地市场、开发新产品等。参展可能会同时有几种目的，但在参展之前务必确定主要目标，以便有针对性地制定具体方案，区分工作重点。

（3）**谨慎选择**。一般来说，组织在选择展览会时，应结合参展目的重点考虑以下五个因素。

第一，展会性质。每个展览会都有不同的性质，按展览目的可分为形象展和商业展，按行业设置可分为行业展和综合展，按观众构成可分为公众展和专业展，按贸易方式可分为零售展和订货展，按展出者可分为综合展、贸易展、消费展等。

第二，知名度。现代展览业发展到今天，每个行业的展览都形成了自己的“龙头老大”，成为参展商和买家不可不去的地方，例如芝加哥工具展、米兰时装展、汉诺威工业博览会、广州全国出口商品交易会等。通常来讲，展览会的知名度越高，吸引的参展商和买家就越多，成交的可能性也越大。如果参加的是一个新的展览会，则要看主办者是谁，在行业中的号召力如何。名气大的展览会往往收费较高，为节省费用，可与人合租展位，即使如此，效果也会好于参加那些不知名的小展览会。

第三，展会内容。现代展览业的一大特点是日趋专业化，同一主题的展览会可细分为许多小的专业展。例如，同样是有关啤酒的展览会，其具体的展出内容可能是麦芽和啤酒花，可能是酿造工艺，可能是生产设备，可能是包装材料与技术，也可能是一场品牌大战。参展商事先一定要了解清楚，以免“误入歧途”。

第四，展会时间。任何产品都具有自己的生命周期，即新生、成长、成熟、饱和、衰退五个阶段。展出效率与产品周期之间有一定的规律，对于普通产品而言，在新生和成长阶段，展出有事半功倍的效果；在成熟和饱和阶段，展出的效果可能事倍功半；到了衰退阶段，展出往往会劳而无功。

第五，展会地点。参加展览会的最终目的是为了向该地区推销产品，所以一定要研究展览会的主办地及周边地区是否是自己的目标市场，是否有潜在购买力，必要时可先进行一番市场调查。

（4）**精心准备**。一旦决定了参加某一个展览会，则要即刻开始积极筹备。展览会是一项系统工程，需要考虑的问题很多。怎样才能合理使用现有的人力、财力和精力，有人对展览会上的参观者做了调查，发现影响他们记忆的因素主要包括五点。

第一，展品选择。展品是组织能给参观者留下印象的最重要因素。在参观者的记忆因素中，“展品有吸引力”占记忆的39%，所以应予重点考虑。选择展品有三条原则，即针对性、代表性和独特性。针对性是指展品要符合展出的目的、方针、性质和内容；代表性是指展品要能体现组织的技术水平、生产能力及行业特点；独特性是指展品要有自身的独特之处，以便和其他同类产品区分开来。

第二，展示方式。展品本身在大部分情况下并不能说明全部情况、显示全部特征，需要配以图表、资料、照片、模型、道具、模特或讲解员等真人实物，借助装饰、布景、照明、视听设备等手段，加以说明、强调和渲染。展品如果是机械或仪器，要考虑安排现场示范，甚至让参观者亲自动手；如果是食品饮料，要考虑让参观者现场品尝，并准备小包装免费派发；如果是服装或背包，则要使用模特展示，或安排专场表演。这些都是为了引起参观者的兴趣，增加他们的购买欲望。

第三，展台设计。展台设计的表面任务是要好看，根本任务则是帮助组织达到展览目的。展台要能反映组织的形象，吸引参观者的注意力，提供工作的功能环境。因此，展台设计在注重视觉冲击力的同时，还要注意以下几点：展览会不是设计大赛，展台设计要与整体的气氛相协调；展台设计是为了衬托展品，不可喧宾夺主；展台设计要考虑组织的公众形象，不可过于标新立异；展台设计时不要忽略展示、会谈、咨询、休息等展台的基本功能。

第四，人员配备。人员是展览工作的第一要素，也是展览成功与否的关键所在。展台的人员配备可以从四个方面加以考虑：一是根据展览性质选派合适或相关部门的人员；二是根据工作量的大小决定人员数量；三是注重人员的基本素质，比如相貌、声音、性格、自觉性、能动性等；四是加强现场培训，比如专业知识、产品性能、演示方法等。展台人员要结合参展商品的特点，灵活应对。如果是大众消费品，应着重树立品牌形象，在消费者中形成亲和力；如果是新产品，必须大力宣传其与众不同之处；如果产品独具创造性，则应强调其技术上的突破。

第五，客户邀请。展览会上若能顾客盈门当然求之不得，但有时难免会出现门庭冷落的情况。这就要求组织不应被动地等待顾客的到来，要有意识地邀请顾客来。组织可采取直接发函、登门拜访、通过媒介做广告、现场宣传、派发资料等手段，邀请和吸引顾客。

总之，组织要未雨绸缪，把工作做在前面，在参加展览会时如果能够按照以上步骤选择和筹备，必定可以收到事半功倍的效果。

法国高科技博览会

借法国前总统雅克·希拉克访华之际，法国企业与技术推广署和上海市国际展览中心共同组织了法国高科技博览会，在 5 月 17 日希拉克总统抵沪当日开幕。希拉克总统亲自为开幕式剪彩并致词，使这个博览会成为中国、法国乃至世界的重要新闻，影响十分广泛而有力。这个博览会是法国在国外举办的最大的一次展览活动，如此多的法国人云集上海，在极其气派的上海世贸商城举办展览会，不仅是中法友好合作的象征，更是上海多年来与法国成功合作的结果；不仅因为上海是中国第一大城市，更是因为上海经济实力、地理位置、人文环境的综合表现。因此，这个展览会在时机、地点上的选择无疑是正确的，对上海建设国际大都市、提高知名度起到了积极的宣传作用。

资料来源：公共关系专题活动．道客巴巴．http://www.doc88.com/p-2833752435365.html.

13.4　赞助活动

13.4.1　赞助活动的含义和目的

赞助活动是组织无偿提供资金或物质支持某一项社会事业或社会活动，以获得一定形象传播效益的公共关系专题活动。目前，组织通过对文体、福利事业和市政建设及一些社会活动进行赞助，来扩大组织影响、提高美誉度，已经成为十分普遍的现象。特别是一些效益比较好的组织，由于具有经济实力，经常被广泛邀请进行赞助。我们常常可以看到，例如，服装公司为体育代表团赞助服装，饮料厂为体育代表团赞助比赛期间的饮料，社会组织、个人赞助教育事业。对于提供赞助的组织来说，一方面是为了表达爱心，承担社会责任，关心社会公益事业，树立良好的组织形象；另一方面这也是一次十分有效的宣传机会，而且这比之商业广告更具说服力，是种种广告形式所无可比拟的。因此，组织应该重视搞好赞助活动。

“赞助(站住)!”

有这样一幅漫画，上面画着一个蒙面大汉，一手持刀，一手提着口袋，对路人大喊：“赞助（站住）！”而路人则转身飞似地逃走。这幅漫画反映了人们对赞助的误解。其实，“赞助”完全是一种自愿行为，而不是被迫的，后者属于“摊派”。“赞助”是组织为求得自身发展而发动的一种宣传攻势，是对社会的一种贡献行为。比如有时候人们为了收看一部电视连续剧或是欣赏一场扣人心弦的体育比赛，不得不耐着性子看完那长长的赞助单位名单或是各类产品广告。例如，爱好足球的人们会发现，过去的省市足球队现在都已经改头换面了，取而代之的是“上海申花”、“河南建业”、“深圳健力宝”等，原来这些球队已转由企业赞助。这样，人们自然会对这些企业的雄厚财力及畅销的产品留下深刻印象。这使人们认识到“赞助”是组织的信誉投资和感情投资，是组织改善社会环境和社会关系，塑造组织形象的有效方式之一。

资料来源：作者引自相关参考文献。

13.4.2 赞助活动的类型

1. 赞助体育运动

这是组织赞助中最常见的一种形式。随着我国人民生活水平和体育运动水平的提高，人们对体育运动越来越感兴趣。因此，组织通过对体育运动的赞助，往往较易于增强对公众施加影响的深度和广度。

2. 赞助文化生活

组织进行文化生活方面的赞助，不仅可以培养与公众的良好感情，而且可以大大提高组织的知名度，创造良好的社会效益。这类赞助有两种形式：一种是对文化活动的赞助，比如大型联欢晚会、文艺演出的赞助；另一种是对文化事业的赞助，即定期或不定期地对某个文化艺术团体的赞助，通过这个文化艺术团的活动，扩大组织在社会上的影响和知名度。

3. 赞助教育事业

组织赞助教育事业，是一举两得的事情，一方面为组织与有关院校建立良好关系打下基础，有利于组织的人才招聘与培训；另一方面更为组织树立起关心教育事业的可敬形象。赞助方式可以是赞助学校兴建图书馆、实验楼，设置奖学金、助学金和其他有关教育方面的奖金或奖励。对组织而言，这既是一项智力投资，又是一项公共关系投资，应当给予充分的重视。

4. 赞助社会慈善和福利事业

这是组织和社区、政府搞好关系，扩大组织社会影响的重要途径，是组织对整个社会承担义务和责任的重要手段，也是组织在社会获得知名度、美誉度的重要方面。例如捐赠或资助慈善机构，在一些地区或单位遭受灾难时提供资助等。

5. 赞助学术理论研究活动

这是一种高层次的，直接追求组织的社会效益和长远影响的赞助活动。各种学术理论研究活动，有的是直接服务于整个社会的，比如医学方面的研究，经济和改革理论的研讨；有的是某些社会生产技术的发展战略研究，组织可以自己设立机构，也可以长期支持某些学术研究机构的研究活动。在我国，这种赞助活动还不太普遍，有待于组织重视和开拓这一领域。

总之，组织进行赞助的形式有很多，公共关系人员应善于设计出各种新颖的赞助形式，使组织获得最佳的信誉投资。

《爸爸去哪儿》收视爆棚 999 感冒灵运气好

2013 年最火的综艺节目，无疑是湖南卫视的《爸爸去哪儿》。这档被称为有史以来“最萌真人秀”的亲子类节目，自开播以来不仅收视、口碑双丰收，网络播放量也不断刷新综艺类节目的新纪录。

每一档电视节目，尤其是综艺类节目，都会有一家或几家的品牌冠名，《爸爸去哪儿》自然也不例外。这档当下最火爆的亲子真人秀节目，正是由国内销量第一的感冒药品牌999感冒灵、999小儿感冒药独家冠名播出。而一档火爆全国的节目，恰好得到了国内最知名的感冒药品牌做冠名，这无论是对品牌的声誉或是节目的质量，都是有效的保证。可这种双赢的事情，是999感冒灵无的放矢的巧遇，还是一场深思熟虑的选择呢？网上这两种观点各有支持者，笔者认为从999感冒灵的一贯稳重而强悍作风来看，当属后者。

《爸爸去哪儿》自播出以来便一举成为全国各大卫视周五黄金档收视冠军。不仅如此，在网络端，仅优酷单平台上，上线仅三期的《爸爸去哪儿》播放量便已突破1.2亿，更创下单集全网破千万的播放纪录。在百度指数、综艺排行榜播放量、搜索量等多项指标上，《爸爸去哪儿》都稳居第一。

不少网友认为，999感冒灵这次是赚到了，独家冠名了一档火爆全国的节目，品牌知名度不知道要提高多少。也有网友表示，《爸爸去哪儿》这档节目几乎是零负评，这样对于冠名品牌的口碑来说，真是十年难得一见的。而作为年销量20亿的全国第一感冒药品牌，999感冒灵能够在竞争异常激烈的医药行业一直保持领先，其营销策略和手段都有过人之处。在此次冠名的争夺中，就仅仅凭借三天即敲定与芒果台合作，充分反映了其组织敏锐的判断力和胆魄。事实证明，这不是一次轻率的决策，而是由999感冒灵一贯以来的营销策略决定的。

资料来源：根据《爸爸去哪儿》火爆999感冒灵走大运？中国日报网，2013-11-5．http://www.chinadaily.com.cn/hqcj/xfly/2013-11-05/content_10509606.html. 删减整理。

讨论：

从公共关系赞助的角度分析999感冒灵成功的关键是什么？

13.4.3　赞助活动的工作程序与内容

按照赞助的形式来看，赞助分为组织参加赞助和组织发起赞助。组织参加赞助是对其他组织或个人的赞助邀请做出响应。组织发起赞助是一个组织为实现某项公共关系目的，主动发起的赞助活动。这两者的工作程序和内容有很大的区别。

1. 组织参加赞助

对于组织参加的赞助应从以下方面着手进行筹划。

（1）要考虑所赞助的活动与本组织能否使公众很和谐自然地联想在一起，能否对本组织产生有利的影响。

（2）要考虑所赞助的活动的社会影响，比如媒介报道的可能性、报道频率和报道的广泛性，受益人是谁，受影响的公众的分布情况，影响的持久程度，活动本身能否引起公众的注意，能否产生“轰动效应”等。

（3）要考虑本组织在活动中与公众见面和直接沟通的机会有多少，以及赞助的费用和赞助的形式。

（4）要考虑赞助的监督情况，比如通过何种方式对赞助活动予以控制，赞助活动是否合法，发起组织的社会信誉如何，赞助费用如何落实到受益人等。

（5）要考察赞助活动对本组织的产品销售有无赞助价值。如果发现值得赞助，便可着手落实赞助。在具体落实赞助时应有专人负责，落实过程中要主动了解赞助的筹备与进展情况，争取把握有利机会。

（6）赞助活动结束后，还应对参加赞助的效果进行评价。一方面依据媒介报道和广告传播的情况测定，另一方面要对参加赞助的全过程进行回顾和总结。

2. 组织发起赞助

对于组织发起的赞助应该从以下方面着手进行筹划。

（1）组织要有良好的形象。在举办赞助时，通常有发起者（或倡议者）、主办者、协办者之分，这仅是角色和所起作用不同而已，无论哪种角色都应有良好的组织形象，使公众感到组织确实是在参与社会公共事务。

（2）赞助活动本身要有吸引力和周密的计划。赞助的目的，赞助的时间，主协办单位名称，赞助的性质和方式，以及活动方案的设计等都必须有一整套的策划。一般来说，组织可用发邀请信或公开募捐这两种形式争取赞助。无论哪种形式，让对方了解活动本身是很重要的。

（3）应争取得到媒介及各种权威性公众的支持。媒介和权威性公众通常会成为很好的舆论领袖，影响他人的思想行为。

（4）赞助活动的具体负责人（直接与赞助人打交道）应该有良好的个人形象，以期在具体的游说、解释、沟通和宣传过程中得到公众的接受，并能在最大限度上影响公众的支持程度。

（5）赞助活动必须给赞助人（单位和个人）可以看得见的“实惠”。如果是无偿赞助，应发给赞助纪念证书；如果是有奖赞助，应发给对号券，使之有中奖机会等。这样，赞助就会成为互益性的活动，这是争取赞助的重要手段。

3. 赞助活动的注意事项

赞助各种有益的社会事业，在推动社会公益活动发展的同时可使本组织同步成名，这是一种行之有效的公共关系手段。任何组织为使公共关系赞助取得成功都要遵循一定的规则，进行赞助活动须注意以下原则。

（1）传播目标明确。所赞助的项目须适合本组织的特点和需要，有利于提高本组织的社会影响，或有利于扩大业务领域。

（2）受资助者的声誉和影响。要认真研究和确认被赞助的组织、个人或社会活动本身是否具有良好的社会声誉，是否有积极、广泛的社会影响，保证赞助活动取得良好的社会效益。

（3）本组织的经济承受力。要考虑赞助额是否合理、适当，本组织能否承担，避免做力不从心的事情。

（4）别具一格的赞助方式。一般来说，凡是符合社会及公众利益的赞助活动，都会引起社会各界特别是新闻媒介的关注。但是，如果能够以奇特、别致的方式来实现赞助，效果必定会更好。所以，赞助方式切忌雷同。

13.5 庆典活动

庆典活动是组织为庆祝某一重大节日或重大事件而举行的一种公共关系专题活动，比如开业或周年庆典，新设施奠基，展销会开幕等，目的在于联络公众、广交朋友、增进友谊、扩大影响。组织举行一次气氛热烈、隆重大方的庆典活动，就是一次向公众展示自身良好形象的机会，往往成为公众取舍亲疏的重要标准，因此庆典活动必须进行精心地策划和组织。

案 例　烟台啤酒出奇制胜

烟台啤酒研制出来后，准备投放上海市场。但是当时垄断上海市场的是外国啤酒，烟台啤酒没有知名度，如何能打入上海市场呢？为此，他们避开了老一套的广告模式，采取了巧妙的专题活动，取得了出奇制胜的效果。

首先，他们同“新世界”游乐场合办了“喝啤酒大赛”。征得对方同意后，他们在各大报刊刊登启事：定于某日，持新世界门票入场者，领烟台啤酒厂毛巾一条，然后可以免费喝啤酒，喝酒多者，按前三名的排名顺序给予厚奖。当日，上海市民蜂拥而至新世界，南京路上人山人海，48 瓶一箱的啤酒被喝掉了 500 箱，瞬时轰动了整个上海。

其次，他们并没有见好就收，而是又在各报刊上刊登了一条信息：定于某星期日，烟台啤酒厂在半淞园内隐藏一瓶啤酒，谁能找到，奖给啤酒 20 箱。此举再次吸引了成千上万的上海市民。

“喝啤酒”和“找啤酒”活动为烟台啤酒打开上海市场营造出强大的声势，烟台啤酒在短时间内打入上海市场，与国外名牌啤酒形成了分庭抗礼的局面。

资料来源：根据公共关系学教学案例汇编（word 文档）. 豆丁网 . http://www.docin.com/p-437774904.html. 增删整理。

13.5.1 庆典活动的类型

组织庆典活动的范围较广、形式较多，概括起来主要有以下五种类型。

1. 开业庆典

开业庆典是组织在新成立时、重要机构组建时或重大活动的开幕时，举办的庆典活动。通过开业庆典，组织不仅可以向公众和舆论传递信息、通报情况、扩大影响，还可以得到公众的祝福和祝愿，为获得今后事业的顺利发展奠定基础。可以说，一个成功的开业庆典就是组织事业发展的一个重要里程碑。

2. 周年庆典

周年庆典是组织在开业纪念日举行的庆祝活动和纪念活动。可以每年举行一次，也可以

5周年、10周年等举行一次。周年庆典是组织进行公共关系活动的有利时机，通过这个机会向公众宣传自己的历史、发展、成就和对社会的贡献等，制造出有影响的新闻，有助于提高组织的知名度和声望。

3. 庆功庆典

庆功庆典是组织在工程竣工、建筑物落成或取得某项战略性成果时为祝贺成功而举行的庆祝活动，有着锦上添花的作用。组织趁机造势，凭借其在公众心目中的良好形象再做出努力，有助于进一步强化并扩大这种良好的形象。

4. 节日庆典

节日庆典包括国家法定节日（比如元旦、劳动节、儿童节、建党节、建军节、国庆节等），民间传统节日（比如春节、端午节、中秋节等），国际性节日（比如情人节、妇女节、圣诞节等）及其他重大事件节日等，为庆祝和纪念这些节日而举办的典礼仪式或各种联谊活动（比如大型游园、团拜会、嘉奖等）统称节日庆典。组织举行节日庆典活动可以借助热闹的节日气氛宣传本组织，融洽各种社会关系。

5. 表彰庆典

表彰庆典，即发奖、授勋仪式，一般以表彰大会的形式出现。组织举行这类庆典活动的目的在于宣传和弘扬先进模范人物或集体的优秀事迹和高尚精神，并授予其光荣称号、勋章、奖旗、奖状和物质奖品等，以此来激励组织内部员工更好地工作，并向外部公众展示自身的良好形象。

13.5.2 庆典活动的工作程序

庆典活动的组织工作非常繁杂，需要公共关系人员精心准备。由于庆典活动的仪式举行时间一般较短，准备工作稍有疏漏，便可能造成无法挽回的后果，影响公共关系效果。因此，庆典活动要做好以下七个方面工作。

1. 确定庆典活动的主题，围绕主题来安排活动内容

举办庆典活动，组织必须要根据其所确定的目标，以及自身的需要和公众的需要进行精心设计，选择一个适合的主题。在确定主题后，组织再围绕主题来安排穿插有关活动内容，只有这样才能显示开展庆典活动的目的和作用，才能收到应有的效果。

"上海一百"的故事

上海第一百货商店在40周年店庆时，提出了"不惑之年，赤诚之心"的主题口号，并通过各种媒介广泛传播，增强了职工的归属感和荣誉感，也使公众重新认识了"上海一百"。

资料来源：作者引自相关参考文献。

2. 选择庆典活动的形式

在庆典活动的主题、内容确定以后，还要确定庆典活动的活动项目和活动形式，活动项目必须要反映和表现主题，而且其活动形式也要选择多种方案。例如，兴办企业的开业庆典，可供选择的形式有开放参观、商品展销、企业成就展览、联谊舞会、招待酒会、先进职员表彰会、新闻发布会、消费者座谈会等。

3. 拟定庆典活动的程序，落实有关工作任务

庆典活动规模一般都比较盛大，要做到有条不紊、忙而不乱。

（1）需要成立一个专门的机构来指挥和协调各项公共关系工作的开展。

（2）要安排庆典活动的具体程序。单一的庆典活动程序一般可以分为：主持人宣布典礼开始，宣读重要来宾的名单，剪彩或授旗、授勋，签字与互换文本，来宾致辞。庆典活动程序最好能够事先就印制好，并且在来宾到来之前，分发到每个座位上，也可以在来宾签到时分发。各种庆典活动内容的次序安排要井然有序，相互配合，重点明确。

（3）根据庆典活动的程序安排确定具体的工作任务，要妥善安排各种接待事宜，确定专人负责来宾签到、接待、剪彩、放鞭炮、摄影、录像、录音，以及环境的布置、道路、场地、照明、音响、订制与发放纪念品等琐碎的细节，要明确活动内容、礼节、纪律等要求，并印制好任务安排表，发放给有关人员，作为协调各种具体工作的依据。

4. 拟定宾客名单

邀请的宾客一般应包括政府有关部门负责人、社区负责人、知名人士、社团代表、同行业代表、新闻记者、员工代表、公众代表等。名单拟定后，提前 7 至 10 天发出请柬，以便被邀宾客安排时间。

5. 安排致辞、剪彩人员

致辞、剪彩的主办方人员应是组织的主要负责人，致辞言简意赅，起到融洽关系的作用。致辞、剪彩的客方人员应是地位较高、有一定声望的知名人士，要事前安排好他们的座次或站位。

6. 安排庆典活动之后的活动

在庆典活动基本程序快结束时，可以组织来宾参观工作现场、生产设施、服务设施或商品陈列等，这是让上级、同业和公众了解自己、宣传自己的好机会；也可以通过座谈、留言等方式广泛征求来宾意见，总结完善。

7. 利用新闻媒介扩大典礼与仪式活动的社会传播面和影响面

因为参加庆典活动的公众毕竟是有限的，所以组织应争取把典礼与仪式活动传播到更大的公众范围中去。这就需要借助新闻媒介来扩大影响，如果能争取到新闻报道，还可以起到鼓舞士气的作用。

庆典活动的形式并不复杂、时间也不多，但要办得隆重热烈和丰富多彩，给人强烈深刻的印象并不容易。要使活动达到预期目的，公共关系人员应有冷静的头脑和充分的准备，善

于用热情的举止鼓动公众，有序地指挥调度现场。在程序安排和具体接待中稍有不慎，不但会使典礼扫兴，还会影响组织的整体形象，其损失是难以估计的。

案例 可口可乐的100周年庆典

在可口可乐饮料诞生100周年庆典之际，美国可口可乐饮料公司向全世界发布各类可口可乐的信息，使人们了解可口可乐不仅历史悠久，而且已向太空时代迈进，领导着今日世界技术高度发展的饮料行业。这些机遇的把握大大增强了企业的竞争力。

为了策划好美国可口可乐公司100周年纪念日专题活动，美国可口可乐公司使出了浑身解数，仅用4天的时间，就用最盛大、最壮观的庆祝活动来装点公司总部所在地亚特兰大：14 000名工作人员分别从办理可口可乐业务的155个国家和地区飞往亚特兰大；302辆以可口可乐为主题的彩车和30个行进乐队从全国各地迂回取道开进亚特兰大，夹道欢迎的群众多达30万人，公司向这些群众免费供应充足的可口可乐；亚特兰大市市长安德鲁和美国可口可乐公司总裁戈伊祖艾塔一起引导游行队伍，其后是1 000人的合唱团和60种乐器演奏的交响乐队，他们引吭高歌着可口可乐的传统颂歌——"我愿给世界买一杯可口可乐"；亚特兰大市洞穴状的奥姆尼中心四周竖立着巨大的电视屏幕，通过电视屏幕，群众可以看到在现场举行的美国可口可乐公司的百年庆典场面。为了响应美国可口可乐公司"跟上浪潮"的最新广告口号，伦敦的典礼策划者准备一次推倒60万张多米诺骨牌，这一活动把亚特兰大、伦敦、里约热内卢、内罗华、悉尼和东京连接起来，各个地点的通信卫星相互联系，当多米诺骨牌天衣无缝地一浪一浪倒下去并在伦敦到达终点时，一个巨大的百事可乐罐出现了，多米诺骨牌爬上最后一个斜坡，引起一次小型爆炸，百事可乐被炸得粉碎。顿时，全世界可口可乐公司的职员都欢呼起来。

美国可口可乐公司的这一精彩庆典变成了人们津津乐道的长久话题，而这正是美国可口可乐公司举办百年庆典所追求的效果。

资料来源：张岩松，李桂英．现代商务礼仪[M]．北京：清华大学出版社，北京交通大学出版社，2009．

讨论：

为什么美国可口可乐公司的这次庆典如此成功？

小结

公共关系专题活动是以公共关系传播为目的，有计划、有步骤地组织众多人参与协调的社会活动。本章介绍了四种公共关系专题活动：记者招待会、展览会、赞助活动、庆典活动，并详细地介绍了各项专题活动的特点，工作程序及内容。作为公共关系人员，熟练地掌握以上知识，能够使其在公共关系工作中便于操作各项公共关系事务，更好地完成公共关系工作，并为组织树立良好的公共关系形象。

思考讨论

1. 请分析《中国好声音》的赞助商加多宝集团的公共关系赞助对于其发展有哪些重要影响。
2. 大家对于春节联欢晚会植入广告都比较排斥，但依然有厂商愿意去买春晚的广告席位，试举例谈谈你的看法。
3. “观众总是在看过一个又一个广告后变成了十足的消费者”，请谈谈你对这句话的看法和理解。

能力实训

1. 假设你是某汽车公司公关部的经理，请拟定一份赞助一位车手无后援自驾车30日环游中国大陆的计划书（要点：项目的缘起、赞助的意义、赞助内容、车手的义务、相关公共关系宣传报道计划、其他内容等）。
2. 请以小组为单位为某商场策划一次节日专题活动方案。

课外导读

[1]　陈一收．大型活动公关[M]．北京：北京大学出版社，2010．
[2]　吴元兵．从100篇新闻学公关——大型活动的策划与传播策略[M]．成都：四川大学出版社，2011．
[3]　钟奋生．赞助营销密码[M]．北京：中国经济出版社，2009．
[4]　朱瑞波，于忠．现代庆典策划设计[M]．北京：中国电力出版社，2009．
[5]　王起静，高凌江．展览会策划与管理[M]．天津：南开大学出版社，2011．
[6]　上海市会展行业协会．上海国际展览会精粹[M]．上海：上海百家出版社，2009．

第五篇　发展趋势篇

Chapter 14
第 14 章

意识观念趋势：绿色公共关系

学习目标

掌握：绿色公共关系的定义及特点，绿色公共关系的内外部沟通传播策略。

理解：绿色公共关系的作用和意义。

了解：绿色公共关系的发展现状和趋势。

引例

壳牌的绿色公关

壳牌（中国）有限公司一贯追求“可持续发展”的核心价值观，即在发展业务并为当地社区的经济发展做贡献的同时，注重改善企业的环境表现，将业务运营对环境的影响降至最低；同时，通过社会投资，为当地的社会发展做贡献。因此，早在1996年，公司就以环保为主题，开展全方位的公司形象公关，其举措包括“壳牌美境行动”、在北京密云县认养“壳牌林”、赞助出版全国第一本《儿童环保行为规范》、支持中国探险学会等，其中“壳牌美境行动”是这些活动中的重头戏。“壳牌美境行动”是以环保教育为主题的一项环保实践活动，旨在提高中小学生的环保意识，通过指导和资助中小学生运用研究、实验和创新的方式，制作或提出保护生活环境的设想和措施，自己设计环保小方案并予以实施，来激发孩子们自己动手动脑，解决身边的环境问题。此项活动不仅增强了中小学生的动手能力和创新能力，还起到了很好的教育作用，培养其从小热爱生活、保护环境的观念；同时，孩子也会影响大人们的环保意识，从学校到家庭再到社区，小手拉大手，确实能够影响很多人；而且惠及社会，北京“人文奥运”的亮点“公厕地图”，奥运场馆设计中采用的“草低路高”，上海的“马桶节水瓶”，广州的《瑶溪古貌重现图》，天津的“行道树”等创意，均可在“美境行动”的学生获奖方案中看到。此活动已经在北京、上海、广州、天津、江苏等多省市开展，包括美境网站、优秀案例汇编、教师研讨会和学生夏令营。

壳牌公司开展的绿色公关活动，不仅树立了公司绿色环保形象，受到了社会各界的热烈好评，而且还使形象力转化为生产力。公司的绿色形象增强了公司的凝聚力，激发了员工的荣誉感和奋进精神；公司的绿色招牌还能形成吸引力，赢得求职者的青睐，帮助公司吸引和留住人才。最终，对提高公司的经营绩效、增强公司的竞争力起到了重大作用。

资料来源：根据壳牌美境十年 百万少年践行环保．搜狐财经，2008-10-20．http://business.sohu.com/20081020/n260131457.shtml. 资料整理。

讨论：1. 壳牌公司的绿色公关对公司的发展起到了什么作用？

2. 请你谈一谈对绿色公关的理解是什么？

14.1 绿色公共关系概述

环境是人类赖以生存的空间，是人类进行生产活动的物质基础和必要条件。进入 20 世纪以来，伴随着经济的繁荣和现代化的飞速发展，人与环境的矛盾显著激化，出现了严重的环境问题，主要表现为人口爆炸、土地荒漠化、臭氧层空洞、环境污染、资源枯竭等。这些环境问题对人们的生活和经济的发展构成了严重的威胁，甚至威胁着人类的生存。环境问题已成为企业、消费者、社会团体和公共政策制定者都不能不关注的问题，保护生态环境，坚持可持续发展，已成为全人类的共识，诸如“绿色企业”、“绿色食品”、“绿色生产”、“绿色消费”、“绿色包装”、“绿色营销”等许多绿色概念正深入人心。一项国际调查表明：67% 的荷兰人、80% 的德国人购物时会考虑环境问题，77% 的美国人表示企业的环保形象影响他们的购物行动，越来越多的中国人在购物时认准带有绿色环保标志的绿色食品。由此可见，在绿色概念备受关注的今天，绿色公共关系的兴起是一种必然。

首先，社会可持续发展战略呼唤绿色公共关系。可持续发展战略是指社会经济发展必须同自然环境及社会环境相联系，使经济建设与资源、环境相协调，使人口增长与社会生产力发展相适应，以保证社会实现良性循环发展的长远战略。然而，社会经济的长足发展，在为社会创造巨大财富，给广大消费者提供物质福利和企业带来巨额商业利益的同时，却严重地浪费了自然资源，破坏了自然生态平衡，污染了环境，并造成了恶劣的社会环境，严重地威胁着人类生存环境的良性循环。因此，实施可持续发展战略，保护自然环境，治理环境污染，解决恶劣的社会环境已势在必行，各类组织必须将公共关系活动同自然环境、社会环境的发展相联系，使组织活动有利于环境的良性循环发展，也就是说，要求组织从实施可持续发展战略的高度来开展绿色公共关系。

其次，社会各界“绿色”意识的觉醒呼唤绿色公共关系。目前，世界各个国家政府、社团组织乃至个人对环保的呼声越来越高，政府更加重视制定和严格实施规范组织行为的立法，对组织的环保工作带来直接而巨大的影响；社会上的环保组织活动越来越频繁，他们的诉求不但对政府立法产生影响，对组织也形成压力，对普通公众形成示范作用；公众的绿色需求越来越迫切，社会经济的发展一方面充实了人们的钱袋子，另一方面对环境造成了严重的破坏，甚至威胁着人们的身体健康，因此绿色消费、绿色生活等“绿色”意识逐渐深入人心；“得道者多助，失道者寡助”，公众的支持对组织的发展才是至关重要的，满足公众的绿色需求，要求组织开展以环保为中心的绿色公共关系策略。

最后，组织自身的发展呼唤绿色公共关系。绿色公共关系可以为组织带来环境效益和经济效益的双丰收，从而成为组织发展的发动机。开展绿色公共关系一方面可以迎合社会上最广泛的社会公众的绿色需求，树立组织的绿色环保形象，为组织营造健康、和谐的发展环境；另一方面从长远来看，开展绿色公共关系可以为组织带来实实在在的经济收益，对提高企业的经营绩效具有重大作用。所以保护环境、实现组织的可持续发展战略，绿色公共关系肩负着重要的历史责任，组织开展绿色公共关系有其必要性和必然性。

14.1.1　绿色、绿色公共关系、绿色公共关系观念

1. 绿色、绿色公共关系的定义

绿色公共关系属于公共关系界的前沿范畴，其概念在国内外学术界还没有统一的定论，国外学者提及的绿色公共关系主要以营销范畴的绿色营销为研究内容。1988 年英国学者约翰 · 埃尔金顿呼唤英国绿色消费意识的崛起，推介了一系列绿色标准，倡导开展绿色消费运动。正是这一绿色消费意识提供了巨大的商机，使绿色营销成为市场营销的新亮点。而国内绿色公共关系的研究几乎也是一片空白，只有个别学者对绿色公共关系的定义进行了简单描述。

复旦大学郭惠民（1996）提出：绿色公共关系又称环境公共关系或环境传播，是指社会组织为避免在环境问题出现失误，由此损害自己在公众中的形象，而针对有关公众的传播沟通和协调工作。

浙江大学熊卫平（2001）认为：绿色公共关系是一种管理的哲学或一种新的经营理念，同时也指一种具体的公共关系操作程序。

可见，绿色公共关系的概念还不完整，部分观点还将绿色公共关系与绿色营销概念混淆，这些理论研究上的不足，不仅不利于公共关系学科的完善和发展，而且对公共关系的实践活动也容易产生误导。

绿色公共关系强调“绿色”二字，绿色原本指自然界中的一种常见颜色，据心理学家研究表明，绿色能让人降低疲劳感从而感觉到舒适，人在绿色环境中锻炼能提高情绪、活力和愉悦感。这一现象可能是在人类进化的过程中出现的，因为对于原始人类来说，绿色的环境意味着充足的食物和水源，对绿色的积极感觉在进化过程中融入大脑，并保存至今。当今，“绿色”还有很多的引申义，例如，和平、自然、环保、生命、成长、生机、希望、活力等。鉴于此，也派生出了很多与“绿色”相关的新概念，例如，绿色企业是指以制造与销售“无害环境”产品为前提，开发清洁生产工艺，推出“三废”较少的产品企业；绿色技术是指根据环境价值，利用现代科学技术全部潜力的无污染技术，要求企业在选择生产技术、开发新产品时，必须考虑减少从生产原料开始到生产全过程的各环节对环境的破坏，即必须做出有利于环境保护、有利于生态平衡的选择；绿色设计是指设计出的产品可以拆卸、分解，零部件可以翻新、重复使用，这样既保护了环境，也避免了资源的浪费，减少垃圾数量，等等。可见，很多与“绿色”相关概念都强调了环保的核心思想。绿色公共关系也是在环保、健康

的可持续发展理念指导下开展的公共关系活动。

绿色公共关系，又称“环境公共关系”，是指社会组织为了体现自身良好的社会责任感，塑造组织的绿色形象，运用信息传播手段，有针对性地开展传播、沟通和协调活动，突出自己在环保方面所做的努力，激发公众对组织的好感，从而赢得公众的理解、信任、支持与合作，提高组织整体形象的活动。

为了更好地理解这个定义，可以从以下五个方面进行重点把握。

（1）绿色公共关系的直接目的是塑造组织的绿色形象，最终目的是为组织整体形象加分，从而赢得公众的理解、信任、支持与合作，为组织发展营造良好的环境氛围。

（2）绿色公共关系的主体是绿色化的组织。绿色化的组织应当满足这些条件：首先，具备绿色理念，尊重生命与健康，维护公众的利益；其次，以满足公众的绿色需求为出发点，提供绿色、健康的产品或服务，同时对公众进行绿色引导；最后，充分履行组织的社会责任，体现诚信和伦理道德，注重自身的可持续发展。所有类型的组织都应该是绿色公共关系的践行者，保护生态环境是每一个组织和个人都应该肩负起来的社会责任。

（3）绿色公共关系的客体为绿色公众。绿色公众应当具有绿色理念，支持绿色产品，关注自身的健康，关注环境保护，同时要求知情权和话语权，具有较强的维权意识，对一些破坏环境、生产劣质产品的组织进行自觉监督和抵制。可见，绿色公众的范围更广，从公众发展的过程来看，绿色公众也有可能是组织的非公众、潜在公众。

（4）绿色公共关系的内容因绿色公共关系的实施主体不同而有所差别。总的来说，绿色公共关系的内容主要有：组织参与环保活动，积极承担环境责任；宣传绿色理念和环保知识，提倡绿色消费，深化环保教育；发展绿色经济，注重节能降耗；实施绿色开发，倡导绿色标志，提供绿色产品和服务等。

（5）绿色公共关系传播以绿色宣传为主。首先，组织借助媒介进行绿色宣传，通过那些倡导绿色、健康、环保理念的媒介宣传，在公众心目中树立起组织的绿色形象，同时提升公众的绿色意识；其次，组织应当使用以公众绿色需求为导向的传播方式，在组织与公众之间建立起双向平衡、人性化沟通的信息平台，提高组织信息的透明度。

2. 绿色公共关系观念

绿色公共关系的开展是在绿色公共关系观念指导下进行的。公共关系观念是人们在公共关系实践中形成的影响自身思想和行为的深层次思想意识，是其对公共关系活动的一种自觉的认识和理解，它影响和指导着组织或个人决策与行为的价值取向，从而反作用于自身的公共关系活动，并间接影响实际的公共关系状态。绿色公共关系观念就是人们对绿色公共关系的认识和理解，是对环境保护、生态保护及社会可持续发展的新思考，是组织价值观的新标杆，它直接影响组织或个人的公共关系决策或行为。当人们自觉地认识到绿色公共关系的重要性时，就会形成一定的绿色公共关系观念。绿色公共关系观念主要包括以下六个方面。

（1）绿色形象观念。绿色社会形象是组织无形资产的重要组成部分，绿色组织将树立和维护组织的绿色形象作为战略目标，注重对组织的绿色形象进行投资、管理和塑造。

（2）**绿色传播观念**。组织在公共关系活动中，不仅要注意利用一切机会传播组织的绿色文化，还要注重对公众进行绿色引导、绿色教育，用环境保护和生态可持续发展的理念来影响公众。

（3）**绿色生产观念**。组织在产出的过程中注重对业务流程的优化、资源的合理配置，提高资源的使用效率，注重绿色技术的研究、开发、推广与应用，实现低能耗、低污染、低排放的绿色经济发展模式。

（4）**社会责任观念**。每一个组织均具有其社会性，因此必须承担起必要的社会责任，社会责任观念不仅要求组织满足相关公众的需求，创造物质财富，还要承担起保护环境的环境责任。

（5）**伦理道德观念**。道德观约束着组织的决策和行为，在有关环保的法律法规及政府监管还不健全的情况下，组织应注重道德观的培养，采取符合社会整体利益需求的政策和行为。

（6）**可持续发展观念**。保护生态环境，开展绿色公共关系，是组织与社会的可持续发展的要求。将可持续发展观念纳入组织的绿色公共关系观念体系中，既是对绿色公共关系观念的补充，也是对绿色公共关系观念的升华。

绿色公共关系是公共关系的绿色化，是在绿色公共关系观念指导下进行的大胆尝试与摸索，是迎合 21 世纪发展绿色经济需要的战略选择。

14.1.2　绿色公共关系的特点

对比其他类型公共关系，绿色公共关系有其自身的特性。

1. 突出“绿色”化

绿色公共关系在实务运作上始终强调“绿色”两字，一切活动围绕“绿色”进行，绿色化的组织、绿色化的公众、绿色化的活动内容、绿色化的传播，这是绿色公共关系最显著的特征。

2. 强调社会性

绿色公共关系体现的是组织的社会责任感，关注的是生态环境的保护，其活动的内容和目的有明显的社会性，通过宣传自身在环保方面所做的努力，即树立了组织的绿色形象，同时对社会产生了积极影响。因此，绿色公共关系直接造“势”、间接造“市”，是生态效益与经济效益的双丰收。

3. 公众的广泛性

公共关系的客体是公众，相对于某个组织而言，其公众的范围是有限的，即与该组织有利益关系的个人、群体或组织。而绿色公共关系的对象却是广泛的，因为生态环境问题涉及每一个个体、群体或组织，伴随公众环境意识的觉醒，开展绿色公共关系能够帮助组织更直接、更广泛地将绿色信息传达给每一个公众，包括非公众和潜在公众。

4. 层次水准高、传播力强

绿色公共关系传播的是绿色的生活方式、可持续的发展理念，播散的是生态文明的种子。

开展绿色公共关系就是尊重生命、崇尚健康的表现，对公众而言，没有什么比生命、健康更重要。因此，绿色公共关系的层次水准高，对公众的影响力也更大。

14.1.3 绿色公共关系的作用和意义

21世纪将是发展绿色经济的时代，以可持续发展为宗旨的绿色潮流正在各行各业中蔓延开来。以企业为例，现在企业要想在激烈的市场竞争中赢得优势，仅凭一流的产品和服务是远远不够的，企业竞争的重点已逐步从产品质量、功能等内容上升到企业整体形象的激烈竞争。因此，树立企业的良好形象，需要一种崭新的经营理念，一种自觉的社会责任意识并付之以实际的行动，从而才能取得公众的认可和支持。伴随日益恶化的生态环境，公众的环保意识日渐觉醒，环保运动得到了越来越多的人的支持。公众开始崇尚和追求环保的生活，对绿色产品的消费需求迅速增长。绿色消费要求企业进行绿色公共关系，要求企业必须转变观念，开展以环保为中心的绿色公共关系策略。企业在环境保护方面的竞争日益突出，也使其开展绿色公共关系成为必然。

企业开展绿色公共关系对自身的发展有着十分重要的意义，可以给其带来许多便利和竞争优势，对提高经营绩效也具有重大作用。

第一，开展绿色公共关系可以赢得社会广大公众的信任，便于企业拓展新的业务。企业绿色公共关系是勇于承担社会责任的表现，一个负责任的企业形象更容易博得公众的好感和信任，同一项活动，会获得公众的较高评价。因此，新的产品、新的举措能赢得公众的理解和支持。

例如，日本本田汽车公司考虑到本公司生产的大量汽车，必然排放大量的废气污染环境，于是决定每生产一辆本田汽车，就在公路旁种植一棵树绿化交通环境，后来又将卖车所得利润的一部分转为植树的专款。这一举措向公众展示了本田汽车公司的环保意识，大大提高了本田汽车公司的社会形象，促进了其产品的推广。此外，本田汽车公司还积极设计和生产绿色汽车，用安全的材料和清洁的燃料代替有污染性的材料和能源。本田汽车公司用自身的实际行动履行了其社会责任，树立了公司绿色的社会形象，赢得了良好的社会口碑，更赢得了广大公众对本田汽车公司的信任和支持。

第二，开展绿色公共关系可以使企业获得更多更好的投资条件和其他支持。企业的生存和发展离不开各方的支持与合作，开展绿色公共关系不仅是企业负责任的表现，也是其实力的象征。开展绿色公共关系需要企业的长远目光和魄力，更需要其付出高昂的公共关系成本，但换回来的却是巨大的环境效益和长远的发展动力。况且政府对环境治理的力度越来越大，对企业的环保要求越来越高，所以绿色企业更容易获得政府的财政支持、政策支持和银行的贷款支持。组织拥有足够的发展潜力也更容易吸引投资者的目光及供应商和销售商的合作，建立更稳固的供应和销售渠道，从而在竞争中得到优势和有力支持。

第三，开展绿色公共关系可以构建竞争优势，有利于取得较高的经济效益。开展绿色公共关系帮助组织赢得了口碑，树立了良好的企业形象，因此，同样的质量，顾客愿意购买绿色企业的产品；同样的产品，绿色企业可制定较高的价格。早在20世纪70年代，著名经济学家菲利普·科特勒就指出“谁拥有绿色产品，谁就拥有市场”，他的这一论断正日益得到证实。同样在当今，可以这样说，谁拥有绿色公共关系，谁就拥有公众；谁拥有了公众，谁就拥有了市场。

组织开展绿色公共关系追求的是环境效益和经济效益的双丰收。首先，从短期来看，这种效益不一定立刻实现，并且还有可能使前期投入的资本难于尽快收回，但是诸如生态标志的无形资产、排放权等的间接收入，都是企业在将来的一笔可观收益。其次，除了排放权、环境标志等能给企业带来部分收益外，企业在注意绿色生产、科学地解决能源与材料问题、最大限度地减少产品的末端处理量（如弃置、掩埋及污染环境所形成的成本增加）的情况下，其产品必然具有较强的市场竞争力。最后，企业以积极、科学的态度对待绿色生产，必然使自身的技术、设备、工艺、管理经验等方面处于前列地位。当众多企业意识到要树立绿色观念时，该企业不仅拥有了自己的绿色产品及绿色标志，还拥有了自己的绿色技术、绿色设备、绿色工艺、绿色管理经验等。那么，此时该企业不仅依靠自己的绿色产品获得市场效益，还依靠绿色的技术、设备、工艺、管理经验等，以及有形、无形产品的出售、转让、投资、入股等获得更大、更长期的经济效益。

第四，开展绿色公共关系可以使绿色形象转化为生产力。绿色企业形象有利于增强企业的凝聚力，激发员工的荣誉感和奋进精神。同时绿色企业对人才具有更大的吸引力，为保留和吸引人才创造了条件，使形象力转化为生产力，从而提高企业的竞争力。

第五，开展绿色公共关系可以形成绿色竞争力，冲破绿色壁垒。所谓绿色壁垒，主要是指一种非关税壁垒，是进口国以保护生态环境、自然资源、人类和动植物的健康为由限制进口的手段和措施，这就为世界各国的产品或服务的出口构成了绿色壁垒，诸如国际环境公约、WTO 协议中的环境条款、国际环境管理体系系列标准（ISO14000）、绿色标志制度等。绿色壁垒实际上是以环保为名，行贸易保护之实。这已成为国际贸易中难以摆脱的障碍，对我国和发展中国家的出口贸易产生了极大冲击。绿色公共关系可以帮助企业形成新的竞争力来冲破绿色壁垒。绿色公共关系要求组织重视绿色设计、推行清洁生产、强化绿色包装等措施来树立绿色企业形象，积极争取 ISO14000 论证，突破“绿色壁垒”，实现与国际市场的接轨。例如，海尔集团因率先通过 ISO14000 论证，扩大了海外知名度、美誉度，不仅使产品成为欧洲各国的畅销品，而且在美国和一些欧洲国家建立了生产基地，成为一个具有绿色企业形象的大型跨国公司。

14.2　绿色公共关系的发展现状和趋势

14.2.1　绿色公共关系的发展现状

环境问题早就进入人们的视野，在 20 世纪 40 年代或更早时就有人提出要重视环境，但真正受到人们及国际社会重视则是在 20 世纪 70 年代。逐渐地，国内外出现了一系列环保组织，各种国际、国家标准和规范应运而生，绿色公共关系的实践也在环保议题下随之诞生。

鉴于环境污染主要由企业引起的事实，绿色公共关系实践首先体现在与环境相关的法律法规的完善和各种会议的召开。1991 年，国际标准化组织（ISO）于 1991 年开始研究制定为企业熟知的企业环境管理国际标准 ISO14000，尽管它在 1996 年才正式生效，但却是适合世界各国企业的国际标准。1992 年，联合国在里约热内卢召开纪念人类环境 20 周年的会议上通过了《21 世纪议程》，标志着世界进入了“保护环境，崇尚自然，促进持续发展”的绿色时代。1993 年，美国建立了 ISO14001 环境管理标准。1993 年 7 月，欧盟制定了适用于工业企业的环境审计制度。1994 年，英国公布了《环境管理系统标准》。日本、澳大利亚和新西兰等也在 ISO9000 质量标准体系中加入了有关环境保护和管理的内容。标准的制定和实施，为社会有效解决环境污染问题提供了借鉴。

我国的环境问题一直十分突出。尽管工业发展取得了明显进展，但环境污染十分严重，其污染程度和发达国家 20 世纪 60 年代公害泛滥时的情况相似。在 1973 年召开第一次环境保护会议并制定环保条例的基础上，我国的第一部《中华人民共和国环境保护法》于 1979 年 9 月颁布实施。在 1983 年召开的第二次环境保护会议上，环保工作被确定为国家的一项基本国策。这既反映出当时环保质量低下，环境恶化十分严重，也体现了国家在不断加大环境治理力度。从具体规章方面，国家技术监督局已于 1997 年 3 月将相关环境标准等同转换为中国国家标准 GBT24000，引导企业积极建设环境管理系统。这些法律法规为我国更好地加强环保提供了思路。

和国外相比，国内绿色公共关系的理论研究和实践还处于起步阶段，公共关系活动仍停留于表层，在意识和具体实践上都存在束缚。由于绿色公共关系的研究比较肤浅，没有太多的理论支撑，活动的开展难免有些零碎，深度还远远不够。绿色公共关系理论研究的滞后导致了我国企业绿色公共关系操作的落后，企业没能吸取发达国家的教训，走了先污染后治理的老路，一个众所周知的事实是诸多企业走不出生产—污染—罚款赔款—再生产—再污染—再罚款赔款的怪圈。不少企业对环保问题采取末端处理或事后处理，多是在行政命令或受到处罚后才采取被动措施，一些地方政府甚至认可这些事实，未能帮助企业很好地摆脱传统思想的束缚。不过，国内部分行业的绿色公共关系方面工作还是有所成绩的。比如我国在食品、冰箱、造纸、空调等行业开始了绿色产品的设计、生产与认证工作，取得了一定的成果。我国媒介在 20 世纪 80 年代后也更加关注环保，充分利用电视、路牌广告等手段传播环保理念。

公共关系的发展是伴随社会、经济和时代发展而发展的。人们生活水平日益提高，经济发展速度不断加快，创新发展模式、建设美丽中国已成为国人的共识。越来越多的企业已经开始大力提倡绿色生态和健康，并将消费绿色产品的理念不断地灌输给广大消费者，使人们逐步树立起绿色消费的理念。越来越多的消费者开始关注自身的健康和维权意识、关注企业的诚信和伦理道德、关注企业是否履行社会责任等问题。越来越多的媒介、社会团体组织也加入到了宣传环保的队伍中来，绿色公共关系的浪潮正在各行各业中蔓延开来。

14.2.2　绿色公共关系的发展趋势

现阶段，绿色公共关系在我国的发展尚处于起步阶段，从理论研究上看，绿色公共关系的理论体系还不完善，相关的研究成果还是凤毛麟角；从实践内容上看，受国外公共关系的影响，国内绿色公共关系开展的主体主要以企业为主，公共关系实务也多数停留在企业的营销层面，使得绿色公共关系实践的范围相对狭窄，同时对深入研究绿色公共关系带来一定的困难；从活动形式上看，不少企业只是将相关内容冠上“绿色”字眼，比如“绿色生产”、“绿色传播”、“绿色商品”、“绿色包装”等，对绿色公共关系实质性内容的理解既不全面也不深刻，甚至偏离了绿色公共关系原先的深刻内涵。

尽管我国绿色公共关系的起步较晚，但发展势头迅猛，因为它迎合了绿色时尚与环保潮流。我们应清醒地认识到环境的可持续发展和社会的生态文明建设并非一蹴而就，展望未来，需要有越来越多的学者加入到绿色公共关系的研究队伍中来，进一步完善绿色公共关系理论体系，对绿色公共关系的实践活动起到进一步的指导作用；也需要有越来越多的企业加入到绿色公共关系的实践队伍中来，多种活动主体共同努力营造健康发展环境，这既是公众对企业的要求，也是企业自身发展的需要。因此，创新绿色公共关系形式、丰富绿色公共关系内容、树立绿色组织形象，将会成为企业参与市场竞争，实现可持续发展的有效手段。总之，开展绿色公共关系意义深远，前景广阔。

14.3　绿色公共关系的沟通传播策略与技巧

14.3.1　内部沟通传播策略

组织内部设置的公共关系部门承担着组织绿色公共关系的内部沟通传播的任务，诸如监测组织的绿色环境，搜集与组织有关的绿色信息，向管理者提供绿色建议，协调与有关部门的绿色关系，使组织形象更符合公众的绿色需求等任务。因此，组织内部绿色公共关系的沟通传播策略主要有以下三点。

1. 树立全员绿色公共关系观念

组织内部绿色公共关系的一项重要工作就是树立全体员工绿色公共关系意识。员工是组织的主体，是组织赖以生存和发展的细胞，是组织形象的设计师和创造者，他们的思想和行为无时无刻不在影响着组织的运行。组织通过对全体员工的绿色公共关系教育与培训，树立他们的绿色公共关系意识，提高其绿色公共关系行为的自觉性；通过对制定绿色公共关系制度，加强整体的公共关系配合与协调，发动全体员工参与绿色公共关系活动，从而形成浓厚的组织绿色公共关系氛围与文化。只有全体员工与组织达成共识，才能保证组织绿色目标的实现。

越来越多的美国公司在其内部开展环保活动

纽约时间2010年4月21日，根据Buck咨询公司（美国ACS公司的一个独立子公司）的一项最新调查表明，在公司内部开展环保活动可以为公司带来更多的收益。该项调查显示，随着更多的公司提出从纸张和电力方面节约成本的方法，美国正式开展“环保办公室”活动的公司越来越多。

Buck公司举办的第二届“2010年美国环保办公室”调查显示，53%的公司都在开展此项环保活动，比去年43%的公司有所增长，在正式举办环保活动的公司中，一半以上实施了以下项目。

1. 回收并减少纸张使用（95%）
2. 使用网络和（或）电话会议（85%）
3. 健康生活与健康学（80%）
4. 内部环保通信计划（78%）
5. 在线人力资源通信（72%）
6. 通过公司内部网开展环保宣传（58%）
7. 在线总结计划描述（57%）
8. 远程办公（57%）
9. 搭顺风车（52%）

调查表明，越来越多的公司和他们的管理者，不仅在公司内部开展了环保活动，同时也认识到这项活动对其业务有很大的好处。从越来越多的员工参与到节约成本的活动来看，这项调查证明了“走环保路线能够鼓舞士气”的说法。

被调查的公司承认，他们在环保活动中得到了很好的投资回报，其中2/3的公司认为他们在纸张和电力方面节约了成本。最想从此项环保活动中得到投资回报的被调查公司中，94%的公司列出了成本节约量，82%的公司赢得了公众信誉，59%的公司提出了增加利益相关者人数，并以此三项作为提高投资回报率的措施。

资料来源：赵佳．科印网，2010-04-26．http://www.keyin.cn/news/gngj/201004/26-286330.shtml.

评析：

公司开展绿色公共关系，树立绿色形象，要得到员工的支持。在公司内部开展环保活动，培养员工的绿色意识、绿色习惯，不仅有利于公司开展绿色公共关系，而且帮助公司从中获益。

2. 确立组织绿色发展目标

21世纪是发展绿色经济的时代，走低碳可持续发展之路、建设和谐社会已成为人类共识，创建绿色组织成为大势所趋。作为决策参与者的公共关系部门，在其搜集信息、监测环境、咨询建议的诸项功能性工作内容中，就必须高度注意环境的绿色动态，比如政府政策有关绿色的走向，市场绿色需求，公众绿色呼声，环保的法律、法规等，均应将其纳入自己的视野，以充分的依据促使并协助管理者确立组织的绿色发展目标。

3. 塑造绿色组织形象

在公众心目中树立绿色组织形象，这是绿色公共关系的根本性目标，需要组织从战略高度审视自身行为，从有利于经济、人类和环境的可持续发展的角度建立公共关系策略。组织的绿色形象是由多方面因素共同影响构成的，比如在生产过程中注重节能减排，开发使用清洁能源，采用更低碳、环保的工艺、设备，安装排污处理系统，发展循环经济等生产绿色产品；在组织经营场所的清洁卫生、环境布局、空间构图、装潢修饰、光线氛围等方面，均融入环境保护、节能降耗等绿色因素，营造绿色经营环境，提高组织的美誉度；积极实施lS014000和环境标志认证，通过争取获得绿色标志，打造绿色竞争力；积极开展各种绿色主题的公共关系活动，开展绿色宣传，树立组织的绿色形象。

以麦当劳为例，20 世纪 80 年代，麦当劳因每天都在制造垃圾——废弃的包装物，逐渐成为环保人士攻击的对象。在环保危机的威胁下，20 世纪 90 年代初期，麦当劳推出了“种植一棵树”的绿色公共关系宣传活动，并着手抓好三个方面工作：一是减少包装，二是减少使用损坏环境的材料，三是使用较易处置、能物化成肥料的材料。这样使环境污染物减少了 60%，在社会公众面前成功地塑造了“绿色麦当劳”的新形象，为麦当劳在激烈的市场竞争中赢得消费者的厚爱，创造了良好的社会氛围和经营环境。

14.3.2　外部沟通传播策略

1. 积极开展绿色宣传

公共关系是“说”与“做”的统一，组织开展绿色公共关系要注重向社会或目标公众传递组织的“绿色”理念及“绿色”业绩，增强公众对组织的好感。具体来说，组织可以制造一些具有新闻价值的事件来显示组织在环保方面所做的努力，以求扩大社会影响。比如某酒类企业举办的“保护母亲河环保调查”活动，组织志愿者组成调查小组，沿黄河进行环境调查，沿途宣传环保知识，许多新闻媒介进行了报道，起到了良好的社会效应。组织还可以参与环保活动，编印环保宣传资料，制作播放“绿色广告”，倡导绿色消费和绿色生活方式，展示组织富有环保责任心的绿色形象。比如德克士快餐店的宣传小彩页“每天节约一度电的小方法”。此外，组织还可以和各个环境保护组织联合开展各种各样的慈善或赞助活动。综上所述，以上活动都是组织开展绿色宣传的有效途径。绿色宣传迎合了公众的绿色需求，也必将收获公众的支持与合作。

2. 巧妙利用传播媒介

组织的绿色宣传离不开媒介的“推波助澜”，媒介是信息的载体，是组织与公众沟通的桥梁，是支配或控制社会舆论的重要工具，因此，利用媒介来传播组织的绿色理念是开展绿色公共关系的必经之路。传播媒介因其主导性和时效性强、传播面广、权威性高、容易形成轰动效应等特性成为组织公共关系宣传的首选，比如利用电视、广播、报纸、杂志等宣传组织的绿色经营理念和绿色价值观，传播绿色语言、绿色行为和绿色消费等绿色信息，烘托强烈的绿色文化。特别值得一提的是，网络作为一种新兴媒介，必须引起公共关系人员的注意。

网络传播以其更快的传播速度、更广的传播范围、更深入的互动、更多样化的形式等特点大大提高了传播效率，改善了传播的效果，因此，利用网络媒介开展网络公共关系，成为组织公共关系的必修课。

3. 举办绿色公共关系活动

参与、组织各种与绿色和环保有关的事务与活动，比如绿色赞助活动、慈善活动等，扩大组织绿色形象的影响。在策划绿色公共关系活动时，首先，要注重主题鲜明和形式生动活泼，根据公众的兴趣和娱乐心理，策划出符合其心理需求、无明显商业色彩、强调绿色观念的活动。其次，要选择恰当时机，公众闲暇时间、重大社会纪念日、新产品或新服务项目推出之际、组织荣获重大荣誉之际等，往往是组织发展过程中的关键阶段，利用这些时机开展成功的公共关系活动容易引起公众的注意，形成公共关系的轰动效应，从而获得良好的公共关系效果。最后，活动要形成系列，定期举办以“绿色”为中心、具有内在联系、开展时间稍长的公共关系活动，以形成公共关系活动的规模效应，产生良好的宣传效果。

可口可乐公司的绿色公共关系活动

自2005年开始，可口可乐公司就与北京奥组委合作，开展了名为“留住一桶水”的环保教育活动。自项目设立以来，就为公众搭建起参与水资源保护的平台，从小学生到大学生、从学校到社区，如今已经发展成最具影响力的青年环保公益项目之一。该活动旨在将环保理念从青少年抓起，通过寓教于乐的活动让更多的孩子和家庭形成节水观念、养成节水习惯，让孩子们也成为节约用水、创建绿色奥运的一部分，并带动每一个家庭、学校、社区一起来保护珍贵的水资源，美化家乡。该活动至今已经累计覆盖全国24个主要城市，超过130万人次直接参与到节水、爱水、亲近水的行动中来，不仅传播了水资源保护的理念，也贡献了可观的节水量。

2009年，作为上海世博会合作伙伴的可口可乐公司与腾讯合作举办“点滴改变，创造城市新精彩：可口可乐环保创意大赛”活动。公司希望通过开展大学生环保公益活动，在高校学生中树立环保观念，倡导再生资源的循环利用，减少生活废弃物对环境造成的污染，提高回收利用率。该活动发挥腾讯平台强大的SNS传播效应，以环保创意为主题进行网络作品征集票选活动，优秀作品提交者可获得上海世博会事务协调局颁发的“世博城市之星”荣誉证书，并有机会在“可口可乐”世博企业馆中展示作品、获得实习机会，更有世博旅游礼包和在线积分兑奖的奖励。由于高吸引力的激励措施、明星助阵校园宣传及互联网的病毒式传播，此次活动大获成功。

资料来源：http://www.cqn.com.cn/news/zgzlb/diba/492633.html.

评析：

可口可乐公司作为环保企业的优秀代表，开展了丰富多彩的绿色公共关系活动，在公众心目中树立了良好的形象，还帮助公司获得了最佳公司公众形象奖。

小　结

21 世纪是倡导生态文明、发展绿色经济的时代，绿色公共关系迎合绿色时尚与环保潮流应运而生，是组织可持续发展的有效手段。开展绿色公共关系可以帮助组织赢得社会广大公众的信任；使企业获得更多更好的投资条件和其他支持；可以构建竞争优势，有利于取得较高的经济效益；可以使组织的绿色形象转化为生产力；可以帮助组织形成绿色竞争力，冲破绿色壁垒。可见，绿色公关直接造“势”、间接造“市”。绿色公关在我国的发展还处于起步阶段，其理论研究还不是很充分，但是绿色公共关系的优势和作用已被人们所认可，并逐步付诸实践。当前，绿色公共关系的沟通传播策略与技巧主要表现在对内的树立全员绿色公共关系观念、确立组织绿色发展目标、塑造绿色组织形象，以及对外的积极开展绿色宣传、巧妙利用传播媒介、举办绿色公共关系活动。我们应清醒地认识到环境的可持续发展和社会的生态文明建设并非一蹴而就，我们应充分借鉴国外的成功经验，积极有效地开展丰富多彩的绿色公共关系活动。总之，开展绿色公共关系意义深远，前景广阔。

思考讨论

1. 结合时代背景谈谈你的观点：为什么说绿色公共关系的兴起是一种必然？
2. 研究发现，绿色公共关系可以为组织带来一定的收益，但是一些组织特别是中小企业开展绿色公共关系的积极性并不高。对此你有什么看法？
3. 结合个人理解谈一谈，未来绿色公共关系的发展趋势将表现出哪些方面的特征？
4. 如果你是一次性用品生产企业中的公共关系人员，如何通过“绿色公共关系”化解“白色污染”这一问题？

能力实训

近几年来，国内乳制品企业接连发生了产品质量问题，严重危害到了消费者的生命、健康，而由于部分企业社会责任的缺失及诚信和伦理道德的丧失，使得整个行业陷入了信任危机，企业形象被彻底损毁，大量的市场份额被国外企业所占领。请你为某乳制品企业设计一份绿色公共关系方案，以提升其社会形象。

课外导读

[1] 麦科沃．绿色经济策略：新世纪企业的机遇和挑战 [M]．姜冬梅，王彬，译．大连：东北财经大学出版社，2012．

[2] 中国 21 世纪议程管理中心可持续发展战略研究组．全球格局变化中的中国绿色经济发展 [M]．北京：社会科学文献出版社，2013．

[3] 布莱恩·纳特拉斯，玛丽·奥特梅尔．企业的自然之道——财富生态及进化型企业

[M]．汪开虎，单峰波，张东红，译．上海：上海交通大学出版社，2010．
[4] 纳特拉斯，奥特梅尔．与虎共舞——环保导向带来企业成功[M]．汪开虎，戴炯，张东红，译．上海：上海交通大学出版社，2010．
[5] 雷C安德森，罗宾·怀特．绿色企业家[M]．王维丹，译．北京：机械工业出版社，2011．
[6] 陈英．企业社会责任理论与实践[M]．北京：经济管理出版社，2009．

Chapter 15
第 15 章

传播渠道趋势：网络公共关系

学习目标

掌握：网络公共关系的定义及特点，网络公共关系的传播过程、心理与技巧。

理解：博客等网络公共关系手段的特点及应用。

了解：网络公共关系的发展历史与现状。

引例

可口可乐公司的奥运公共关系

1928 年，可口可乐公司用 1 000 箱可乐赞助了阿姆斯特丹奥运会，开始了赞助奥运会的旅程。作为世界上连续赞助奥运会时间最长的公司，面对 2008 年的北京奥运会及其身后巨大的中国市场，可口可乐公司自然不会自甘寂寞。其一系列的营销性公共关系事件，让我们充分认识到了这家老牌跨国企业在互联网时代的创新能力。在其推出的发行奥运纪念章、纪念罐、开展“向世界展示中国”（SHOW CHINA TO THE WORLD）主题系列活动、举办城市庆典活动等一系列公共关系活动中，不得不说的就是可口可乐公司策划的借助网络开展奥运火炬传递的活动。

作为北京 2008 年奥运会的全球火炬传递合作伙伴之一，可口可乐公司获得了 1 188 名 2008 年北京奥运会火炬手和护跑手的名额。可口可乐公司把所有的火炬手名额都给了老百姓，经过全国 200 万人的选拔和 3 亿人次的网上投票产生。与此同时，在火炬全球传递前夕，可口可乐公司与腾讯网合作联合推出奥运火炬在线传递活动。为此，他们设计了 8 888 条路线，并通过网站招募了 8 888 名第一棒火炬在线传递大使。2008 年 3 月 24 日，北京奥运圣火在雅典古奥林匹亚遗址点燃，同时“可口可乐奥运火炬在线传递”活动启动。截至 2008 年 7 月 8 日，已经有超过 5 796 万 QQ 用户参与了这一活动。通过 QQ 强大的即时通信用户平台，可口可乐公司成功实现了在较短时间内用户深度参与的互动传播，抢占了“通过即时通信，实现即时传播”的先机。北京奥运会火炬手选拔及在线火炬传递活动参与的人数，超过了历次奥运会的纪录，不仅创造了一个天文数字，更创造了可口可乐公司在公众心目中的美好形象。

资料来源：根据可口可乐的奥运营销相关报道整理，2008-05-11. http://guide.ppsj.com.cn/art/9873/kkkldayyx/. 资料整理。

讨论： 1. 可口可乐公司的奥运公共关系有哪些亮点？

2. 你如何理解互联网对公共关系的影响和作用？

15.1 网络公共关系概述

网络作为一种新型大众传播媒介，它的出现对于以传播为主要工作手段的公共关系来说，具有非常重大的现实意义。1998 年，英国学者彼特 · 考科恩说："如果你不上网，就没有人知道你的存在"。那时，人们认为这是一派胡言；现在，却认为这是互联网时代的金科玉律。的确，网络在人类生产、生活中扮演着越来越重要的角色。2014 年 1 月 16 日，中国互联网络信息中心（CNNIC）在京发布第 33 次《中国互联网络发展状况统计报告》(以下简称《报告》)。《报告》显示，截至 2013 年 12 月，中国网民规模达 6.18 亿，互联网普及率为 45.8%。

在科技和商业双重力量的推动下，门户、搜索、电子商务、社区论坛、博客、即时通信、网络视频等互联网技术平台不断颠覆人类的沟通与传播秩序，也在持续创造新的传播渠道和模式。它不仅改变了人类的交往方式，也宣告了公共关系传播方式的革命。网络传播以其特有的快速化、个性化、直复性、互动性、整合性、低成本及覆盖面广等特性，迅速赢得了公共关系专业人士的青睐。公共关系作为一种传播与沟通的模式和方法，网络媒体作为一种传播与沟通的平台和载体，两者的有机结合，无疑带来的就是一个新的公共关系时代——网络公共关系时代。网络公共关系已经成为现代公共关系的重要组成部分。

15.1.1 网络公共关系的定义及特点

1. 网络公共关系的定义

公共关系的英文原文为 public relations，简称公关，是指组织与其公众结成的一种客观存在的社会关系。那么网络公共关系如何来定义呢？简单地说，就是组织在网络空间中与网络公众结成的一种互动关系。网络公共关系（public relations on line)，又称线上公共关系或 E 公共关系，是指组织为了塑造组织形象、协调沟通组织内外部关系、营造有利的网络运作环境，借助互联网络发布组织信息、监测组织网络环境、与网络公众保持互动交流、有效引导网络公众舆论的一系列公共关系活动，从而实现组织的公共关系目标。

为了更好地理解网络公共关系的定义，我们应重点把握以下三点。

第一，网络公共关系的手段是互联网及其应用。网络公共关系是由于计算机网络的迅猛发展而给传统公共关系带来的一种创新形式，它以因特网作为信息传播的手段来开展公共关系活动，为组织改善自身形象、协调内外部关系提供技术支持。

第二，网络公共关系的最终目的是实现组织的公共关系目标，即塑造组织形象、协调沟通组织内外关系、营造有利的网络运作环境。网络公共关系与组织的其他公共关系活动相辅相成，共同为实现组织的公共关系目标而努力。

第三，网络公共关系的客体是网络公众。网络空间存在着形形色色的“大众群体”，他们经常浏览网页，参与网络活动，没有地域的界限，与网络组织有实际或潜在利害关系或相互影响，我们把这样的个人、群体或组织的总和称之为网络公众，是网络公共关系的目标受众。

2. 网络公共关系的特征

网络公共关系就是以网络传播为特点的公共关系实践行为，因此，网络公共关系的特点与互联网的传播特征紧密相连，但就此认为网络公共关系的特征即为网络传播的特征却是以偏概全，不够准确，二者还是有区别的，不能混为一谈。网络公共关系是一种新的传播现象，网络传播则是一种新的传播技术，把一种新的传播现象归结为某种新的传播技术是一个简明的解释，但这种解释极具迷惑性。一种新的传播现象的出现必然是各方面因素相互作用的结果，其中包括技术、文化、社会、经济、政治等方面因素的互动，简单地将新的传播现象归结为某一方面因素的做法都是不合理的。因此，分析网络公共关系的特征，一方面我们不能简单将计算机网络的特征理解为网络公共关系的特征，陷入“技术决定论”的误区，比如有人将网络公共关系的特点归纳为“传播速度更快”、“互动性更强”、“传播多样性、立体化”等，这些与其说是网络公共关系的特征，不如说是网络媒介的特征。另一方面它又呈现出一些与传统公共关系不同的特性。

（1）**网络公共关系主体的自主性更强**。网络所特有的互动性使组织在网络公共关系中的主动性得以凸显。网络媒介在其归属上，真正可以称得上是一种属于所有公众的“公共媒介”，它打破了传统传播媒介设立“把关人”、“守门员”的权威，赋予了社会组织或个人主动发布信息、快速自主表达的功能。

（2）**网络公共关系客体在传播中的地位得到提高**。传统公共关系的信息传播方式，无论是“一对多”还是“少对多”的传播模式，信息都是单向流动的，信息发布的组织主宰着所发布的信息和信息的性质，受众都是被动地接收来自信息“把关人”过滤后的垄断信息，很难发表自己的观点和意见，无法与信息发布的组织交流和反馈。而网络提供给公众人人都可以发表意见、人人都可以互动交流的平台，自由地进行讨论，在这里受众与信息发布的组织有着同样的地位。因此，公众对于组织公共关系信息的选择与公共关系活动的参与具有更强的主动性和目的性。

（3）**网络公共关系的传播效能大大提升**。网络媒介传播速度快，覆盖面广，不受地域限制，大大提高了信息的时效性。而且网络上的传播方式可以选择双向互动式的、“一对一”的沟通，这种个体沟通方式使网络公众可以在阅读信息的同时与信息发布的组织和其他公众展开讨论，还可以对信息内容进行控制，使组织在传播信息时可以根据每个公众不同的需要、不同的反应程度，提供个性化的信息服务。另外，网络的信息量是传统媒介无法达到的，不仅拥有海量的最新信息，而且还包括这些信息被公众进行的二次、三次传播。网络整合的信息表现手法也更具体、更深入、更生动，从而其效能更明显。

（4）**网络公共关系的传播时空更广泛**。同传统公共关系相比，网络公共关系的传播时空大为扩展。从传播的信息空间上来看，网络空间不受版面、播放时间的制约，组织有足够的空间传播内容详尽的信息，并可通过与其他相关信息的超链接增加信息容量。从传播的地理空间上来看，网络公共关系借助互联网的平台，彻底打破了区域国界的限制，为全球化背景下的各种组织开展国际公共关系活动提供了有力工具。从传播时间上来看，在网络上可以全天 24 小时随时发布信息，信息一有更新即可播出，不必为传统媒介的排期问题大伤脑筋，提高了网络公共关系的时效性。

15.1.2 网络公共关系的发展历史与现状

纵观公共关系的发展历程，我们发现公共关系业的发展与媒介技术的发展密切相关，它随着媒介技术的发展而不断发展，可以说媒介技术的发展成就了公共关系的发展，而公共关系的发展促进了媒介技术的革新。网络公共关系的兴起缘于因特网和电子商务的发展，网络传播方式较之传统传播方式的创新，以及公共关系业发展的需要。世界营销大师科特勒说："过去，企业提高竞争力靠的是高科技、高质量，而现在则要强调高服务和高关系。""高服务、高关系"主要是指公共关系。这句话的意思就是：信息化的高速发展使产品的科技含量日益趋同，生产管理的规范化和程序化则导致同类产品在质量上难分高下，市场竞争的主要因素已经由有形资产的竞争转变为品牌、形象、商誉等无形资产的竞争，而这些无形资产的形成正是公共关系的目标和方向。

此外，一直处于营销优势地位的广告的影响力正在下滑。据统计，世界上约有近 80%的人口对广告开始失去信任甚至产生反感，只有大约不到 20%的人口还对广告存在着不同程度的信任。而与此同时，公共关系业却受到更多的青睐，各企业、机构甚至政府都开始开展公共关系业务，因此公共关系业的发展势在必行。

但是，传统公共关系的发展需要新的平台。在互联网时代，网络传播以其高度的互动性、资源的无限性、成本的低廉性及传播的精准性使其具有了巨大的优势，集个人传播（如 QQ、ICQ、电子邮件）、组织传播（如 BBS、新闻组）和大众传播于一体，具备强大的整合性，并且网络媒介的运作目前正在逐渐规范、成熟，已拥有相当大的媒介影响力，互联网正在成为各界人士获取信息的主要通道，庞大的网民队伍不仅是最具活力的市场消费群体，同时也是各类组织梦寐以求的公众资源，是组织形象、品牌塑造的理想目标公众。网络媒介在公共关系传播中的影响力不断增强，如何有效地利用网络媒介的传播力，塑造组织良好的形象，促进组织与公众之间的相互了解，促进组织产品、服务的销售，以及有效预防网络公共关系危机，成为组织必须面对的一个重要话题，这也是网络公共关系兴起的重要原因之一。

互联网以其特有的魅力和强大的传播优势为组织进行公共关系活动、塑造组织形象、与公众互动沟通等搭建了一个优质的平台，网络公共关系应运而生。网络公共关系以网络和信息管理的思维，将传统媒介的公共关系延伸到网上，实现了传统媒介与网络媒介、组织与公众之间的双向互动沟通，帮助组织塑造形象、传播品牌，并且化解危机，因而它的出现，受到了政府、企业等各类组织的青睐并且随着互联网的繁荣而蓬勃发展。大到世界五百强企业诸如 IBM、通用汽车、大众、微软、可口可乐公司、戴尔、惠普、海尔、联想，小到诸如餐饮店、网店，都在借势网络公共关系传播组织形象，提升品牌知名度及建立公众沟通渠道。

美国网络传播学教授谢尔·霍兹在其专著《网上公共关系》中，将网络公共关系发展总结为四个阶段：网络技术科研阶段、互联网商业化阶段、公共关系人员开始接触网络阶段和互联网成为公共关系传播重要渠道的阶段。在这四个阶段中，主要是以网络技术的发展历程为脉络，考虑到网络与公共关系结合的程度，网络技术科研阶段不应该归入网络公共关系发展的历史里，因为在这个阶段里，网络的使用基本上只局限在实验室和部分科研人员手上，并没有大规模普及应用，与公共关系也没有产生任何联系，作为在网络公共关系中使用的网络媒介更大意义上只是一个未来媒介的概念。由此看来，网络公共关系的发展历程，我们可以总结为三个阶段。

第一阶段，互联网商业化阶段，即互联网逐渐商业化，无意识网络公共关系活动出现。这个阶段网络虽然已经介入商业传播，但由于网络技术尚未发展成熟，尚未能达到公共关系传播的要求，公共关系人员对其认识也偏少，专业化程度低。网络仅仅作为一个日常工作联系、交流沟通和简单的营销工具，还没有上升到传播的层次。即便在当时已经有先知的组织开始在网络上搭建自己的官方网站用来发布信息，但仅仅是实体组织线下信息的一个网络投射，是传统媒介传播的一个补充，在介绍层面上对组织进行宣传，尚未达到传播阵地的公共关系目的。

第二阶段，公共关系人员开始接触网络阶段，即网络媒介概念形成，公共关系人员开始接触网络。网络经过一段时间的技术革新和用户普及，上网意识开始逐渐深入公众，网络媒介的概念正式宣告形成，公共关系从业者开始逐步介入网络，并着手一些简单的网络公共关系实践活动。组织的公共关系部门开始与网络技术部门交涉，加强对组织官方网站的管理权限，组织网站不再是简单的展示，更多融入了企业形象识别的因素。一些传统的公共关系活动也开始在网上寻找实践方式，例如，企业组织产品的网络展示、网络新闻、网络公示等。

第三阶段，互联网成为公共关系传播重要渠道的阶段，即网络技术的不断发展，网络媒介的概念得到进一步扩充，网络在传播活动中的作用越来越凸现出来。公共关系人员开始重视网络传播，并开始研究各种网络传播工具，不断开发新的网络公共关系实践方式。同时，网络公共关系的概念被提出，网络公共关系软文、电子邮件公共关系、微博公共关系、微信公共关系、网络危机公共关系等概念先后出现，网络公共关系活动日趋活跃。

目前网络公共关系在国内发展的现状是喜忧参半。可喜的一方面是中国公共关系业和各类组织越来越重视搭建自己的门户网站和宣传平台，可以以最快捷的速度向国内外交流组织的信息。不少大的组织已经开始配备专职人员做网络媒介代表，负责处理协调网络媒介传播事项；许多组织的公共关系部门在自己的核心媒介名单里，也开始加入一些主流网络媒介，对核心的网络媒介做重点沟通与维护。但是另一方面是大多数公共关系人员还处在第二阶段，网络公共关系的实践还处在一个探索期，尚未得到广泛的应用。很多组织的公共关系部在做网络公共关系的时候，缺乏系统的操作体系，往往是顾此失彼，难以组织有效的立体式网络公共关系，从而使组织公共关系传播效果大打折扣。

15.1.3 网络公共关系的优势及面临的挑战

网络公共关系是传统媒介公共关系在互联网上的延伸，互联网的特性成就了网络公共关系。从诞生之日起，网络公共关系就以其独特的魅力和强大的传播优势赢得了世人的青睐。但我们还要理智地看到，互联网成就网络公共关系的同时，也给公共关系工作带来了巨大的挑战。

1. 网络公共关系的优势

与传统的公共关系宣传方式相比，网络公共关系具有很多天然的优势，表现在以下五个方面。

（1）**网络公共关系可以有效节约公共关系成本**。首先，网络公共关系超越时空的界限，传递速度快，避免了信息的滞后性，保证公众接收到有关组织的最新信息，节省了信息传递花费的时间成本；其次，互联网拥有海量信息，存储费用低廉，又便于检索，从而节约了信息的制作成本和存储成本；最后，与传统媒介公共关系相比，网络公共关系借助互联网的强大功能，可以更便捷、高效地与公共关系即时互动，收集反馈信息，大大节约了人力资源成本。

（2）**网络公共关系中组织的话语权更突出**。在传统公共关系中，信息扩散基本遵循组织—媒介—公众这样一个传播路径。信息能不能到达受众、何时到达受众、以何种方式到达受众、受众最终接收到的信息是否与信息源发出的信息相吻合，这些都取决于扮演“把关人”角色的媒介，而组织则处于非常被动的地位，对整个传播过程难以掌控，所以传播效果很难预测。网络公共关系时代，组织通过官方网站、微博这些自媒介发布信息，能够越过传统媒介直接接触受众。自己操纵媒介出口，掌控传播内容、时间和方式，组织由此真正掌握了信息发布的主动权。

（3）**网络公共关系可以更有效地维系公众关系**。与传统公共关系模式相比，网络公共关系具有更优越的主动性，组织掌握了信息发布的主动权，可以在第一时间发布组织信息，及时更新信息内容，满足公众的需求；网络公共关系具有更优越的互动性，借助 E-mail、在线社区、网站平台、博客等工具，公众可以以更加积极的姿态介入网络公共关系过程，与组织进行积极的互动，促进了双方的相互了解；网络公共关系更加人性化，无论是它的多元化的传播方式，还是个性化的服务，都使得网络公共关系可以更好地吸引公众的注意，更多地获得公众的认可和支持。

（4）**网络公共关系的舆论控制力增强**。传统的公共关系时代，舆论的控制权多是掌握在传统媒介手中的，为了获得舆论支持，组织不得不使出浑身解数讨好传统媒介。在网络上，组织的各种活动信息、创意内容、技术特色和知识专利都可被“包装”成“网络公共关系”文章自主在网上发布和传播，利用电子广告牌（BBS）、博客等网络工具能够引导网络舆情的发展方向，促进对组织有正向效应的电子口碑的产生。另外，网络时代，意见领袖不再是稀缺资源，网络公共关系可以利用论坛版主、博客名人、微博红人等草根领袖，做组织的传声筒、扩音器，引导舆论走向。

（5）**网络公共关系的效果更易于评估**。网络时代，不管是强大的搜索引擎，还是日益完善的舆情口碑监测系统，市场调查变得更广泛、深入、快捷，而且成本低廉。运用网络公共关系进行社会调查和信息传播，可以随时反馈信息、获取资料，往往是组织成功策划与竞争制胜的法宝。总而言之，互联网使传播效果评估变得容易，组织能够更方便地获取受众反馈，并及时调整公共关系策略，大大改善组织公共关系信息流程与控制系统，以实现组织统一化、延续性与高度一致的公共关系传播活动。

2. 网络公共关系面临的挑战

兴一利必生一弊，任何事物都有其两面性，正如狄更斯在其著作《双城记》中的经典名言所描绘的那样："这是最美好的时代，这是最糟糕的时代；这是智慧的年头，这是愚昧的年头；这是信仰的时期，这是怀疑的时期……" 网络带给公共关系的不仅是柳暗花明的惊喜，也有可能是四面楚歌的悲凉。

（1）危机的处理更加棘手。在自媒体时代，每个人都能操纵自己的媒介出口，每个人都能成为一座小型信息发射台，网络的公开化、快速化、覆盖面广等特性使得信息呈裂变式传播，网民的娱乐精神、批判精神和好奇精神，使得组织出现负面信息的可能性更大，而一旦有负面信息传出，其传播范围必然以几何级速度增长，对组织的影响也是不可估量的。由于网络危机的不可控性及应对时间的有限性，使得网络危机的破坏性更强，危机的处理更加棘手。因此，网络危机公共关系成为组织的重要工作。

（2）网络公共关系异化影响网络公共关系的健康发展。近几年，网络公共关系的异化现象比比皆是，比如一些公司打着"公关"的旗号，替人"有偿消灾"，甚至充当起"网络打手"、"网络枪手"，采用违法违规手段开展网络活动，即利用不正当手段打击竞争对手、歪曲捏造事实进行敲诈勒索、通过话题炒作制造虚假网络民意、从事私下交易牟取非法利益等活动。有人曾用歪曲真相、杜撰口碑、操纵舆论来概括网络公共关系的"三宗罪"，的确在相关法律法规、行业规范缺失的今天，网络公共关系似乎成了利用删贴、炒作话题、信息屏蔽等技术手段来达到"打人"、"推人"目的的产业。这些异化现象不属于真正的网络公共关系，实质是非法网络公共关系。非法网络公共关系严重破坏了网络公共关系的秩序和环境。

首先，非法网络公共关系侵害了公众的利益。非法网络公共关系中的删贴、发贴及炒作行为颠倒是非黑白，操作网络舆论，愚弄、误导公众，对公众的知情权构成了严重侵害，加剧了公众对网络宣传的不信任，网络公共关系中的信息虚假和信息过载增加了相关公众获取信息的困难，招致公众对组织的不满和误会，损害组织的社会形象。

其次，非法网络公共关系破坏了公平竞争的市场经济秩序。网络公共关系是组织间线下竞争在网络上的延伸，但在网络上肆意攻击、抹黑竞争对手，利用不正当手段打击竞争对手等非法网络公共关系行为加剧了网络传播中道德失范的现象，助长了组织间的不正当竞争，破坏了诚信经营的大环境，甚至对整个行业造成难以预计的伤害。

最后，非法网络公共关系也对整个网络公共关系行业的健康发展造成损害。部分网络公共关系公司的短视、急功近利和不负责任的行为严重破坏了网络公共关系行业信誉度，让公众对网络信息难辨真伪，使其对互联网的安全可靠产生了怀疑，影响了网络公共关系行业的整体发展与形象，甚至形成了恶性循环，坚守道德底线的组织生存困难，违规操作的"黑公关”大行其道，劣币驱逐良币，推动行业发展的积极力量不断地受到摧残，严重损害了整个网络公共关系业的可持续发展。

15.2 网络公共关系的主要手段

网络公共关系所传达给公众的信息，形式多样、内容丰富，这些内容需由合适的渠道发布出去，目前主要的网络公共关系的手段包括如下六种。

15.2.1 网络新闻

网络新闻有广义和狭义之分。广义的网络新闻是指互联网上的综合性门户网站和各类专业性网站所发布出来的各种有传播价值的新信息；而狭义的网络新闻则是指互联网上的新闻类信息。1994 年 4 月，中国全面接入互联网；1995 年 1 月，《神州学人》杂志成为中国第一家上网媒体。从那时候起，网络新闻事业开始蓬勃发展。

1. 网络新闻的特点

网络新闻之所以能在短期内表现出如此旺盛的生命力，这与其自身的优势与特点是分不开的。网络新闻所具有的特点包括如下六个方面。

（1）时效性。新闻是指新近发生事实的报道，因而“新”显得尤为重要。与传统传播方式相比，网络新闻的出现无疑是将新闻时效性进行了更好地诠释，由此衍生了一个词汇——第一时间。网络新闻的时效性不仅体现在可以第一时间发布、即时发布，也可以轻松获取历史新闻，从理论上讲网络新闻具有永久性，这些新闻通过各种链接可以得到更好的循环利用。另外，网络新闻可以随时随地接收，不用担心错过时间，便捷高效。

（2）数字化。数字化是网络媒体存在的前提。无论是文字、图像、声音，网络新闻归根结底都是通过“0”和“1”这两个数字信号的不同组合来表达。从环保的角度看，数字化网络新闻的兴起在一定程度上降低了纸张的使用量，同样的内容通过网页的方式呈现，提高了阅读效率、降低了纸类印刷的使用次数。

（3）多媒体化。与传统新闻在文字、图片、声音、图像等传播方式上的单一性不同，网络新闻整合了报纸、广播、电视三大媒介的优势，实现了文字、图片、声音、图像等传播手段的有机结合，令新闻的立体感更强，更能够还原新闻发生时的真实感，让公众可以多方位、多角度地去审视新闻事件，从而把新闻原汁原味地带给公众，这正是网络新闻的独特魅力所在。

（4）信息的丰富多样性与无限性。传统新闻在时空概念上所传播的信息都是有限的，而网络新闻在信息传输量上具有无限的丰富性，在信息形态上具有纷繁的多样性。

（5）交互性。网络新闻的交互性体现在公众可以随意发表自己的想法及观点，打破了传统媒介新闻信息单向传送的格局，最大限度上体现和满足了公众的能动性，让信息的传播者与接收者之间进行信息反馈，使交流成为现实，信息的价值自然也就显得更为鲜活。

（6）**全球性**。网络新闻借助于互联网强大的信息传播功能，在传播范围上，更是打破了地域的束缚，大大增加了信息扩散的范围。全球互联，信息共享，公众遍及全世界，具有全球性。

2. 发布网络新闻的方式

网络新闻发布以其快捷、高效、鲜活、自由等特性，可以较少的费用、最快的速度将新闻传播出去。在网上发布新闻可以通过以下三种方式实现。

（1）**通过网络新闻服务线发布新闻**。许多记者和公众都习惯通过在线网络新闻服务获取信息，组织利用网络新闻服务线发布新闻，可以确保组织新闻能够即时传播出去。虽然提供网络新闻服务线的服务商要收取一定的费用，但与召开新闻发布会相比可为组织节约许多费用，比如招待费、场地费、打印费等。

（2）**通过组织自己的站点发布新闻**。大多数组织的站点都有新闻稿页面，组织可以在该页面直接面向公众动态发布新闻。如果是重大新闻，还可以放在站点的主页上发布并做相应的标记。新闻稿页面一般包含联系信息，记者和公众能够与组织快速取得联系，增加了新闻稿的互动性，同时新闻稿页面的新闻通过链接，可以获得新闻的发展过程信息、其他站点的相关信息，以及图片信息等。

（3）**通过相应的新闻组或邮件列表发布新闻**。一个简短新闻诸如出版社的新书预告、计算机公司的新产品及升级信息等可以在符合主题的新闻组张贴，或者通过组织掌握的邮件列表发布。

15.2.2　博客

1. 博客的定义

博客以网络作为载体，由开设者个人管理，内容丰富、形式多样、更新速度快，可以轻松与读者互动交流，是一种现代网络交流方式。博客最初的名称是weblog，由web和log这两个单词组成，按字面意思解释为网络日记，后来喜欢新名词的人把这个词的发音故意改了，读成weblog。由此，blog这个词被创造出来，音译为“博客”，中文意思是网志或网络日志。中文“博客”一词，既可作为名词，分别指代两种意思blog（网志）和blogger（撰写网志的人，即博客作者）；也可作为动词，意思为撰写网志这种行为，只是在不同的场合分别表示不同的意思。“博客”有较深的含义：“博”为“广博”；“客”不单是“blogger”，更有“好客”之意，看blog的人都是“客”。而在台湾，则分别音译成“部落格”（或“部落阁”）及“部落客”，认为blog本身有社群群组的意思，借由blog可以将网络上网友集结成一个大博客，成为另一个具有影响力的自由媒介。

2. 博客的特点

（1）**开放性**。虽然叫做网络日志，但博客具有明显的开放性，它绝不仅是纯粹个人思想的表达和日常琐事的记录，它所提供的内容可以用来进行交流和为他人提供帮助，具有极高的共享精神和分享价值。

（2）**互动性**。在网上的博客圈里公众可以自由交流，并结合线上线下的活动，让信息在这些博客圈中迅速扩散，有的可以在很短的时间内被无数博友转载或传递，这种传播速度是大众传播媒介所不能比拟的。博客改变了公众对于互联网情感的认识，改变了公众聚集和交流的方式，也改变了公众相互传播互动的模式。

（3）**个性化**。博客由博主自行管理，其内容有的专注于某一特定的主题，做出评论或提供新闻，有的则比较像个人的日记，记录生活点点滴滴，表达形式也是丰富多彩。博主的个性不同，日志内容、博客界面、文章数量、日志分类，人气指数也迥然有异。同时，博客也越来越自主化，DIY 的模式也越来越强，可以真正做成自己想象的模样。博主可以换上心爱的背景图片，使用喜欢的字体颜色，增添动感的特效代码。所以博客就是博主展示自己个性的舞台，要想博得喝彩，一定要展示自己的个性。

（4）**即时性**。博客的即时更新是吸引公众的一个重要原因。现代社会，信息传递超级快速，更新博客就似生物的新陈代谢，生物没有了新陈代谢也就代表着生命的结束，而博客没有了更新，也同样失去了生命力。所以只要条件允许，博主就应该坚持实时更新，这是一个积累的过程，长久下去博客生命力会越来越强。

（5）**便捷性**。博客之所以发展迅速，一个重要原因就是便于操作，只要会上网、会打字，就可以轻松拥有博客。在上网注册博客会员时，众多博客托管商在注册会员前都会标明这样的口号："只要花一分钟，轻松拥有博客"，甚至可以称为"傻瓜式"注册。注册完成后，就可以进入博客管理平台了，博主可以自由选择模板、设置参数、书写日志、进行发表，操作非常简单，不需要高深的专业知识，所以深受草根一族的青睐。

（6）**可信性**。博客是值得信任的，博客的写作者和阅读者会形成一个人际关系联结的群体，也就是所谓的"圈子"。他们可能具有相似的职业领域、相近的爱好或相似的生活背景，总之"圈子"内的人是相互信任的，所以博客才会产生聚合效应，信息才会口口相传。博客自身的传播特点之所以迎合了公共关系的需要，是由于它适应了广泛的人性需要。无论组织想怎样改善与公众的关系，但公众对它的信任还是十分保留的。博客传播虽然是非正式的，但是它却是交互的，允许公众发表言论的，这种互动交流正是当代公众所追求的人际接触。博客公共关系的威力和价值，得到了国内外公司的关注和重视，例如，苹果、通用、美国万国宝通银行、IBM、微软、雅虎、迪士尼、马自达公司等都开通了博客，它们利用官方博客、员工博客、高管博客与各级各类公众进行互动交流，并注意收集反馈信息、监测舆论环境，收到了很好的公共关系效果。

案例 Google 化解与微软的官司危机

Google 聘请李开复负责中国研发中心业务，微软以李开复违反"非竞争协议"为由将其和 Google 公司告上法庭，微软要求法庭禁止李开复在一年内到 Google 就职，并要求获得经济补偿。后来，法庭宣布暂时禁止李开复在 Google 从事和微软相竞争的工作，但允许他到 Google 中国从事招聘工作。为此,Google 专门开通了"Google 与李开复博士"的博客"http://

www.kaifuleegoogle.com/”，作为 Google 面向中国市场的此事件的公共关系窗口。在“Google 与李开复博士”的博客网络日志中包括“诉讼摘要”、“法庭记录”和“我们对事件的解读”。同时在该网络日志上，经常通过某位其聘用的律师与公众分享 Google 对本案的法律观点。此博客的开通引起了公众的强烈反响，传统网络媒介、报刊杂志等纷纷发表文章进行报道。

资料来源：米晓彬．不可忽视的博客公关 [J]．传媒，2007-8．

评析：

当危机发生时，Google 第一时间建立博客，将信息发布出去，不但可以避免公众无端猜忌引发诚信危机，而且能及时进行正面的引导，避免公众被对手的公共关系报道误导。而且，博客作为一种网络媒介，可以记录各种形式的信息，也可以随时查询，具有档案的作用。博客还是一个功能强大的交互平台，在发布信息后，组织与公众的交流互动，使公众容易产生亲切感进而产生信用价值，因为公众更愿意相信一个方便沟通、容易交流、快速反馈的媒介，这也是博客公关的优势。

15.2.3　微博

1. 微博的定义和特征

微博，即微型博客（micro blog），是一个基于用户关系的信息分享、传播，以及获取平台，它由 140 个字的信息发布、评论、转发、关注、话题、粉丝和音视频等核心元素构成。用户可以借助手机等即时通信工具及第三方客户端，随时随地与其他用户分享信息、文字、图片、音频、视频、留言评论等，使用户可以感受全新的信息获取、休闲娱乐与交友沟通方式。

微博所提供的大多数如即时通信、参与话题、群组讨论等服务并非独创，但是微博的可贵之处在于，它能抓住现代人的各式需求，并将这些功能汇聚于一身。微博的传播特性除了具有其他网络媒介的时效性、便捷性、互动性等特征以外，还有无限传播的特点，即微博的传播方式与传统媒介的线性传播及网络媒介的网状传播效果都不一样，而是一种裂变式传播，信息就像细胞裂变一样进行快速扩散。在微博上发布信息，所有粉丝可以即时接收，而且可以进行转发，同步到其他用户的微博中后，他的粉丝同样可以进行转发，这样在短时间内，一条微博就可以进行快速扩散。例如，委内瑞拉前总统查韦斯于 2010 年 4 月 29 日发表了第一篇微博，在头 24 小时内就吸引了 65 000 名粉丝，媒体形容这种增长堪比“光速”。

微博不仅是信息发布平台，更是组织与公众近距离接触、能够产生实时互动的优良平台。因此，利用微博开展组织公共关系活动具有以下特点。

（1）**成本低，效果好**。微博里盛传一种说法：粉丝数超过十万，就是一份都市报；超过百万，就是全国性报纸；超过千万，就是电视台；超过一亿，就是 CCTV。在信息爆炸的年代，注意力就是财富，而创新就是注意力的源泉，只要组织能够打造出具有足够吸引力的微博，那么通过微博的裂变式传播，微博公关就可以收到事半功倍的效果。

（2）**个性强，影响大**。微博一般都有字数限制，不能超过 140 字，那么组织就需要用最简短的语言、最创新的方式来吸引公众关注，当然除了文字之外，微博还支持图片、音频、视频等，组织的微博公关可以通过多种形式的综合运用，打造具有个性化和亲和力的微博来吸引粉丝的关注。

（3）**互动好，功能多**。微博公关作为一种新的方式，打破权威，为组织与公共关系提供了一个平等、自由交流的平台。微博公关不仅可以实时与在线公众沟通互动，还可以开展各种微博公关活动，比如在线直播、网上投票、网络调查、有奖竞猜、转发抽奖等，传播组织文化的同时，还可以引导舆论走向，进行舆情监测，调整公关策略，化解组织危机，提升组织形象。

（4）**不可控性**。组织发布的每一条微博都具有不可控性，一方面舆论走向不可控，当有多个意见领袖对某一条微博态度表示厌恶时，很可能会引发相关粉丝的追捧而同样厌恶，传播与阅读速度之大很难控制。《2012 微时代危机管理白皮书》披露，在意见领袖参与传播后，关于危机的平均讨论声量增加了 37 倍，平均持续时间延长了 6 天；每 1 名认证用户参与，会至少引发 40 条危机的相关讨论，其导致的总浏览量则更为可观。同时，在微博平台，有不计其数的“僵尸粉”、“水军”潜伏其中，如果某条微博遭到恶意中伤并广泛的传播，其损失很难估计。另一方面影响范围不可控，微博公关的内容，只有自己的粉丝能够第一时间看到，而未关注的群体却看不到。同时由于微博更新速度快，许多微博会在短时间内被埋没，相对比某一事件被多种媒介报道，微博公关覆盖面有其自身的局限性。另外，使用微博的大多数是年轻群体，对老年群体的信息传播具有局限性。

2. 微博公关与博客公关的区别

微博和博客有着紧密的联系，作为信息传播媒介，他们有着相似的特征。但是，微博公关和博客公关还是有明显区别的，不仅是信息内容的长短不同，二者的传播机制、信息表现形式及传播时效上也不同。

（1）**信息传播机制不同**。博客公关中，组织处于信息传播过程的主导地位，组织与公众的地位并不完全对等，并且衡量博客公关效果的一个重要标准是博文的点击数量及评论数量的多少。而微博公关中，组织并不是信息传播的主体用户，而微博公关的效果衡量标准在于其转发率，即便组织所发布的微博信息量再大、信息质量再好，不能吸引到微博用户的关注及提高转发率，其微博的传播影响力也是极为有限的。

（2）**信息表现形式不同**。博客公关中最重要的是要传递其文章内容的核心理念，每篇文章都拥有自己独立的篇幅和网页，并且通常表现博主的个人观点，所以其对博客内容有较高的要求，必须得保证每篇博文的字数和质量都得双重统一。但微博字数限制在 140 个字以内，所以公共关系人员必须字斟句酌，还要充分地利用具有丰富感情的表达方式，避免使用过于机械和严谨的组织新闻或产品的介绍说明。但是，由于微博对所发布信息的字数长度有所限制，使得微博信息的更新周期被大大缩短，微博平台上形成了大量冗余的信息。

（3）**信息传播时效性不同**。博客公关对时效性的要求并不是很高，用户可以直接点击进入博客平台或通过博客平台的搜索引擎获得更多持续性的浏览，还可以通过 RSS（really simple syndication）订阅浏览博客信息。而微博公关十分讲求时效性，每秒钟都会有大量信息即时更新，很少人去关注几天前发布的信息，关键的信息也会被淹没在大量的冗余信息之中。

根据现有的微博公关传播的渠道可以看出，微博用户不仅可以看到自身所关注的好友信息，同时还可以通过信息的转发使更多的微博用户看到，达到信息简捷、快速的传播。

案　例　加多宝微博公关："对不起"系列走红

2012 年期间，加多宝与王老吉之争充斥着整个电脑屏幕，从商标到渠道，再到广告之争。2013 年 1 月 31 日，广州市中级人民法院下达诉中禁令裁定书，裁定广东加多宝饮料食品有限公司等被申请人立即停止使用"王老吉改名为加多宝"、"全国销量领先的红罐凉茶改名为加多宝"或与之意思相同、相近似的广告语进行广告宣传的行为。2 月 4 日，因不服"广告语"被禁用，加多宝集团在官方微博发布"对不起"系列微博："对不起！是我们太笨了，用了 17 年时间才把中国的凉茶做成唯一可以比肩可口可乐的品牌；对不起！是我们太自私，连续 6 年全国销量领先，没有帮助竞争队友修建工厂、完善渠道、快速成长；对不起！是我们无能，卖凉茶可以，打官司不行！对不起！是我们出身草根，彻彻底底是民企的基因。"

四条微博图片选用了四个哭泣的孩子，像是受到了极大的委屈，似乎代表着加多宝集团有苦难言；自嘲的话语，隐约能够读出加多宝集团对法院裁决的抗议与不服；以道歉为包装，实际突出了自己过去多年的成绩。加多宝集团以一个弱势者的姿态引来大量支持的声音，设计的爆炸式力量可见一斑。"对不起"系列微博迅速走红网络。据悉，加多宝集团"对不起"系列微博发布后，截至当晚 8 时许，该系列微博就被转发逾 17 万次，覆盖逾 3 亿多粉丝。

资料来源：根据"微时代"下的微博公关的研究——以加多宝"对不起"系列微博为例 [J]．商，2013（6）．加多宝微博营销："对不起"系列走红．网易财经，2013-2-6．http://money.163.com/13/0206/03/8N0HF0JU00253B0H.html．共同编辑整理。

评析：

加多宝利用"对不起"系列微博对公众进行感情攻势，确实赢得了公众的诸多同情，取得了既定的公关效果。加多宝输了官司却赢得了人气，不得不说，这是利用微博公关反败为胜的经典案例。

15.2.4　网络虚拟社区

1. 网络社区的定义

网络社区（online community），属于社会学范畴，一般是指一群拥有相同或相似兴趣、爱好、经验的人（如学生、上班族、女性、男性等）或是有着一定知识和技能的专业人士（如软件程序员、营销人员、医生等），通过各种形式的电子网络，以及电子邮件、即时通信软件、新闻小组、聊天室或论坛等方式组成一个社区，让参与该社区的会员进行沟通、交流、分享信息。例如，BBS/ 论坛、贴吧、公告栏、群组讨论、在线聊天等网上交流空间。由于这种社区不需要固定的聚会时间及实体的聚会地点，而是建立在虚拟的网络环境之中，因此又称为虚拟社区或在线社区、电子社区。虚拟社区与现实社区之间无疑存在共同之处，比如都有一定的人群，都是一个空间单位，都存在着人与人之间的互动，都是社区成员情感的交流场所。两者最大的差异表现在，虚拟社区更强调作为"共同体"的功能或精神方面的因素，而不关注其他地域属性。

2. 网络社区的特征

（1）**成员的相近性**。网络社区是相同爱好、经历或专业相近、业务相关的网络用户聚会的场所，大家围绕一个共同感兴趣的话题相互交流。

（2）**成员人际关系的脆弱性**。网络社区的成员都可以自由选择自己的身份、立场、交流方法，并伴随着明确的隐秘性，互动中选用一定的符号作为自己的代表，隐匿部分真实身份，成员之间一般从未谋面，因此网络社区的人际关系显得比较脆弱。进出社区相对来说比较容易，所以社区的群体流动比较频繁。

（3）**多元中心化**。在传统的社区论坛中，版主是无冕之王，掌控着论坛中每一个贴子，因此版主意志中心化明显。而在新型的网络社区中，如校内网、开心网、Facebook 等，每一个用户拥有自己的空间，不再受"版主"的意志所左右，这样就有效避免了中心化的出现，形成了去中心化的趋势。而当某些用户的空间被大众所关注和喜爱的时候，又出现了不同于"版主意志"的多元中心化。因此，网络社区实现了中心化与去中心化的平衡。

网络社区往往带有明显的主题倾向，这就为组织开展网络公共关系提供了很好的平台。网络社区成员的相似性，在一定程度上起到了对公众进行分类的效果，这将有助于提高公共关系工作的针对性和效率；在网络社区中，组织可以发布最新动态，宣传组织的价值观和组织文化；组织还可以通过与社区成员的互动，让公众更深入地了解组织文化；社区成员的现身说法及亲身体验，更具有说服力，更能影响其他社区成员对组织文化的理解与认识，塑造组织形象；组织还可以执行信息监测功能，实现对市场动向、组织形象、产品形象等信息的监测和危机预防、控制等。因此，网络社区公共关系也是组织开展公共关系工作的新阵地，需要组织给予足够的重视和应用。

15.2.5 网络视频

网络公共关系之所以备受推崇，其重要原因之一就是多样化的表现形式，相较于网络新闻、博客、微博等其他网络公共关系手段，网络视频最直观、生动。网络视频是指由网络视频服务商提供的、以电脑或移动设备为终端，以 WMV、RM、RMVB、FLV 及 MOV 等流媒体为播放格式，可以在线直播或点播的声像文件，包括各类影视节目、新闻、广告、FLASH 动画、自拍 DV、聊天视频、游戏视频、监控视频等。

网络视频将文字、声音、图像、动作四者的传播有机地结合起来，给人最大限度的真实感。而且作为传播媒介，与电视相比，网络视频的保持周期更长，既可以在线直播，也可以点播，不用担心错过播出时间而无法观看；另外，网络视频的制作和发布更为快捷和方便，不用经过电视台的严格审查。因此，网络视频成为组织网络公共关系常用的手段之一。当然，要想得到不错的传播效果，网络视频的制作是重中之重，组织公共关系人员可以寻求专业公共关系公司的协助。

例如，百度浏览器曾推出过一支《生命诚可贵，性急不是罪》的病毒视频，"……现代人的字典永远没有蛋定！末日将至，还有那么多美好的事情没做，赶紧性急起来！爷宝贵的绳命怎么能浪费在一个弱爆了的手机浏览器上！……急急急急急急急急急急急！”幽默的文案、搞笑的配音加上漫画画风，上线 4 个月，这个视频在优酷获得了 610 万的点击量。

15.2.6　搜索引擎

互联网为我们提供了海量信息，已经超过了用户的接受范围，那么如何快速、准确地找到自己想要的信息呢？一般都会通过搜索引擎来完成，比如百度、谷歌、雅虎、SOSO、搜狗等都是知名的搜索引擎。搜索引擎是指根据一定的策略、运用特定的计算机程序从互联网上搜集信息，在对信息进行组织和处理后，为用户提供检索服务，将用户检索相关的信息展示给用户的系统。搜索引擎在收入网页的时候把上面的字词进行索引，当用户键入关键字词搜索时，搜索引擎就会搜索索引，将当中带有这个关键字词的网页反馈给用户。在整个过程中，搜索引擎是完全自动的，搜索索引则是由人来操作管理的。

在网络公共关系中，组织发布的各种信息要想快速地被用户发现，需要借助搜索引擎的检索功能，如果搜索引擎能够更多更有效地抓取组织发布的信息内容，那么对于组织的好处是不言而喻的。在网络公共关系中，一方面公共关系人员要努力增加组织信息在主要的搜索引擎、分类目录中获得被收入的机会，并且尽可能获得好的排名，从而为用户快速准确地找到目标信息提供便利；另一方面搜索引擎也是研究网站用户行为的一个有效工具，通过对网站用户搜索行为的深度分析，对于进一步制定更为有效的组织经营策略具有重要价值。

除以上网络公共关系的手段之外，组织也要注意微信等即时通信平台的崛起和应用，因为据中国互联网络信息中心（CNNIC）的第 33 次《报告》显示，2013 年微博、社交网站、论坛等互联网应用的使用率较 2012 年有所下降。类似即时通信等以社交元素为基础的平台应用则发展稳定：在 2013 年，整体即时通信用户规模在移动端的推动下提升至 5.32 亿，较 2012 年年底增长了 6 440 万，使用率达 86.2%。与传统及时通信工具、社交网站相比，以社交元素为基础的平台不仅拥有更强的通信功能，还增加了信息分享等社交类应用，并为用户提供了诸如支付、金融等内容的综合服务，最大限度地增加了用户黏性，保证了用户规模的持续增长。

网络公共关系之所以能够大显身手，正是因为综合运用了网络新闻、博客、微博、网络社区、网络视频、搜索引擎等各种网络媒介，令社会组织与相关公众可以在网络环境中充分交流。综合运用以上工具，结合多媒体技术，就会带给公众视觉听觉的多重享受，并形成一种“一对一”的个性公关，使组织与公众进行一对一的交流，保证信息完全被公众接受，同时能够及时得到公众的反馈信息。这样就能提高公众对信息接收的主动性，会增加公众对组织信息的记忆度。互联网的快速发展，将人类带入了全民网络时代，也把公共关系带入了网络公关时代，新一轮的公共关系发展浪潮已经搭乘网络快车向我们飞奔而来。

15.3　网络公共关系的传播过程、传播心理与传播技巧

公共关系活动的过程，就是社会组织同公众之间进行信息传播和沟通的过程。因此，公

共关系工作从本质上来说就是一种信息传播活动。公共关系传播就是指社会组织借助一定的载体和途径，将信息有计划地与公众进行交流和沟通的活动，网络公共关系传播就是社会组织借助互联网技术平台的传播活动。因此，网络公共关系传播特征与互联网的传播特征紧密相连。

15.3.1 传播过程

传播过程就是信息的传送、交流或取得共识的过程。有关传播理论在本书第 3 章公共关系理论中做了详细的解释，在此不再赘述。网络公共关系的传播过程与传统公共关系传播过程相比，主要是公共关系传播过程的各个要素的区别，即传播主体为网络化的社会组织、传播客体是网络公众、传播渠道为网络媒介，如图 15-1 所示。

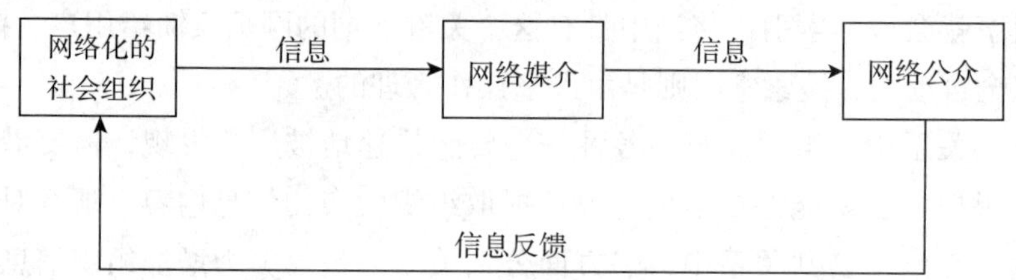

图 15-1 网络公共关系的传播过程

网络化的社会组织，通过网络媒介把相关信息传递给网络公众，网络公众在接收到相关信息后可以进行实时反馈，社会组织依据反馈信息对自身的公共关系策略和经营行为进行调整，这是一个信息的循环传播过程。在这个循环传播过程中，网络化的社会组织在传播上更具有能动性，可以更有效地掌控话语权；网络公众在传播中的地位也显著提高，不再是被动地接收信息，也积极地反馈信息，与组织进行互动；网络媒介与传统媒介相比，不再充当“把关人”的角色，其快捷、高效、低价、覆盖面广及形式多样的特点，使其传播的效能也大大提升；而真正成就这个循环传播过程的，是网络公共关系的信息反馈更及时、更便利，这一点是基于互联网的技术支持实现的，组织能够更方便地获取受众反馈，大大改善组织公共关系信息流程与控制系统，并及时调整公共关系策略，以适应环境的变化。

这些要素上的变化，都要求社会组织及其公共关系人员在开展网络公共关系活动的时候更注重把握网络公众的心理特点，注重网络传播技巧，综合运用各种网络媒介，实现公共关系目标。

15.3.2 传播心理

网上公共关系的一个鲜明特征是虚拟性，网络的匿名性使得网络群体关系是短暂的、松散的、缺乏承诺与约束的，因此，这种虚拟性使得网络公共关系的传播心理发生了变化。

1. 集体无意识

网络群体相较于普通社会群体来说，其结构更为松散，但是由于其自发性较强，其集体心理相比普通社会群体也更为强大。古斯塔夫·勒庞在《乌合之众》中描述道：“进入群体的个人，在‘集体潜意识’机制的作用下，在心理上会产生一种本质性的变化。就像‘动物、痴呆、幼儿和原始人’一样，这样的个人会不由自主地失去自我意识，完全变成另一种智力水平十分低下的生物。”这段话虽然有些极端，但在一定程度上却准确地描述了群体心理最大的特征：个性的消失和集体无意识的产生。当人们处于群体中时，集体心理会使个体的思想和行为产生变化，而由于网络平台的虚拟性，网民真实身份完全隐匿，不受现实社会身份的影响，促使集体心理的表达更加直白与强烈。

2. 传染现象

在网络互动中，很多人对事件激烈高昂的情绪很容易感染到另外一些人，这就是群体心理的传染现象。依据网络平台的快速传播，以及不同网络平台关注人群的高度同质化，使得个体更容易被传染，无论是情绪还是行为，被传染的速度和程度也更高。

3. 群体弱智现象

在网上有过两则关于农产品的谣言：一则称吃生西红柿相当于抽二手烟，另一则称江西宜春的早稻由于“拔苗助长”不宜食用。这两则谣言短时间内在网民群体中大量转发，给相关农产品造成了负面的影响，给众多农民带来了极大损失。其实谣言的分辨是很简单的，但在转发扩散的过程中却没有受到质疑。对此类现象，古斯塔夫·勒庞称为“群体中的智力泯灭”，他认为，即便是那些公认的智力卓越者，只要几个人聚合在一起，形成一个群体之后，在他们的专长之外同样会表现出群体的所有特点。他们所看到的事情往往会遭到严重的歪曲，真相也会被与他无关的幻觉所取代。由于网络群体的“智力泯灭”，使得其易传谣信谣的特点也比较突出。

4. 从众心理

在心理学中，从众是指由于群体压力而引起的个体行为或信念的改变。而群体规模、一致性、凝聚力、地位等因素都是影响个体从众心理的重要因素。在网络世界里，网络个体的从众心理表现也十分明显，比如多数网络集体事件中的个体都是盲目跟风，最后起到了推波助澜的作用。从众是生存的本能，从众心理的产生主要是由于认知失调和对孤独的惧怕，群体的压力会让人产生失调，而从众是减少失调的一种有效方法。

5. 情绪的极化

在网络上，我们经常看到一些素不相识的人为了别人的私事而群情激奋，这正是群体心理的一个重要特征，在网络群体中，这种感情和行为的表现更为夸张。群体的感情很单纯，一旦表现出来，通过暗示和传染过程而迅速传播，就会呈现出巨大的力量。在这样的情绪下，群体变得偏执，不容易接受外来的意见。如果是不良的情绪，一旦由群体的力量表现出来，就会显得更夸张，甚至形成网络暴力。例如，在猫咪有约论坛，一位网友发贴称自家猫被邻居捉走扒皮吃掉，引起网民公愤，短时间内就有大量网友跟贴表示极大愤慨，有许多言论谴责该邻居。之后事态升级，网友们“人肉”搜索该邻居，公开此人及其家人身份证号、车牌号等，给邻居生活造成了极恶劣的影响。

6. 责任感的弱化与分散

在群体中，责任感被弱化与分散，因为人多势众而产生的力量感，会使群体表现出孤立的个人不可能有的情绪和行为。匿名的网络空间给人们提供了接触更多人的机会，群体成员在交往数量上可以达到前所未有的广度，对他们而言，群体就是正义，数量就是道理。他们认为，在网络匿名性和高度自由性的情况下，无须为自己的过失承担责任，使得群体成员无须考虑自己言语的影响，社会责任感由此丧失，也正是由于责任感的弱化与分散，群体感情的失控一触即发。

15.3.3 传播技巧

网络公共关系的传播首先要结合传播的信息内容慎重选择具体的传播工具，其次要考虑网络公众的心理特点和交流信息的习惯方式设计传播形式，具体来说有以下八个方面值得注意。

1. 内容要新

网络传播的重要特征就是信息传播快，不少网络公众已形成在网上寻求最新信息的习惯，因此，组织进行网络公共关系不仅要第一时间发布信息，还要及时更新信息，既满足了公众的需求，还充分掌握了话语权。

2. 事实要真

组织在网络公共关系中要时刻保持清醒的头脑，发出的信息要真实可靠、实事求是，有一说一、有二说二。虽然网络信息失真的现象较为严重，但是组织切不可存在侥幸心理，轻视公众的智慧，发布虚假信息欺骗公众，最后只能自食恶果。

3. 形式要活

在网络公共关系中，要想吸引公众的眼球，就要在传播形式上下工夫，比如利用字体、颜色的设计冲击公众的视觉神经；巧用超级链接让组织信息在不同类型的空间内转移；图文并茂，增加信息的可信性；语言的平民化，增加信息的可读性等。总之，网络给每个社会组织提供了一个自由展现自己的舞台，在这个舞台上，能不能博得关注与喝彩，却需要组织自己努力。

4. 情理结合

在公共关系传播过程中。传播活动是在四个层次上进行的，依次是信息层次、情感层次、态度层次和行为层次。其中，信息层次是最基本的层次，一般社会组织就是依靠向公众传播信息逐步建立信誉的。一个优秀的公共关系人员，往往从情感入手，通过真情实感去打动公众，进而改变公众的态度，引导公众的行为，达到公众对组织支持和合作的目的。

5. 因人适宜

公共关系人员要把握公众的心理，根据公众的不同需求和认知习惯而采取不同传播策略和手段。在传统公共关系中，对公众的刻画是粗线条的、群体式的。先进的互联网技术让组织有能力获得公众更详尽的资料，发送个性化信息，使得公共关系个性化成为可能。就传播的技术角度而言，传播双方必须有共同的经验范围，这是双方进行沟通的基础。共同经验范围越多，沟通时的共同语言也就越多，传播效果也就越好，信息的分享程度也就越高。如果双方毫无共同经验的范围，则传播沟通根本无法进行，也就是我们常说的“到什么山上唱什么歌、用什么钥匙开什么锁”的道理，强调公共关系人员要想遵循因人适宜律，克服“以自我为中心”的传播模式，树立“以公众为中心”的传播观念。

6. 旁敲侧击

据研究表明，越是没有明显目的和倾向地宣传某一观点、事实，组织的影响力越高，传播效果越好；如果当组织明显地宣扬某一观点、事实时，影响力反而降低。越是宣扬与组织的自身利益密切相关的问题，组织的影响力就越会降低；相反，如果宣扬与组织自身利益无关的问题，影响力反而提高。这点提示我们，组织开展公共关系活动可以采用旁敲侧击的战术，比如发起公益活动或借他人之口扬自己之名等。

7. 重视草根

一个草根的力量是微不足道的，但是，千百万草根的长尾智慧就不容小觑。今天，众多的草根群体加入到网络的报道和评论中，强化了网络舆论的影响力，并推动着社会的决策和进步。对于网络公共关系来说，面对量大而分散的网络公众往往感觉无从下手，“意见领袖”就成了牵一发而动全身的关键点。特别是那些出身“草根”的“意见领袖”，往往有着更高的可信性和更大的影响力，因此培养为自己代言的“意见领袖”，利用这些“意见领袖”引导网上舆论，是网络公共关系的技巧之一。

8. 建立预警

网络舆论的预警工作是控制舆论发展的重要手段，更是制止不良网络舆论蔓延的关键。只有做好对网络舆论的预警，才能及时掌握网络舆论发生、发展的主动权，了解动态，提前介入，将不良舆论处置在萌芽状态。为此，可以利用搜索引擎、网络舆情监控系统等作为组织的耳目，从每天海量的网络言论中敏锐地发现潜在危机的苗头，为相关职能部门下一阶段的有效应对赢得宝贵时间。

小　结

21 世纪，人类进入了网络时代，互联网也创造了新的传播渠道与传播模式，这对以传播为主要工作手段的公共关系来说，既是机会也是挑战。借助网络传播的特性，在网络公共关系中，作为主体的组织拥有更强的自主性，可以有效地影响和控制舆论；而网络传播的互动性使得网络公众在传播中的地位也得到显著的提高；网络公共关系的传播时空更广泛；传播效能大大提升。当然，任何事物都有其两面性，网络公关也是一柄双刃剑，互联网在成就了公共关系的同时，也给组织公共关系工作带来了巨大的挑战。在网络时代，危机的处理变得更加棘手；另外，网络公共关系的异化现象已严重危害了公众的利益、网络公共关系的秩序和公共关系业的健康发展。网络公关不仅考验着组织的公关能力，也考验着组织的道德水平。因此，科学认识网络公共关系的传播过程，正确把握网络公共关系的传播心理，合理应用网络公共关系的传播技巧，组织的网络公共关系工作一定会大有收获。

思考讨论

1. 汶川地震后，一则名为“封杀王老吉”的贴子在网上爆红。事情源于生产罐装王老吉的加多宝公司向地震灾区捐款一亿元，于是网友正话反说，在贴子中号召大家“为了‘整治’这个嚣张的企业，买光超市的王老吉！上一罐买一罐！”该贴不仅引发了网友的疯狂转发，更直接鼓动起网民对王老吉的购买热情。后经证实该贴属于人为操作。你认为这次“封杀”活动是真正意义上的网络公共关系吗？请说明理由。
2. 网络公共关系就是以网络传播为特点的公共关系实践行为，因此，网络公共关系的特点与互联网的传播特征紧密相连，因此，不少人认为网络公共关系的特征即为网络传播的特征，对此，你的观点是什么？
3. 非法网络公共关系问题层出不穷，其大行其道之势也绝非偶然，请你试着分析非法网络公共关系出现的原因，并提出一些治理对策。

能力实训

在中国乳业整体一蹶不振，以及蒙牛雇用“网络打手”诋毁伊利产品的内幕曝光后，蒙牛的社会形象遭受巨大打击。请你为蒙牛设计一套网络危机公共关系方案，目的是重塑消费者信心，以及蒙牛在消费者心中的美好形象。

课外导读

[1] 古斯塔夫·勒庞．乌合之众 [M]．戴光年，译．北京：新世界出版社，2011．

[2] 宋鲁禹．e 时代的危机公关 [M]．北京：中国纺织出版社，2010．

[3] 陈一收．网络公关 [M]．北京：北京大学出版社，2013．

[4] 曼纽尔·卡斯特．网络社会的崛起——信息时代三部曲：经济、社会与文化（第一卷）[M]．夏铸九，等译．北京：社会科学文献出版社，2003．

[5] 曼纽尔·卡斯特．认同的力量——信息时代三部曲：经济、社会与文化（第二卷）[M]．夏铸九，黄丽铃，等译．北京：社会科学文献出版社，2003．

[6] 曼纽尔·卡斯特．千年终结——信息时代三部曲：经济、社会与文化（第三卷）[M]．夏铸九，黄慧琦，等译．北京：社会科学文献出版社，2003．

[7] 王易．微信营销与运营：策略、方法、技巧与实践 [M]．北京：机械工业出版社，2014．

[8] 江礼坤．网络营销推广实战宝典 [M]．北京：电子工业出版社，2012．

Chapter 16
第 16 章

聚焦问题趋势：危机公共关系

学习目标

掌握：公共关系危机事前预防、事中处理、事后修复的方法和程序。

理解：公共关系危机的含义和特点。

了解：公共关系危机的分类。

引例

富士康跳楼事件

2010年1～6月，一共有13位年轻的富士康职工选择跳楼结束他们鲜活的生命，富士康被贴上“血汗工厂”的标签。2010年5月26日，在深圳龙华厂，富士康科技集团总裁郭台铭首度公开面对数百家媒体。当着千余人的面，他深深三鞠躬，“除了道歉还是道歉，除了痛惜还是痛惜”。郭台铭鞠躬道歉的形象被国内外媒体所广泛报道，“血汗工厂”等名词出现在国内外媒体上。作为全球最大的IT、消费电子产品的企业，富士康职工的连续自杀事件让苹果、惠普等全球知名IT企业发表声明表示高度关注，富士康连跳事件已经成为国内外舆论所广泛关注和探讨的话题。

案例来源：根据蔡志刚．公共关系原理与实务[M]．西安：西北工业大学出版社，2010：141．删减整理。

讨论：什么是公共关系危机？现代企业应该具备怎样的危机公共关系意识和能力？

2010年富士康职工跳楼事件的教训，不仅使富士康认识到危机公共关系的重要性，也让我们看到了知名国际企业在品牌强大背后危机公共关系的软肋。了解危机公共关系活动的原则、特点、掌握危机公共关系的处理方法和技巧，从而达到预防和正确处理危机的目的，已成为现代公共关系学的一项重要课题。

16.1 公共关系危机的概述

16.1.1 公共关系危机的含义

“危机”从字面上看，是“危”与“机”的组合，一方面代表着危险，另一方面也意味着机会。公共关系危机一般是指组织与消费者、新闻媒介、政府、社区等公众之间因为某种非常因素而引发的对于组织的声誉、形象或发展造成不良影响的非正常状态。这种危机的产生可以导致组织与公众之间的关系迅速恶化，严重地影响组织的形象和正常运行，使组织的生存和发展受到威胁。

【阅读材料】关于危机的各种观点

“危机”一词来源于希腊语，它是用来形容人濒临死亡的一个医学术语。在英文《韦伯词典》中，“危机”被定义为“有可能变好或变坏的转折点或关键时刻”。研究危机的先驱赫尔曼认为：“危机是威胁到决策集团优先目标的一种形势，在这种形势中，决策集团做出反应的时间非常有限，且形势常常令决策集团向惊奇的方向发展。”荷兰莱登大学危机研究专家乌里尔·罗森塔尔在赫尔曼定义的基础上进行了修改，他认为：“危机就是对一个社会系统的基本价值和行为准则架构产生严重威胁，并且在时间压力和不确定性极高的情况下，必须对其做出关键决策的事件。”学者巴顿认为：“危机是一个会引起潜在负面影响的具有不确定性的大事件，这种事件及其后果可能对组织及其人员、产品、服务、资产和声誉造成巨大的损害。”《辞海》的解释是：“危机是潜伏的祸机，是生死成败的紧要关头。”因此，危机是指“某一突发事件所引起组织的一种不稳定状态”。

16.1.2 公共关系危机的特点

1. 突发性

几乎所有的危机事件都是在人们无法预料的情况下发生的，危机何时发生、怎样发生、在什么方面发生等都常常会带有极大的偶然性。虽然可以估计事件发生的可能性，但却无法事先知道事件一定发生，更无法确定其发生的具体时间、地点、影响深度和实际规模，特别是一些不可抗力的因素导致的危机，例如地震、海啸、台风、雪灾、政变等，更是复杂和难以预料、抗拒的。因此，危机一旦发生，会引起组织内部和外部公众的恐慌和混乱，使人措手不及，如果没有任何危机应急措施就可能造成更大的损失。

2. 聚焦性

现代社会传播技术发达，由于危机的严重危害性，自然会引起媒介和公众的极大关注，成为社会舆论的焦点和热点问题。而媒介对危机报道的内容和态度影响着公众对危机的看法和态度。进入信息时代后，信息传播渠道的多样化、时效的高速化、范围的全球化，使组织危机情境迅速公开化，成为公众聚集的中心、各种媒介热炒的素材。近几年来，媒介正越来越多地扮演这种角色，将一个个组织推到风口浪尖，特别是伴随事件而来的强大社会舆论压力，更成为组织在危机处理中最为复杂棘手的问题。

3. 破坏性

任何危机事件都会给组织的经济利益或声誉带来不同程度的不利影响，危机越严重的事件，其破坏性越大。这种破坏不仅对组织造成破坏，也对社会造成破坏。从组织的角度看，危机破坏组织的形象，影响组织的经营，给组织带来严重的形象危机和巨大的经济损失；从社会的角度看，危机对社会、经济、政治和公众心理的影响是巨大的，比如引发政府的信任危机或生存危机，导致社会的混乱，使公众的心理产生恐惧和严重不安全感，而且某些危机的影响具有全球性和长期性。

4. 不确定性

由于公众无法获得危机爆发的全面信息，结合环境的不确定性，对于危机的性质、未来可能的发展及对组织或社会造成的影响，公众往往是不能准确把握的，这就造成了危机的不确定性，许多重大危机最后可能会导致意想不到的结果。

5. 紧迫性

危机一旦爆发，其破坏性的能量会被迅速释放，并呈快速蔓延之势，如果不能及时控制，危机会急剧恶化，使组织遭受更大损失。而且由于危机的连锁反应及新闻的快速传播，组织如果给公众留下反应迟缓、漠视公众利益的形象，势必失去公众的同情、理解和支持。因此对于危机处理，可供组织做出正确决策的时间是极其有限的，而这也正是对组织最严峻的考验。

6. 建设性

建设性是指危机事件的发生使组织潜在的问题得以充分暴露，通过对危机事件的妥善处理，既有可能挽回影响，也有可能重新建立信誉、塑造形象，使原本不佳的公共关系状态获得转机。组织认识到危机的建设性，才会采取主动姿态，沉着冷静而满怀信心地面对危机，从中寻找和抓住任何可能的机会。

从“非典”危机想到的

2002 年 11 月，突如其来的“非典”疫情降临中国大地，广州、香港、北京、台湾……一时间抗击“非典”成为中国人生活中的头等大事。“非典”迅速蔓延给中国社会带来了严重的后果，造成了巨大的损失，它使得国家的旅游业、餐饮业、娱乐业、商业受到影响，使得部分学校不得不停课，一些公司歇业关门，许多正常工作无法进行，大量社会公众活动被取消或延缓。在人民群众的健康受到损害、生命安全受到威胁时，我国的各级政府和职能部门如何面临危机、处理危机、最终妥善解决危机，自然是对领导管理水平的一次严峻考验，也是对政府的公众意识的一次实际检查，更是对各级政府公众形象的一次测试和评估。

资料来源：公共关系学习题与答案（word 文档）. 百度文库 . http://wenku.baidu.com/view/bf0ccc3f5727a5e9856a.

讨论：

1. 此次“非典”危机表现出哪些公共关系危机的典型特点？
2. 我们在解决这场危机中还存在着哪些不足？

16.1.3 公共关系危机的分类

分清危机的种类对有针对性地解决危机有重要意义。依据不同的标准，危机的分类有很多种。

1. 根据危机产生的原因

（1）**自然危机**。因不可抗拒的自然力使组织蒙受灾难性的损失，称为自然危机。比如地震、风灾、水灾、火灾、塌方及突发性流行疾病等。这样的危机给组织带来的损失往往是巨大的。

（2）**管理危机**。由于组织管理问题而导致恶性事故所造成的危机，称为管理危机。它包括由于平时预防不力造成的爆炸、火灾、厂房倒塌等引起人员伤亡的事件和由于生产过程中的技术故障或管理不善造成的其他伤害事故，比如火车撞车、飞机失事、船舶沉没、电器漏电、意外的化学品泄漏造成的污染和中毒等。

（3）**组织管理者的反社会行为**。它是指组织的管理者引发的组织内部的犯罪行为及其他违背公众利益的行为。由于组织的管理者是该组织的法定代表人，对组织的生产经营等职能有绝对的行使权，因此这种反社会行为对组织进而整个社会都有着极大的危害。

（4）**组织运作危机**。它是指组织在运作过程中遇到影响组织运作的障碍所带来的危机，诸如债务危机、经营效益恶化、能源紧缺、销售渠道不畅等。

（5）**环境危机**。由于组织生存环境发生重大变化而带来的危机，称为环境危机。组织的生存环境包括政治环境、经济环境、文化环境等多方面，每一个方面都有可能发生重大变化而给组织造成危机，比如经济危机，政变等。

2. 根据危机发生的范围

（1）**内部危机**。发生在组织内部，如管理混乱，运营、设备故障，资金困难等都属于内部危机。

（2）**外部危机**。发生在组织外部，如环境危机、自然灾害等均属此类。

3. 根据危机的危害程度

（1）**大型危机或恶性危机**。这类危机的特点是人员伤亡和重大财产损失，包括大规模、严重的自然灾变，损失严重的交通事故，爆炸，有毒物质泄露等，社会影响大。

（2）**中型危机**。一般是发生在组织内部的，或是在某种特定类型的人群中产生影响的事故，一般不涉及人员伤亡，比如质量问题，劳资纠纷等。

（3）**小型危机**。没有伤亡，也没有严重的财产损失，仅对组织的声誉和正常运转造成影响。这类危机如果不及时正确处理，任其发展下去也会对组织造成较大的不利影响。

16.2 公共关系危机的事前预防

“凡事预则立，不预则废”，组织要想有较强的“免疫力”，就必须加强危机预防。因此，进行有效的危机预防不仅可以使组织提高警惕，还可以使其提高危机来临时快速反应的能力。

16.2.1 危机预测分析

危机预测分析是事先要对可能发生的危机做出预测和分析，内容包括：可能发生哪些危机，危机可能具备的性质及规模，危机对各方面可能带来的影响。公共关系人员需要根据组织的具体情况，按轻重缓急把危机分类，比如：A 类是很可能发生的危机，如产品质量、媒介关系、环境变化等；B 类是有一定可能但又不是很可能发生的危机，如被盗窃、合作伙伴违约等；C 类是很少发生但又不是不可能发生的危机，如产品被投毒、水管爆裂等。

16.2.2 制订应急计划

在危机发生之前做好准备，制订完善的计划，以便当出现危机时，即刻能做出反应，这是减少危害的有效措施。计划应包括对付各类不同危机的不同方法，安排好危机发生中后期在各个环节中负责处理各种问题的适当人员，同时让这些人员事先了解面对不同危机时他们应该承担的责任和应该采取的措施。

16.2.3 成立危机管理委员会

大中型组织应设立这样的委员会，这是顺利处理危机的组织保证。危机管理委员会的人员应包括组织管理者、人事经理、工程管理人员、保安人员、公关经理、后勤部门领导等。如果组织有分支机构，每个分支机构、分公司、分厂都应向委员会派一名代表，以便发生问题时能迅速地在各地协调行动。特别是当分支机构也都生产同样的产品、采用同样的质量标准、使用同样的购销渠道、具有同一组织形象时更有必要。

16.2.4 建立处理危机关系网

根据预测的可能发生的危机，组织与处理危机的有关单位联系，建立合作网络，以便危机到来时能很好合作。这些单位有医院、消防队、公安部门、邻近的驻军、相关的科研单位、同行业兄弟单位、保险公司、银行等。平时，组织就要通过互相沟通使它们了解组织的基本情况，以及在危机中组织会向它们寻求哪些帮助等。

16.2.5 搞好内部培训

处理危机是公共关系工作中的一项重要内容，但由于危机并非经常发生，大多数工作人员对处理危机都缺乏经验，所以可以组织培训班专门对公共关系人员进行培训，内容包括：模拟危机，让受训人员迅速做出反应，以锻炼他们面对危机、处理问题的能力；向他们提供各种处理危机的案例，让其从各类事件中吸取经验和教训，在心理上做好处理各种危机的准备。

16.3 公共关系危机的事中处理

危机的预防只能减少或预防危机的发生，并不能完全阻止危机的发生。一旦危机发生，组织原有的秩序被破坏。在这种情况下，组织必须根据预防危机管理程序，立即进入危机处理状态，采取各种积极有效的措施解决危机，将危机造成的损失降至最低，尽快恢复正常的秩序。

16.3.1 危机处理的“5S”原则

游昌乔先生通过10年积累，创造出危机公关“5S”原则，既填补了我国危机管理理论研究的空白，又同时成功地帮助众多组织从容应对危机，化危为机。“5S”原则，即承担责任原则（shoulder the matter）、真诚沟通原则（sincerity）、速度第一原则（speed）、系统运行原则（system）和权威证实原则（standard）。

1. 承担责任原则

危机发生后，公众会关心两个方面的问题。一方面是利益的问题，利益是公众关注的焦点，因此无论谁是谁非，组织应该承担责任。即使公众在事故发生中有一定责任，组织也不应首先追究其责任，否则会各执己见，加深矛盾，引起公众的反感，不利于问题的解决。另一方面是感情的问题，公众很在意组织是否在意自己的感受，因此组织应该站在公众的立场上表示同情和安慰，并通过新闻媒介向公众致歉，解决深层次的心理、情感关系问题，从而赢得公众的理解和信任。

2. 真诚沟通原则

现在公众获取信息的渠道不再限于官方媒介，网络巨大的信息量使公众能迅速了解事实真相。因此，坦诚真实地在第一时间告知公众所发生的事情远比半遮半掩要好得多，要保障公众的知情权。在事件发生后的第一时间，组织的管理者应向公众说明情况，并致以歉意；不回避问题和错误，及时与媒介和公众沟通；向公众说明事件处理的进展情况，重拾公众的信任和尊重。

3. 速度第一原则

在危机最初出现的12 ~ 24小时内，信息会像病毒一样，以裂变方式高速传播。而这时候，可靠的信息往往不多，充斥着谣言和猜测。因此，组织必须当机立断、快速反应、果断行动，与媒介和公众进行沟通，从而迅速控制事态发展，否则会扩大突发危机的范围，甚至可能失去对全局的控制。

4. 系统运行原则

在逃避一种危机时，不要忽视另一种危机。组织在进行危机管理时必须系统运作，绝不可顾此失彼，要透过表面现象看本质，创造性地解决问题，化害为利。

5. 权威证实原则

在危机发生后，组织要请具有一定权威性的专家为其说话，使公众解除对组织的警戒心理，重获公众的信任。

案　例　云南“躲猫猫”事件

2009 年 2 月 12 日，被拘押的昆明市晋宁县李某在看守所死亡。就其死因，警方称其因与狱友玩“躲猫猫”游戏不小心撞墙而致。这一难经推敲的死因回应引来了媒体及广大网友的强烈质疑，舆论认为当地政府没有承担事件责任，给出的回应缺乏可信度。透过难经推敲的死因回应，当地政府显然是在推卸事件责任，陷于被动之中是难免的。如何以有效的方式揭开事件真相，给广大公众一个满意的答复，是摆在有关政府领导面前的最大难题。2 月 19 日，云南省委宣传部高调介入此事，借助网络手段，征集网民和社会各界人士代表作为调查委员会成员参与事件调查，得到了网友的称赞，社会各界报名异常踊跃。2 月 20 日，当地公安部门依然擅自发布通报，称李某系玩游戏意外受伤致死，媒体与广大网友开始质疑报告，舆论压力再次形成。2 月 27 日，云南省检察、公安两部门联合召开新闻发布会，公布了事件调查结论，认定李某系因同监室在押人员殴打、拳击头部后撞击墙面，导致受伤死亡，还原了事实真相。公众普遍接受检察机关的调查结论，有关责任人也被追究了事件责任，至此事件结束。

资料来源：根据李志军，王晓乐．公共关系教程 [M]．杭州：浙江大学出版社，2009：105-106. 删减整理。

讨论：

对于这起危机事件，各级政府在处理的过程中遵循了哪些危机处理原则，违背了哪些原则？

16.3.2　危机的处理程序

各种类型的危机虽有不同的处理方法，但在程序上是基本相同的，一般都经历如下程序。

1. 深入现场，了解事实

危机事件发生后，组织应立即成立专门处理危机的小组。组织管理者应立即奔赴现场，给公众一种敢于负责，有能力、有诚意解决危机的形象，这对稳定公众情绪起着重要的作用。危机处理人员赶到现场后，应想尽一切办法迅速与当事人或目击者取得联系，了解危机事件发生的时间、地点、原因，了解人员伤亡的程度及财产损失的多少。在全面收集有关信息的基础上将材料分类整理，组织有关危机处理人员进行分析，认真查找事件的真正原因，形成分析报告，并上交有关部门。

2. 分析情况，确立对策

这一步是制定危机处理方案。危机发生后将会触及各类公众的利益，在全面了解有关情况后，应针对不同的公众确定相应对策。这些对策大体上包括以下几个方面：组织内部的对策，对受害者的对策，对新闻媒介的对策，对上级领导部门的对策，对客户的对策，对消费者的对策，对社区的对策。

3. 安抚受众，缓和对抗

危机发生后，组织可能会“四面楚歌”，新闻曝光、公众质疑、政府批评如洪水般袭来，而且此时公众会对组织的态度反应高度敏感，稍有不慎，就会惹起公众的愤怒，严重的还会影响组织的生存。面对危机，组织最明智的做法是与公众进行正确的沟通，及时了解公众的需求和愿望，能解决的尽量及时解决，暂时不能解决的做好解释工作，缓和公众的对抗情绪，真心诚意地取得其谅解，防止因一些细小问题再次引发更为严重的危机。

4. 联络媒介，主导舆论

危机事件发生后，各种传闻、猜测都会发生，作为危机的利益相关者，他们更关注组织对危机的处理态度和所采取的行动。公众有关危机的信息来源是各种形式的媒介，媒介在公众心目中有很高的公信力，媒介观点在潜意识上对公众的看法有决定性影响而媒介对危机报道的内容和态度影响着公众对危机的看法和态度。所以在危机爆发后，组织应主动公开地与新闻媒介沟通，避免被动地接受媒介的狂轰滥炸，导致事态不断扩大。

5. 多方沟通，加速化解

这一步主要是争取其他公众、社团、权威机构的合作，协助解决危机，也是增加组织在公众中的信任度的有效策略和技巧。

6. 积极行动，转危为机

“危机”是“危”和“机”的组合，是组织命运“变好或变坏的转折点”。所以，成功的危机处理不仅能消除危险，而且还能创造机遇、和谐关系。

某电扇厂是如何克服形象危机的

四川某地一位消费者，购买了重庆某厂生产的一台电风扇。可是，在他使用的时候却触电身亡了。此事在报纸上披露以后，立刻引起了消费者的恐慌，人们大都认为，这家工厂生产的电风扇一定有质量问题。一些购买了该厂产品的消费者要求退货，原打算购买该厂产品的消费者转而放弃了购买念头。该厂的形象发生了严重的危机，并导致该厂产品销售额直线下降，企业陷入了困难境地。为了克服这种形象危机，该厂开展了一系列带有公关性质的活动。首先，该厂请有关部门和专家对此事进行认真的调查，对该厂的电风扇的质量进行科学的鉴定。通过调查和鉴定，发现该消费者触电身亡不是由于电风扇的质量问题（漏电）造成的，而是由于他不懂电工知识，乱接电线造成的。其次，当把这些事调查清楚以后，该厂立即通过新闻媒介把事实真相公布于众，平息消费者的恐慌心理。再次，他们还把专家对该厂电风扇质量的鉴定意见，连同事实真相一并公布，利用消费者对“专家崇拜心理”来化解这场危机。最后，经过该厂的积极努力，消费者克服了对该厂的不信任，使该厂从形象危机中解脱出来，产品的销售额也出现回升趋势，避免了巨大的经济损失。

资料来源：某电扇厂是如何克服形象危机的．中国新闻培训网．www.xwpx.com%2Farticle%2F2008%2F0825%2Farticle_725.html.

讨论：

四川某电扇厂采取的处理危机的程序和措施合理吗？为什么？

16.3.3　危机处理中的公众对策

在危机处理中，分析所涉及的公众对象及其关系，制定出不同的公众对策，对整个处理过程和处理结果起到至关重要的作用。

1. 组织内部的对策

组织危机的出现，与组织自身总有一定的联系，解决组织内部存在的问题是消除危机的首要工作。

（1）迅速成立处理危机事件的专门机构。这个专门机构的领导应由组织管理者担任，会同各有关职能部门的人员组成一个有权威性、有效率的机构。

（2）了解情况，进行诊断。迅速而准确地把握事态的发展，判明情况，确定危机事件的类型、特点，确认有关的公众对象。

（3）制定处理危机事件的基本原则、方针、程序与对策。

（4）急需援助的部门，共同参加急救。

（5）将制定的处理危机事件的基本原则、方针、程序和对策，通告全体人员，以统一口径，统一思想认识，协同行动。

（6）向媒介和社区意见领袖等公布危机事件的真相，表示组织对该事件的态度和通报将要采取的措施。

（7）若造成伤亡，一方面应立即进行救护或善后处理工作；另一方面应立即通知受害者家属，并尽可能提供一切条件，满足受害者家属的正常要求。

（8）如果是由不合格产品引起的危机事件，应不惜代价立即收回同类产品。

（9）调查引发危机事件的原因，并对处理工作进行评估。

（10）奖励处理危机的有功人员，处罚事件的各方责任人员。

2. 对受害者的对策

受害者是危机事件中的首要公众，其言行直接影响着事态的发展。因此，在维护组织利益的基础上，根据受害者的要求，制定出令受害者满意的方案，这就成为平息危机事件的关键。

（1）认真了解受害者情况后，诚恳地向他们及其亲属道歉，并实事求是地承担相应的责任。

（2）耐心而冷静地听取受害者的意见，包括他们要求赔偿的意见。

（3）了解、确认和制定有关赔偿损失的文件规定与处理原则。

（4）避免与受害者及其家属发生争辩与纠纷。即使受害者有责任，也不要在现场追究。

（5）应避免出现为自己辩护的言辞。

（6）向受害者及其家属告知赔偿方法与标准，并尽快实施。

（7）应由专人负责与受害者及其家属谨慎地接触。

（8）给受害者安慰与同情，并尽可能提供其所需的服务，尽最大努力做好善后处理工作。

3. 对新闻媒介的对策

新闻媒介是危机事件的主要传播者，拥有传递危机事件信息、发起抨击舆论的权力，具有较高的权威性，能在整个社会产生巨大的影响。为此，制定恰当的针对新闻媒介的对策，在危机处理中具有重要的意义。

（1）向新闻媒介公布危机事件，公布时如何措辞，采用什么形式，有关信息怎样有计划地披露等，应事先达成共识。

（2）成立临时记者接待机构，专人负责发布信息。集中处理与事件有关的新闻采访，向记者提供权威的资料。

（3）为了避免报道失实，向记者提供的资料应尽可能采用书面形式。介绍危机事件的资料简明扼要，避免使用技术术语或难懂的词汇。

（4）主动向新闻媒介提供真实、准确的信息，明确表明组织的立场和态度，以减少新闻媒介的猜测，帮助其做出正确报道。

（5）对新闻媒介表示出合作、主动和相信的态度，不可采取隐瞒、搪塞和对抗的态度。对于实在不便发表的信息，也不要简单地表示“无可奉告”，而应说明理由，求得记者的同情和理解。

（6）必须谨慎传播。事件未完全明了之前，不要对事件的原因、损失及其他方面的任何可能性进行推测性的报道，不要轻易地表示赞成或反对的态度。

（7）除新闻报道外，可在刊登有关事件信息的报刊上发表歉意广告，向公众说明事实真相，并向公众表示道歉和承担责任。

（8）当记者发表了与事实真相不符的报道时，应尽快向该报刊提出更正要求，并指明失实的地方。向该报刊提供全部与事实有关的资料，指派重要发言人接受采访、表明立场，要求公平处理，特别应注意避免产生敌意。

媒体炮轰苹果

2013年，央视“3·15晚会”曝光了苹果、大众汽车在内的多家厂商存在质量或售后问题，被曝光的企业基本上都在第一时间对央视曝光的问题做出了诚恳的回应，苹果虽然也对央视提出的问题做出了回应，但是两次回应都没有提到如何解决央视曝光的问题。于是央视以苹果傲慢对待中国法律和消费者为由在《新闻联播》、《焦点访谈》和《经济半小时》栏目对其进行了长达两周的连续曝光。4月1日晚，苹果公司CEO蒂姆·库克终于在苹果中国官方网站向中国消费者发表致歉信，称今后将对中国维修和保修政策进行深刻反思，承诺改善iPhone 4/4S的售后政策并加大监管力度，至此苹果售后服务问题才终于告一段落。

资料来源：根据媒体炮轰库克道歉 苹果应该提升危机公关．太平洋电脑网，2013-04-03．http://mobile.pconline.com.cn/324/3240408.html. 删减整理。

4. 对上级领导部门的对策

（1）危机事件发生后，应以最快的速度向上级领导部门实事求是地报告，争取他们的援助、支持与关注。

（2）在危机事件的处理过程中，应定期汇报事态发展的状况，求得上级领导部门的指示。

（3）危机事件处理完毕后，应向上级领导部门详细地报告事件的发生原因、处理经过、处理方法等情况，并提出今后的预防计划和措施。

5. 对客户的对策

（1）危机事件发生后，应尽快如实地向有关客户传达事件发生的信息，表明组织对该事件的坦诚态度。

（2）以书面的形式通报正在或将要采取的各种处理对策和措施。

（3）如有必要，还可派人直接与重点客户面对面的沟通、解释。

（4）在事故处理的过程中，定期向各界公众传达处理经过。

（5）事故处理完毕，应用书面形式表示歉意，并向理解和援助的单位致以诚挚的谢意。

6. 对消费者的对策

（1）所有的处理对策和措施都应以尊重消费者权益为前提。

（2）迅速查明和判断消费者的类型、特征、数量、分布等。

（3）热情地接待消费者团体的意见领袖，回答他们的询问、质询。

（4）不隐瞒事故的真相。

（5）及时与消费者团体中的意见领袖进行沟通、磋商。

（6）听取受到不同程度影响的消费者对事件处理的意见和愿望。

（7）通过新闻媒介向公众公布与消费者团体达成的一致意见或处理办法。

案例　惠普蟑螂门

央视在 2010 年“3·15 晚会”上对两款惠普笔记本电脑的大规模质量问题进行了报道，惠普公司客户体验管理专员在接受采访时，对惠普笔记本的故障原因做出自己的解释：中国学生宿舍的蟑螂太恐怖！此言一出，随即引起消费者的愤怒，网友创造《蟑螂之歌》讥讽惠普。3 月 16 日凌晨，惠普在其中文官网公开道歉，并推出“客户关怀增强计划”，即为问题笔记本电脑提供延长保修等服务。惠普表示考虑对曾支付过主板的邮寄和维修费用的消费者提供补贴，但未对消费者的召回要求给予回应。

资料来源：蔡志刚．公共关系原理与实务 [M]．西安：西北工业大学出版社，2010：222．

7. 对社区的对策

（1）社区是组织生存发展的基地，如果危机事件也给社区居民带来了损失，组织人员应专门向他们致歉。

（2）根据危机事件的性质，也可派人向社区居民分别道歉。

（3）向全国性的报纸和有影响的地方报刊发致歉广告，明确而诚恳地表示组织敢于承担社会责任、知错必改的态度。

（4）必要时应向社区居民赔偿经济损失或提供其他补偿。

16.4 公共关系危机的事后修护

当危机基本得到控制时，组织秩序得以相对平缓。但这并不意味着危机过程已经结束，而是进入一个新阶段：危机的事后修护。危机的事后修护工作主要是消除危机处理后的遗留问题和影响。危机发生后，组织形象受到了影响，公众对组织会非常敏感，要靠一系列危机事后修护工作来挽回影响。

16.4.1 进行危机评估和总结

当组织的公共关系危机基本得到控制后，应对危机管理效果进行评估，包括对预警系统的组织和工作程序、危机处理计划、危机决策等各方面的评估。通过危机评估工作，可以体现出管理者的管理水平和危机判断能力，必要时应邀请危机管理专家等外力进行参与。在危机评估的基础上，组织应对本次危机公共关系活动进行全面总结。危机公共关系的总结主要包括危机事态描述、危机管理过程描述、危机管理效果评估和危机管理制度改善意见。

1. 危机事态描述

详细描述危机的产生时间、空间、危机源、管理漏洞、危害范围、危害强度、人财物损失、危机影响诸情况，遵循客观、公正、准确的原则。特别是管理漏洞的情况要实事求是地说明，回避或推诿管理上的问题可能会使同样的危机再次发生，而使危机的危害加剧。

2. 危机管理过程描述

详细描述危机管理的内容，包括危机管理的责任人、时间、范围、程序、成本和方法，同样遵循客观、公正、准确的原则。对危机管理过程的描述，是为了建立准确详细的危机管理流程，并为危机预演提供参照，同时也为了便于准确查找危机管理中存在的不足，为完善危机管理制度奠定基础。

3. 危机管理效果评估

这部分内容基本遵循危机评估的内容和方法进行，评判整个危机管理中的成效和失误，为完善危机管理制度提供有效的对策。

4. 危机管理制度改善意见

总结危机管理中有效的经验和对策，给危机管理制度提出改善意见，进一步完善危机管理制度，减少危机发生的可能性，提升危机管理效率和恢复力，避免重蹈覆辙。这些经验教训应该列入组织的规章制度和企业文化之中，成为公司的资产和价值。

16.4.2　对问题进行整顿

多数危机的爆发与组织管理不善有关，通过评估总结对危机管理中存在的各种问题综合归类，有针对性地制订出详细的、切实可行的改进方法和措施，并责成有关部门逐项落实。如果在危机事件的处理中敷衍应付，未能从事件中吸取经验教训，则很可能导致同类危机事件重复发生。例如，衡阳市衡州大厦发生特大火灾坍塌事故，20 名消防官兵牺牲。而没过几个月，衡阳市衡州大市场再次突发大火。火灾现场距离特大火灾坍塌事故的衡州大厦仅 100 多米远。所以，“多难兴邦”、“福祸相倚”，其实是需要一定条件的，条件之一就是善于吸取教训，而不能“好了伤疤忘了痛”。个别组织动不动就是“坏事变好事”、“危机变机遇”，骨子里是对灾难、对责任的一种逃避，想“大事化小、小事化了”，是变相的自我麻醉、自欺欺人，这种危险的自慰心理在危机管理中是要不得的。

组织对危机管理中存在的各种问题进行综合归类后，一般可以从这些方向进行整顿。

1. 反危机意识的教育

危机过后，组织应当总结经验教训，更新组织观念，向组织人员灌输危机概念，强化其危机意识，在以后的工作中将常态管理与危机管理结合起来。做好危机时刻都会发生的思想和心理准备，在组织的反危机管理中，每一个管理环节都要考虑反危机的问题。

2. 危机后的预案治理

危机后的预案治理，一是在危机过后对没有建立危机预案的进行预案建设，二是针对按原定预案实施的危机预防和危机反应等机制，根据在危机发生过程中的实际作用，做出效果分析和利弊评价，根据效果分析和利弊评价对原有的危机预案做进一步的完善。

3. 危机后的组织变革

在常态下，组织通常是稳定的，由于成本和代价较高，很少有人会对组织进行较大程度改变。而危机常常成为一个组织变革的契机，危机的发生表明现有组织存在某方面的较大缺陷，经过各种类型的突发性危机事件后，组织应当综合分析，检讨在技术、管理、组织机构和运作程序上的不足之处，进而提出改进组织机构建设的相关意见和措施，并予以落实。

16.4.3　形象修复

组织形象在危机中会受到不同程度的损害，因此危机结束后组织应着手进行形象修复工作，修复受损的形象。组织应充分利用公众对组织注意力减弱之前的宝贵时间，有针对性地开展一系列的形象修复活动，改变公众对组织的印象，并增加对组织未来的信心。

1. 增强公众对组织的信心

为了转变公众在危机阶段对组织的负面印象，组织通常可以做的形象修复活动如推出新产品或新服务、公布新的市场计划、引进代表新形象的高层人物，这些活动的目的只有一个，那就是增强公众对组织的信心。

2. 让公众共同参与

组织要评估危机影响和检讨危机管理得失，明确自己还有哪些方面需要改善，如何改进工作才能获得公众的优质评价。组织还要了解公众的想法与需求，只有了解他们的想法与需求才能更加有效地改进工作。因此，组织的形象修复工作更需要公众的参与，只有他们的参与，组织的工作才能更加有效，进而获得公众的高度认同。这些活动包括新闻发布会的召开、与公众的座谈会、组织管理者深入群众、邀请公众参观组织等。

3. 让权威专家替组织说话

“王婆卖瓜，自卖自夸”是行不通的，自己说一百句话不如别人替你说一句话。无论是危机处理还是形象修复都离不开权威的第三方。权威专家相对诚实可信，因此公众总是愿意倾听权威专家的意见和看法。在形象修复过程中，如果能邀请权威专家参与进来，往往更能获得公众的信任，取得事半功倍的效果。

4. 开展公益活动，履行社会责任

危机过后，组织快速恢复生产、运营与管理能增强公众的信心，这无可厚非，但不能忽视组织的社会责任，注意在适当的时候回馈社会是必要的，特别是危机过后。例如，组织开展赞助公益活动、资助希望小学、关注老人的生活等都可以修复组织的形象。

5. 对受害者提供持续的帮助和关注

对危机事件中的受害者进行适当的赔偿是必需的，但并不是说赔偿以后就结束了。作为一个有责任心的组织，要持续地关注受害者的病情变化，并提供持续的帮助。组织管理者在适当的时间去看望受害者更能修复组织的形象，获得受害者、受害者家庭及公众的好感。

总之，危机并不等同于失败，危机之中往往孕育着转机。危机公关是一门艺术，一个组织在危机公关上的成败能够显示出它的整体素质和综合实力。

小 结

公共关系危机一般是指组织与消费者、新闻媒介、政府、社区等公众之间因为某种非常因素而引发的对于组织的声誉、形象或发展造成不良影响的非正常状态。公共关系危机具有突发性、聚焦性、破坏性、不确定性、紧迫性、建设性特点。依据不同的标准，危机的分类有很多种。根据危机产生的原因，可分为自然危机、管理危机、组织管理者的反社会行为、组织运作危机和环境危机。根据危机发生的范围，可分为内部危机和外部危机。根据危机的危害程度，可分为大型危机或恶性危机、中型危机和小型危机。公共关系危机的事前预防包括危机预测分析、制订应急计划、成立危机管理委员会、建立处理危机关系网和搞好内部培训。公共关系危机处理的“5S”原则，即承担责任原则、真诚沟通原则、速度第一原则、系统运行原则和权威证实原则。危机处理一般都经历这样几个程序：深入现场，了解事实；分析情况，确立对策；安抚受众，缓和对抗；联络媒介，主导舆论；多方沟通，加速化解；积

极行动，转危为机。在危机处理中，分析所涉及的公众对象及其关系，制定出不同的公众对策，对整个处理过程和处理结果起到至关重要的作用。这些对策大体上包括以下几个方面：组织内部的对策、受害者的对策、对新闻媒介的对策、对上级主管部门的对策、对客户的对策、对消费者的对策、对社区的对策。公共关系危机的事后修护包括进行危机评估和总结、对问题进行整顿、形象修复。危机公共关系是一门艺术，一个组织在危机公共关系上的成败能够显示出它的整体素质和综合实力。

思考讨论

1. 为什么公共关系危机可以预防但不可消除？
2. 为什么在公共关系危机处理中组织对待危机的态度非常重要？
3. 你是怎样看待公共关系中的“家丑外扬”？

能力实训

1. 某小区一家商店为了扩大影响，购置了高档音响，每天播放最流行的音乐，吸引许多人驻足聆听，但是嘈杂的音乐与过多的行人却弄得周边的居民无法正常生活，于是周边居民投诉到工商、环保等部门。如果你是公共关系人员应该如何解决这一难题?
2. 一次，于丹在签名售书时，现场突然冲进来一名年轻男子，身穿一件抵制“快餐文化”的 T 恤，上面写着“孔子很生气，庄子很着急”。这名男子很生气地表示抗议，一时之间现场秩序大乱。如果你在现场，请为主办方设计一套应急方案。

课外导读

[1]　罗伯特·希斯．危机管理 [M]．王成，等译．北京：中信出版社，2001．
[2]　孙玉红．直面危机：世界经典案例剖析 [M]．北京：中国青年出版社，2003．
[3]　林景新．管理者必读的十堂危机公关课 [M]．广州：暨南大学出版社，2010．
[4]　科特勒，卡斯林．混沌时代的管理和营销 [M]．李健，译．北京：华夏出版社，2009．
[5]　岑丽莹．中外危机公关案例启示录 [M]．北京：企业管理出版社，2010．

Chapter 17
第 17 章

传播范围趋势：国际公共关系

学习目标

掌握：国际公共关系的内涵、特征及沟通传播策略。

理解：国际公共关系的作用和意义。

了解：国际公共关系的发展现状和发展趋势。

一组跨国公司并购案引发的思考

跨国并购是一条发展的捷径，1+1>2 的梦想，让无数企业前赴后继。但这条捷径，却也充满着坎坷与荆棘。

2009 年吉利全面实施对沃尔沃的并购案，一方是仅有 13 年造车史的中国民营企业，另一方是全球名列第三、安全技术世界排名第一、拥有 80 多年历史的豪华汽车品牌，双方地位的悬殊，注定了这场“跨国婚姻”将爱得艰辛。在得知沃尔沃将被出售给吉利时，并购案就遭到了沃方员工的强烈反对，他们的理由很简单：来自东方的吉利根本不懂得沃尔沃的文化。在沃尔沃员工眼中，曾经的收购方福特公司与沃尔沃之间也存在这样的差异，即使都身处大西洋两岸，文化鸿沟也始终难以逾越。

2004 年，联想以蛇吞象的方式收购了业界鼻祖、蓝色巨人 IBM 的个人电脑业务，时任董事长的杨元庆把家搬到了美国，从下飞机的那一刻开始，便感受到了两种文化带来的巨大差异。没有人接机，更没有热烈的欢迎仪式。文化的差异到处存在：一个不经意的举动就可能引来一场误解，一句平常的话甚至可能引发一场冲突，文化的融合对任何经历跨国并购的公司都是一道绕不过去的坎。就在 2008 年，联想出现了巨亏，对此，柳传志是这样解读的：金融危机本身是个导火索而不是真的火药库，真的火药库其实是管理中文化的碰撞。时至今日，联想仍在消化由于文化差异导致的种种不适。

著名的“七七定律”就曾指出，在跨国并购中，70% 的并购没有实现期望的商业价值，而其中 70% 失败于并购后的文化整合。文化差异越大，失败的可能性越高。“娶进来容易，养起来难”是每一个企业进行国际化并购所必然面临的问题。资本的强势，最终也不能弥补文化的裂缝。除此之外，目标所在国的政府干预及其他组织的反对也会给跨国并购及并购后的市场经营设置重重障碍。

资料来源：根据跨国并购文化整合困难，70% 并购后企业因此失败．搜狐网，2011-10-03. http://news.sohu.com/20111003/n321267446.shtml. 删减整理。

讨论： 1. 这组跨国并购案给你什么启示？

2. 在组织的涉外活动中，公共关系如何发挥作用？

17.1　国际公共关系概述

17.1.1　国际公共关系的内涵

国际公共关系，顾名思义是指跨国界、跨文化的公共关系研究和实践活动。从学科角度来看，国际公共关系学是公共关系学科中的一个分支，作为一门独立学科，公共关系的实践和研究起源于美国，尔后迅速得到国际社会的普遍认同和关注。迄今为止，各国的公共关系研究虽然发达程度各有不同，但无疑已逐渐体现出强烈的国别色彩。世界各国依据各自不同的政治、经济、文化、社会背景发展出各具特色的公共关系范式，这也是国际公共关系学研究的重点内容。

从实践角度来看，国际公共关系是一种跨文化的传播活动，它是指组织在与国际公众的交往中，通过国际间各种信息传播交流活动，增进本组织与国际公众之间的了解和信任，维护和发展本组织及其所属国家的良好国际形象的一种公共关系实践活动。

理解国际公共关系的内涵，需要重点把握以下四点。

第一，国际公共关系的行为主体是多元化的组织，可以是政府、企事业单位及社会团体等部门组织，也可以是行业、区域、国家等更高层次的组织。

第二，国际公共关系的客体是国际公众，包括在本国境内的外国公众或是在他国境内的他国公众。

第三，国际公共关系的实质是一种跨文化传播管理活动。

第四，国际公共关系的工作目标是树立组织的良好国际形象。

17.1.2　国际公共关系的特点

国际公共关系是国内公共关系的新发展，它的基本特点是相对于国内公共关系而言的。国际公共关系主要是体现组织与他国公众之间的一种关系，因此，国际公共关系的基本特征也集中表现在工作对象和工作环境的独特性上，具体来说有以下五点。

1. 跨国界

国际公共关系是涉外交往中的公共关系，是一种跨国界的活动。随着我国改革开放的深入及全球化浪潮的推动，“请进来”、“走出去”的国际交往成为普遍现象。因此，国际公共关系活动的地域大致可分为两种情况：一是在本国境内与他国公众开展公共关系活动，二是在他国境内与他国公众开展的公共关系活动。国际公共关系的国际属性是由公众的国家属性决定的。

2. 跨文化

与一般的国内公共关系活动相比，国际公共关系最大的挑战是其实践环境的文化独特性。也就是说，不同的国家和地区，在宗教信仰、文化背景、教育程度、语言和风俗习惯等方面也存在较大文化差异，因此，成功的国际公共关系活动必须始终对文化差异保持高度的敏感。

3. 目的的特殊性

组织均具有自己的国家属性，因此，组织开展国际公共关系活动的目的不仅要树立自身在国际公众中的良好形象，实现自身的组织利益，还要注意树立国家形象，维护国家利益。

4. 过程的复杂性

由于国际公共关系面对的公众是国际公众（他国公众），公共关系环境和公众的不同必然导致开展国际公共关系工作面临一系列新问题，由此构成国际公共关系的复杂性，主要表现为：国际公共关系面临的公众更加复杂，国际公众属于不同的国家和地区，种类多、数量大，文化差异明显；国际公共关系开展的环境更加复杂，特别是在他国境内开展国际公共关系活动，他国的政治、法律、经济、社会、历史、文化、资源、人口等环境因素对国际公共关系活动的策划和实施具有重要的影响；国际公共关系的传播要求更高，必须覆盖面更广、时效性更强，因此，应当了解和熟悉目标国主要的大众传播机构、传播体制与媒介运作方式、大众传播的法规、跨文化沟通、国际传播的策略与技巧等。

5. 非国家性

这是由国际公共关系主体的性质和国际公共关系工作的目标、对象等因素决定的。国际公共关系的主体不是国家，客体也不是国家，而是一个组织与他国公众之间的关系，实现的是组织自身利益。组织的国际公共关系实务活动，也有别于国事访问、政府谈判、制发外交文件、与他国缔结条约、参加国际政治会议和国际政治组织等外交活动，一个组织在国际交往和活动中的表现，虽然也会间接地反映国家形象和国家利益，但不是国家行为，因此，国际公共关系带有民间外交关系的色彩，不具有国家性。

17.1.3 国际公共关系的作用和意义

全球经济的一体化和国际政治的多元化，使得国际间的交流与合作日趋深入、密切和广泛，越来越多的国家和地区跨越国界的鸿沟参与到国际分工和世界市场中来，无论是商品、货币、劳动力还是技术知识都可以在全球范围内自由流动，全球范围内的所有国家和地区在经济上紧紧地联系在一起，形成一个不可分割的整体。正如马克斯和恩格斯所说：“过去那种地方的和民族的自给自足和闭关自守状态，被各民族的各方面的互相往来和各方面的互相依赖所代替了。”

世界市场的建立，全球范围的交往，促成了复杂多变的国际关系的出现。不同国家、不同民族在文化、历史、宗教等背景因素方面的差异，形成了国际交往过程中的种种障碍，使国际交往活动变得更加错综复杂。美国《公共关系手册》指出："打算进入外国市场的美国商人发现，他们的当务之急是公共关系问题。……对外关系的交恶不是出于利益的冲突，而是语言、文化、传统等方面的隔阂。"这说明国际公共关系工作是涉外交往中的金钥匙，组织要想争取国际合作、谋求更大的国际舞台，就要明确开展国际公共关系的重要性。

第一，开展国际公共关系，可以帮助组织在更广阔的环境内获取资源。在开放的世界市场中，人才、技术、资金、信息、物资等各种资源都可以自由流动，组织可以凭借其开展的国际公共关系活动，树立组织良好的国际形象，最大限度地争取到这些资源的支持，帮助组织在世界市场中站稳脚跟。

第二，开展国际公共关系，可以帮助组织开拓国际市场。组织在开拓国际市场的过程中，由于环境陌生、文化差异等各种因素导致步履维艰，而具备国际公共关系意识、开展国际公共关系活动可以帮助组织了解和认识异域环境、克服文化差异障碍、协调各方关系，帮助组织广结善缘，取得广泛国际公众支持，树立国际形象，为组织营造更广阔的发展空间。

第三，开展国际公共关系，可以帮助组织化解危机。开展国际公共关系，可以帮助组织监控国际市场动向，及时发现问题，建立危机预警机制；开展国际公共关系，可以帮助组织理解、评价和控制外部因素，提高组织的危机处理能力，尽可能挽回危机带来的损失，转危为安。

17.1.4　国际公共关系的发展

1. 国际公共关系的产生与发展

国际公共关系是国内公共关系的延伸和发展，是国际交往与合作的产物。从理论上讲，只要存在涉外活动，就存在国际公共关系，因此作为一种自发、朴素的公共关系行为，国际公共关系历史悠久，但作为组织的一种有计划的自觉活动和社会职业，却只有半个多世纪的历史。现代国际公共关系的产生有其深刻的社会背景和客观条件。

（1）**政治基础——政治多元化**。第二次世界大战后，世界政治格局发生了很大变化，政治交往朝多元化、多层次的方向发展，各国政府和民间交往日益频繁，国家之间从对抗转入对话、从排斥转为合作，国家之间的相互依赖程度不断增大，这为国际公共关系的产生和发展奠定了政治基础。

（2）**经济基础——经济全球化**。第二次世界大战结束后，世界各国首先面临恢复和发展经济的任务，各国经济都有了较快的发展，国际间的经济、技术和劳务交流与合作日趋频繁，各国的对外贸易迅速发展，世界市场逐步形成，世界市场的竞争日趋激烈。特别是进入 20 世纪 80 年代以后，经济全球化的浪潮席卷全球，跨国公司获得长足的发展。跨国公司的全球性经营，面临的是具有不同文化背景、语言文字、宗教信仰、风俗习惯的各式各样的他国公众，传统的针对国内公众的公共关系手段已不适应这种要求。为了适应这种新的市场环境和竞争局面，工商企业界开始认识到，只有针对不同国家的公众，采用新的公共关系手段，实现传播国际化、经营策略本土化，才能树立良好的国际形象，争取国际公众的支持与信任，占领国际市场。可见，国际市场的一体化、经济活动的全球化、竞争的国际化，推动了国际公共关系的产生。

（3）**技术基础——现代交通技术和信息通信技术的飞跃发展**。公共关系的基本手段是传播沟通，因此，现代交通技术和信息通信技术对国际公共关系的产生与发展起到了较大的推动作用。第二次世界大战以后，特别是20世纪60年代以来，世界科学技术迅猛发展。交通技术特别是航空技术的发展推动了航空运输业的发展，物理距离不再成为交往的障碍，"天涯若比邻"变成现实，国际往来更加便捷，推动了国际贸易和国际旅游业的高速发展。通信卫星的出现，广播和电视等大众传播媒介的发展，使信息传播的范围更广、速度更快。以计算机技术、通信技术等为主要内容的现代信息技术的普及和迅猛发展，不仅有力地促进了全球经济一体化的发展，而且也为信息传播提供了更先进的传播方式和手段。国际公共关系工作的对象超越了国界，分布在世界不同的国家和地区，需要国际化的传播沟通手段，现代信息技术的发展正好满足了国际化传播的需要。特别是20世纪80年代以来，国际互联网异军突起，为国际公共关系的发展开辟了更加广阔的前景。

此外，国际性公共关系组织的建立也为公共关系的国际化发展起到了一定的促进作用。1950年，英、法、美、挪威等国的公共关系代表在荷兰开会，决定组建临时性的国际公共关系委员会，每年定期在伦敦开会。1955年，国际公共关系协会（简称IPRA）在英国伦敦成立，目前在世界70个国家和地区拥有101个成员国，1 000多名会员，我国在20世纪80年代末期加入该协会。国际公共关系协会的建立，标志着公共关系作为一种世界性的行业而独立存在，有力地促进了国际公共关系界的相互交流与合作，推动了国际公共关系事业的发展。

2. 中国国际公共关系的产生与发展趋势

中国国际公共关系产生于20世纪80年代初期，几乎是与中国国内公共关系同步产生的。回顾我国公共关系的产生与发展过程，伴随着我国实行改革开放，在深圳、珠海、汕头、厦门等经济特区最早建立了一批外商独资企业或中外合资企业，这些企业参照海外母公司的经营模式设立了公共关系部，开展公共关系工作，公共关系逐渐传入中国内地沿海城市。而这些外资企业面对的公共关系也发生了变化，既有国内公众，也有国外公众。所以说，国内公共关系一开始就明显具有国际公共关系的特点和性质。

在改革开放的大背景下，除了经济领域外，国内各种科技、文化、教育、体育和卫生部门及各种民间组织积极参与各种形式的国际交流与合作，"让世界了解中国，让中国走向世界"成为时代潮流，日益频繁而深入的国际交流与合作有力地促进了中国国际公共关系的发展。随着中国全方位的对外开放和外向型经济的迅速发展，国际公共关系活动逐渐成为中外交流与合作的纽带和桥梁。

1991年4月，中国国际公共关系协会在北京正式成立，标志着中国公共关系界与国际公共关系界正式建起了交流与沟通的桥梁，对中国公共关系界的国际化起到了巨大的推动作用。

如今，我国已经当之无愧地成为世界经济大国，伴随经济全球化的步伐，我国改革的深度和广度不断增强，越来越多的企业自信地走向世界，而越来越多的外商和国际机构也纷纷选择来华投资，中国经济与世界经济融为一体。除此之外，教育、科技、文化、体育、卫生等领域的国际交流活动也日趋活跃，各地举办的各种国际性的商品展览、体育赛事、民间节日庆典活动日益增多，中国与世界的联系和相互依赖越来越紧密。这一切都为中国国际公共关系的发展提供了巨大的历史机遇。

中国国际公共关系的主体也由此呈现出多元化的发展格局。比如国际金融类企业、对外贸易类企业、三资企业、涉外旅游服务类企业、对外经济管理机构等外向型的组织机构，它们与国际公众的联系非常频繁，涉及大量的国际公共关系业务。此外，各级地方政府部门开展的国际招商引资、国际科技、文化交流与合作活动、友好城市缔结活动，科研院所、高校开展的对外科学技术交流与合作、人才培养活动，各类社会团体、民间组织的对外交流活动等，都与国际公共关系活动密不可分，使我国的国际公共关系活动呈现出多元主体、多领域的发展格局。

纵观国际公共关系的发展，我们相信，未来国际公共关系的行为主体将更加多元化，越来越多的行业、领域将涉足国际公共关系为其谋求更大的发展空间；未来公共关系的行业产业化程度也会向纵深发展，越来越凸显其作为新兴产业的发展优势和促进社会协调发展的突出作用。

17.2　国际公共关系的主体和客体

17.2.1　国际公共关系的主体

国际公共关系的行为主体是社会组织。在我国，习惯上把社会组织理解为具有一定社会职能和相对独立性的党政机关、企事业单位和社会团体，即某一具体的组织机构，由此对主体公共关系的认识局限于企业公共关系、政府公共关系、事业团体公共关系，习惯上统称为“部门（组织）公共关系”。照此逻辑，在现有的国际公共关系主体的研究成果中，也基本上将国际公共关系主体限定在社会组织这一层面，即使主张国际公共关系主体多元化的论著，也仅是主张把国际公共关系主体从组织扩展到政府组织、事业单位和社会团体组织，这种主体观仍然局限于“部门（组织）国际公共关系”的范畴，并非真正意义上的主体多元化，这种主体观不能反映和解释现实中多种主体的国际公共关系行为，是一种狭隘的国际公共关系思想。

从国际公共关系的现实状况和实践需要来看，一个行业、一个行政区域、一个国家，都存在国际公共关系，因此如果约定俗成地将社会组织作为国际公共关系的主体，那么社会组织也应做广义的理解才科学而合理。因此，国际公共关系的主体应该是一种更高、更广层次上的多元化主体，即国际公共关系的主体不仅包括部门组织，还包括行业、区域、国家等层次，由此国际公共关系可划分为部门（组织）国际公共关系、行业国际公共关系、区域国际公共关系和国家国际公共关系。部门（组织）国际公共关系属于传统、微观国际公共关系，行业国际公共关系、区域国际公共关系属于中观国际公共关系，国家国际公共关系属于宏观国际公共关系。为了适应国际公共关系实践发展的需要，为了最大限度地发挥国际公共关系的功能和作用，应当进一步拓展国际公共关系的主体，树立大国际公共关系思想。

17.2.2 国际公共关系的客体

国际公共关系的客体是他国公众（即国际公众），是指全球范围内被特定社会组织影响的，或能够影响上述组织活动的个人、群体或组织的统称。在以公众为导向的时代，目标公众构成了组织生存和发展的社会生态环境，制约着组织目标和政策的成败。因此，对公众的认知越是深刻和透彻，组织对自身和环境间关系的建立和维系越有把握，这也是公共关系强调公众意识的原因所在。国际公众具有“跨国性”、“超文化”的特征，因此，开展国际公共关系的关键是对国际公众的识别，尊重文化差异，并采取有效的传播方式和沟通手段。

在国际交往中，我国各种类型的组织经常面临的国际公众主要包括下列五种类型。

1. 他国政府

政府是一国最高的行政机关，是国家意志的集中体现者，对组织行为具有规范和导向功能。组织的对外交往活动、贸易活动和投资活动涉及国际法及目标国政府的政策和法律，需接受目标国政府机构及司法机构的管理和监督。原中国驻美国大使李道豫指出：“对于任何一个企业健康发展来说，良好的公共关系活动都要与政府保持密切的合作关系。”一国政府可以运用行政的、经济的、法律的，甚至宗教的手段，影响并制约组织的生存与发展。这就使得组织的国际公共关系首先必须重视同他国政府公众的关系。

2. 他国新闻媒介机构

任何组织在国外开展国际公共关系活动，必须利用当地的新闻媒介机构与公众进行交流和沟通。通过新闻渠道扩大组织影响、树立组织信誉，有着显著的效益。因此，国外的新闻媒介机构成为组织必须依靠的重要公众。对于组织的国际公共关系来说，要了解和熟悉目标国主要的大众传播机构、传播体制与媒介运作方式、大众传播的法律法规，加强与媒介的联系，主动提供各种宣传材料，与这些媒介的记者保持经常的接触，建立可靠信誉和相互合作关系。

3. 他国市场消费公众

国际市场消费公众，或是企业及其他社会组织、或是政府部门及其所辖行政机构、或是普通的消费公众，他们是产品的购买者和使用者，也是对企业、对企业产品最公正的评判人，因此赢得“上帝”的青睐对企业来说是最重要的。要处理好与国外市场消费公众的关系，企业除了要巧妙地运用国际营销因素组合策略外，在国际公共关系方面还要遵循“每一个国家都是一个分离的市场”的原则，对这些消费公众的公共关系工作尤其要注意突出地域性、民族性、跨文化性等特点，注意因地、因时、因人制宜地运用公共关系手段。

4. 其他市场关系公众

其他市场关系公众包括他国供应商、经销商、同业竞争者及国际投资者和国际经济组织，这些关系公众与组织的关系影响到组织生产链的稳定，因此正确处理好与这些关系公众的关系也至关重要。正如迈克·波特所言："一个好的竞争者将着眼于长远规划，把消费者、企业、行业和社会的利益综合考虑，把行业的发展带上理性的道路，共同把市场做大。"比如处理同竞争对手的关系，那种"你死我活"的竞争理念已经过时，取而代之的是"竞合"新法则，即组织不但要敢于竞争、善于竞争，更要学会建立互利的合作竞争关系。

5. 外国驻华机构及华人、华侨等

外国驻华机构包括外国驻华大使馆、领事馆、新闻处、商务办事处及一些国际组织或民间团体的驻华机构，它们是最稳定、最有权威的国际公众。而华人、华侨在对外商贸、招商引资、科技教育文化交流和民间外交活动中的也扮演着重要的角色。

以上五类国际公众，是我国各级各类组织最普遍的国际公众，随着对外活动的不断拓展，国际公众的范围也将会不断扩大，数量越来越多。

17.3　国际公共关系的策略技巧

17.3.1　国际公共关系的内容

国际公关工作所涵盖的内容是十分丰富的，但主要有以下四个方面。

1. 信息的收集和整理

巨大的环境差异特别是文化环境的差异，常常让组织感觉无所适从甚至导致海外市场拓展的失败。因此，要提高国际公共关系活动的质量和效果，必须要从做好基础工作开始，即扎扎实实地开展目标市场的信息调研工作。翔实的信息调研能为组织提供公众及舆论环境的全貌，而对公众的全面了解有助于组织准确把握舆论，有助于组织针对性地设计和实施公共关系策略，有助于组织及时发现危机和调整策略。组织的信息调研内容包括对象国的政治、经济、法律、新闻制度、历史文化传统、道德规范及本国与目标国的政治、经济、文化关系、本国在该国的形象等，只有在充分了解国际公众的基础上，才能够迅速找到文化冲突的渊源，主动采取措施消除隔阂。

2. 组织的国际宣传与推广

宣传和推广是公共关系的一项重要工作内容，即通过各种传播媒介，将组织的有关信息及时、准确、有效地传播出去，争取公众对组织的了解和信任，提高组织的知名度和美誉度。在异质文化环境中开展的国际公共关系更要重视宣传和推广工作，加强组织与各界的联系，进行自我宣传，使国际公众了解本组织的情况，以提高组织的国际声誉。

3. 开展主题活动，塑造国际形象

开展形式多样的主题活动是组织塑造形象，拉近组织与公众的距离，制造公众与其直接接触、亲密互动、亲身感受组织文化、了解组织详情的有效方式之一。国际公共关系专题活动具有针对性强、主题鲜明、传播效果好的特点，是组织开展国际公共关系必不可少的手段和内容。比如组织可以利用、策划、举办具有创意和影响力的国际性活动和事件（如大型的国际招商活动、国际产品展览会、国际庆典活动、历史纪念事件、体育赛事和国际博览会等），吸引国际公众的注意，树立和提升组织的国际形象。

4. 协调关系，化解危机

国际市场风云变幻，"走出去"经营的组织可能面临更复杂多变的经营环境，组织遭遇危机的可能性也更大，因此，协调好组织与方方面面的关系，特别是组织与目标国政府、媒介和同业竞争者的关系，及时化解危机，积极采取措施来获得当事人、社会公众、政府监管部门、新闻舆论力量的谅解，最终为组织赢得一个"人和"的环境也是国际公共关系的重要内容之一。

17.3.2 国际公共关系的影响因素

国际公共关系是组织与国际公众的交往活动，其实质是一种跨文化的传播活动，就其活动区域来说，可能是在本国境内与他国公众的交往，也可能是在他国境内与他国公众的交往，而后一种情况也更加复杂，因此国际公共关系的影响因素主要体现在他国环境对公共关系活动的影响，包括以下五个方面。

1. 他国经济环境对国际公共关系的影响

他国经济环境是指组织所面临的目标国的社会经济条件及其运行状况、发展趋势、产业结构、发展水平、经济体制、经济政策、交通运输、资源供给等情况，特别是在全球经济一体化的大背景下，变化莫测的经济环境加剧了市场竞争，也意味着更大的经营风险，因此，组织的国际公共关系活动一方面要依据他国的经济环境因地制宜地选择公共关系的形式及内容，另一方面也要通过公共关系调查全面掌握以上经济环境信息，并对经济环境的发展趋势做出科学准确的预测。

2. 他国政治环境对国际公共关系的影响

组织的涉外活动不仅是经济现象，也是政治现象、文化现象，因此，组织的国际公共关系活动不仅受到他国经济环境的影响，还会受到非经济环境的影响，其中，政治环境是最重要的非经济力量之一。他国政治环境包括目标国的政治制度、权力机构、颁布的方针政策、政治团体和政治形势等因素。比如在国际贸易中，不同的国家也会制定一些相应的政策来干预外国组织在本国的市场活动，如制定进口限制、税收政策、价格管制、外汇管制、国有化政策等。因此，很多组织将政府事务作为一项重要的工作内容，不惜动用一切资源、团结一切可团结的力量，游说政府，争当优秀的"组织公民"来"讨好"政府，争取政策支持。

3. 他国法律环境对国际公共关系的影响

对于开展国际公共关系活动的组织而言，对其的基本要求就是遵纪守法，不仅要遵守本国的法律制度，还要了解和遵守国外的法律制度和有关的国际法规、惯例和准则。任何的社会活动都要在法律的框架内进行，越过警戒线不仅是名誉上的损失，更可能是巨额的经济损失。当然，法律也是组织保护自身合法权益的有力武器，特别是对于走出去的组织而言，不仅要敢于、更要善于拿起法律的武器维护自身利益。

案　例　“王致和”的海外维权之路

2005 年，中华老字号“王致和”商标在德国被一家名为“欧凯”的公司抢注。2006 年，试图开拓欧洲市场的王致和食品集团发现自己拥有的“王致和”商标和使用了几百年的标识被抢注，决定通过诉讼追讨商标权。2007 年 1 月 26 日，慕尼黑地方法院正式受理了“王致和商标侵权”案。这是中华老字号第一次走出国门进行商标诉讼维权。2007 年 11 月 14 日，一审判决王致和食品集团在该案中胜诉。

一审判决后，欧凯公司提出上诉，“王致和”方面提出了更多有力证据。欧凯公司在二审过程中曾提出，让王致和食品集团出钱买回“王致和”商标注册权，也许这才是他们真正的目的所在，王致和食品集团明确拒绝了这一无理要求。2009 年 4 月 23 日，二审判决尘埃落定，基本维持一审裁决，“王致和”方面胜诉。

但“王致和”案只是冰山一角。根据国家工商管理总局提供的数据显示，从 20 世纪 80 年代到现在，总共发生了 2 000 多起中国出口商品的商标在海外被抢注的案例，同时每年造成无形资产的损失达到 10 亿元人民币。仅在“王致和”案中的这家欧凯公司，在德国就抢注了洽洽瓜子、老干妈、白家粉丝、今麦郎等众多中国知名商标，但却只有极少数企业愿意通过法律途径维护自己的合法权益。看来中国企业海外维权依然任重道远。

资料来源：王致和商标遭德国公司恶意抢注案胜诉．新浪网，2009-04-27. http://news.sina.com.cn/c/sd/2009-04-27/102717696948.shtml.

评析：

王致和商标侵权案，是近年来我国民族品牌在国际化道路上频遭“暗算”的一个缩影，很多类似企业由于对国际环境特别是法律环境的不熟悉及知识产权保护意识淡薄，都吃了哑巴亏。为此，中国企业要想“走出去”，适应国际环境并在国际市场上站稳脚跟，需要更积极地开展国际公共关系活动，甚至用法律手段维护自身的合法权益。在此，王致和集团的胜诉为这些企业树立了榜样，也增添了信心。

4. 他国社会文化环境对国际公共关系的影响

任何组织都处于一定的社会文化环境中，而文化冲突是国际公共关系的最大障碍之一。他国社会文化环境，是指目标国所处的社会结构、社会风俗和习惯、信仰和价值观念、行为规范、生活方式、文化传统、人口规模等因素的形成和变动。不同的国家、不同的民族，由于其地域差异，导致社会文化背景不同，因而有着不同的风俗习惯和不同的行为模式。而这些因素对组织的社会交往方式产生直接的影响，因此，组织在与国际公众交往过程中，一定要尊重文化差异，适应对方的社会文化环境，在语言、礼仪、风俗禁忌等方面考虑对方的需求，才会取得较好的国际公共关系效果。

5. 他国技术环境对国际公共关系的影响

他国技术环境是指目标国的科技要素及与该要素直接相关的各种社会现象的集合，包括国际科技体制、科技政策、科技水平和科技发展趋势等，与国际公共关系密切相关的是现代交通技术和信息通信技术，它们是国际公共关系的基本渠道，因此影响和决定了国际公共关系的传播与沟通能力。

总之，组织在开展国际公共关系活动时，面临的是和本国环境差异较大的国际环境，因此也更为复杂和多变。所以，组织要对各环境变量给予充分的重视，在深入调查全面掌握的基础上策划和实施相应的公共关系策略，才能取得较为理想的国际公共关系效果。

17.3.3 国际公共关系的沟通传播策略

开展国际公共关系活动，是联结组织与他国公众的纽带，是提升组织国际知名度和美誉度的重要途径。一般而言，组织可以考虑采取如下四种策略。

1. 宣传型公共关系策略

宣传型公共关系策略，就是利用报纸、杂志、广播、电视等各种大众传播媒介和内部沟通方法直接向他国公众传递组织的各种信息，促成组织与公众的沟通和理解，以提升组织的知名度和美誉度，形成有利于组织发展的社会舆论及内外部环境。值得注意的是，为了迅速获得他国公众的认知和好感，组织要研究跨国公众的属性与需求，以及他们所处的社会环境和时代特征，在知己知彼的基础上，才能制定和实施有效的国际公共关系宣传策略。

2. 服务型公共关系策略

服务型公共关系策略是通过组织为公众提供优质、实惠性服务，以实际行动去获取公众的好感，建立自己的良好形象。对于一个组织来说，要想获得良好的组织形象，宣传固然重要，但是更重要的还在于自身的工作，在于自己为公众服务的程度和水平。离开了良好的服务，再好的宣传也是“水中月”、“镜中花”，变得华而不实。而优质的服务可以为公众带来更积极的亲身体验，为组织带来更好的口碑，这种良好的口碑具有传播广泛、说服力强的特点。

组织在国际公共关系中采用服务型公共关系策略，可以将公共关系活动由抽象的宣传变为具体的、实在的行动。因此，组织不仅要提高服务的自觉性，培养全体员工的服务意识，还要注重服务的实在性，以实际行动向公众证明组织的诚意，让公众感受到实实在在的服务价值。

3. 交际型公共关系策略

交际型公共关系策略，就是通过直接的人际交往，语言、文字的沟通，进行情感上的联络，为组织广结良缘，建立广泛的社会关系网络，以形成有利于组织发展的人际环境和外部社会环境。例如，可采用宴会、座谈会、招待会、谈判、专访、慰问、电话、信函等形式。

交际型公共关系具有直接、灵活、亲密、富有人情味等特点，是一种直接的情感投资，可以通过和目标市场国或地区公众的直接接触，深化交往层次，随时捕捉各种有价值的信息。在建立一定情感基础的前提下，达到互助、互利、互惠的目的。

在涉外的交际型活动中，组织应特别注意遵守国际礼仪，尊重对方的风俗习惯和礼仪，切不可因为忽视文化差异而导致误解，给组织带来不必要的损失。

4. 社会型公共关系策略

社会型公共关系策略是以举办各种有组织的社会性、公益性、赞助性的活动，比如庆祝会、纪念会、赞助文化、教育、体育、卫生等事业，参与国家、社区重大社会活动等形式，来扩大组织的社会影响、塑造组织的社会形象、提高组织的社会知名度和美誉度。社会型公共关系策略的特点是公益性、社会性、无偿性，它不以短期利益为出发点，不以获取直接经济利益为目的，而是通过一系列活动，树立组织负责任的社会形象，为组织营造有利于其长期发展的社会环境。在国际市场竞争中，组织要想赢得他国公众的认可和好感，就要迎合公众的心理需求，淡化自身“外来户”的身份和商业性色彩，为当地的经济建设和社会事业的发展贡献力量，体现组织的社会责任感。

例如，一些在华跨国公司积极参与我国的公益事业：三星集团长期活跃在教育、农村、福利、助残等四大公益事业领域，资助建设了百所希望小学，资助新疆 2 000 多名白内障患者进行手术治疗等，得到了中国政府和人民的肯定；松下公司在环保、教育、社会福利等领域开展的公益事业也给人留下了深刻印象；麦当劳则与宋庆龄基金会共同成立了“中国麦当劳叔叔之家慈善基金会”，旨在帮助弱势儿童，麦当劳还发布了其在中国的企业社会责任报告，等等。这些跨国公司在我国都取得了不错的经营业绩，可以说开展公益活动让他们从一个“外来户”的身份变成了“自己人”，当然能够获得更多的支持与合作。

17.3.4　国际公共关系应注意的问题

1. 遵循国际惯例

国际惯例是在长期的国际交往实践中所形成的一些成文和不成文的规则，虽然没有法律强制约束力，却是国际上的通用规范。国际公共关系是一种跨国界、跨文化的活动，要求遵循统一的国际法和国际惯例。1961 年，国际公共关系协会制定了《国际公关协会准则》；1965 年，国际公共关系协会又在雅典通过了《国际公共关系道德准则》。这两个文件对国际公共关系人员的行为规范、道德准则等提出了一些原则性的要求，比如注重信息的真实性，尊重和维护人类尊严，对社会和公众利益负责，尊重《联合国人权宣言》的道德原则与规定等。此外，国际公共关系领域还存在一些不成文的惯例，比如平等竞争、保守机密、公共关系职业性服务机构不得向自己已有客户的竞争者提供服务，等等。这些惯例也是组织在开展国际公共关系过程中必须遵守的重要原则。

2. 维护国家形象

在国际公共关系的舞台上，无论是企业还是政府，每个组织都是国家的代表，国家利益高于一切，国家形象重于一切。这就要求组织开展国际公共关系工作时，要遵循国家的政策、法令，要维护国家、民族的尊严和利益，忠于国家、忠于人民、忠于政府，不做辱没国格和中国人人格的事，任何有损于国家利益的行为和方式，也不可能为组织带来真正的长远利益和塑造良好的组织形象。

3. 尊重多样文化

文化的多样性让人类社会丰富多彩，但也是造成不同文化种族间产生误解与隔阂的主要原因。因此，开展国际公共关系，要求公共关系人员必须了解和熟悉他国的公共关系环境，包括政治、法律、经济、社会、历史、文化、资源、人口等环境因素，这些环境因素对国际公共关系活动具有重要的影响。对不同国家的公众，还需要照顾其民族文化、宗教信仰等特点，只有善于在求同存异的基础上开展沟通与合作，才能取得更加积极的国际公共关系效果。

4. 遵守国际礼仪

国际礼仪是在国际交往活动中应遵循的行为规范和准则，体现了一个组织的文明程度和综合素质。国际公共关系就是一种国际交往活动，因此，开展国际公共关系也要“入乡随俗”。由于各国宗教信仰、文化背景、语言文字和风俗习惯各不相同，因此在礼仪方面表现出多样性和差异性，组织要想建立、巩固和发展同他国公众的友谊，树立良好的国际形象，就要注重在交往中的言谈、举止、风俗习惯、服饰、称谓、迎送、会谈、宴请、签字等诸多细节上的把握。

5. 实施本土化策略

实施本土化策略，是指在开展国际公共关系工作时，要根据目标公众所在国的具体情况，采取针对性的公共关系手段和方式，防止出现“水土不服”和“排异反应”。众所周知，不同国家的文化是异质的、独特的，文化的差异使不同国家的公众有不同的观念和行为准则。为了获得他国公众的认同，就要尊重对方的文化，实施本土化策略。例如“白象”在中国是吉祥物，在欧美人眼里却是一种愚笨的动物，不受他们的欢迎，导致我国的“白象”电池在欧美国家出现严重滞销。雀巢咖啡的广告语原来是西方社会所倡导并为西方公众所欢迎的“速溶，方便”的诉求，但却很难唤起中国消费者的欲望，而改成“味道好极了”，就非常具有中国文化特色，为中国消费者所接受。从中我们可以看到，尊重国际公众的文化传统，实施“本土化”原则的重要性。

6. 培养国际公共关系专业人才

成功的国际公共关系活动的开展离不开一支业务熟练、经验丰富的国际公共关系团队的支持。因此，组织在国际公共关系活动中要格外重视国际公共关系人才的培养，要通过人才引进、人才培训交流、培养方式创新等多种方式丰富国际公共关系人才储备、充实国际公共关系人力资源、提升自身的国际公共关系实力。

小 结

当今世界，各国之间的相互往来和交流日益深入、密切和广泛，彼此的依赖程度也不断加深，然而，矛盾和冲突也伴随其中。究其原因不难发现，各国之间政治信仰、法律法规、道德准则、经济水平和文化习俗的差异成为世界融合的绊脚石，但是这却无法阻断人们之间相互交流、同求发展的决心。越来越多的组织开展国际公共关系工作，搭建相互沟通的平台，化解矛盾和冲突。国际公共关系是一种跨国界、跨文化的国际交往活动，其过程也表现出特殊性和复杂性。然而国际公共关系给组织带来的巨大收益和对人类社会发展的突出作用使得它日益受到人们的重视并广泛开展开来。国际公共关系的内容主要包括信息的收集和整理；组织的国际宣传与推广；开展主题活动塑造组织形象；协调国际关系，化解组织危机。然而要想取得更好的国际公共关系效果，还要注意遵循国际惯例、维护国家形象、尊重多样文化、遵守国际礼仪、实施本土化策略和培养国际公共关系专业人才。可见，广泛开展国际交流与合作是大势所趋，公共关系的全球化、国际化发展也是日趋频繁，组织只有掌握这一开启世界之门的金钥匙，才能在国际舞台上站稳脚跟。

思考讨论

1. 请你搜集整理一些在华跨国公司的政府国际公共关系案例，总结其政府国际公共关系经验，说明其政府国际公共关系对我国一些涉外企业开展国际公共关系的启示是什么？
2. 根据你对国际公共关系的理解，说一说国际公共关系与外交的联系和区别是什么？
3. 一些跨国公司在做市场推广及组织公共关系活动宣传时，总是选择在目标市场上具有广泛影响力的“本土”名人作为组织形象和公共关系活动的代言人，请你分析他们这么做的原因和理论依据是什么？
4. 一些在华跨国公司积极参与我国的公益事业，如三星集团资助建设了百所希望小学，资助新疆 2 000 多名白内障患者进行手术治疗等，麦当劳则与宋庆龄基金会共同成立了“中国麦当劳叔叔之家慈善基金会”，旨在帮助弱势儿童，他们的做法得到了中国政府和人民的肯定。请你分析他们这么做的原因是什么？表现了哪种国际公共关系的沟通传播策略？
5. 从国际公共关系的角度分析我国如何通过“两会”扩大国际影响，提升国际形象？

能力实训

某国外化妆品企业，准备在中国内地市场登陆，推出一款专门针对亚洲女性皮肤特点设计的护肤品。据了解，国内公众对其知之甚少，甚至一无所知。针对此种情况，根据国际公共关系的沟通传播策略，请你为这个化妆品企业做一份在国内市场的宣传推广方案，目的是迅速形成该企业在国内市场的知名度和美誉度。

课外导读

[1] 赵麟斌. 国际公关 [M]. 北京：北京大学出版社，2013.
[2] 桑德拉·奥利弗. 战略公关 [M]. 李志宏，译. 北京：科学普及出版社，2004.
[3] 大龙，等. 中国式公关 [M]. 北京：中信出版社，2006.
[4] 吴锦屏. 公关共和国 [M]. 武汉：武汉大学出版社，2007.
[5] 金正昆. 国际礼仪 [M]. 北京：北京联合出版公司，2013.

参考文献

[1] 廖为建．公共关系学 [M]．北京：高等教育出版社，2005：1-60．

[2] 廖为建，吴柏林．公共关系学教程 [M]．北京：当代世界出版社，2003：1-5．

[3] 居延安．公共关系学 [M]．3 版．上海：复旦大学出版社，2005：3-153．

[4] 余明阳．公共关系学 [M]．北京：北京师范大学出版社，2006：1-12．

[5] 张映红．公共关系管理 [M]．北京：首都经济贸易大学出版社，2000：26-28．

[6] 余明阳．公关经理教程 [M]．上海：复旦大学出版社，2005：19-132．

[7] 李志军，王晓乐．公共关系教程 [M]．杭州：浙江大学出版社，2009：95-130．

[8] 斯蒂芬 P 罗宾斯，大卫 A 德森．管理学原理 [M]．5 版．大连：东北财经大学出版社，2005：36-37．

[9] 周三多，陈传明，鲁明泓．管理学：原理与方法 [M]．上海：复旦大学出版社，2009：120-141．

[10] 陈洪安．管理学原理 [M]．2 版．上海：华东理工大学出版社，2013：64-65．

[11] 张小兰．企业战略联盟论 [M]．成都：西南财经大学出版社，2008：21-22．

[12] 雷金荣．管理学原理 [M]．北京：北京大学出版社，2012：77-79．

[13] 郑其绪．柔性管理 [M]．2 版．东营：石油大学出版社，1999：63-64．

[14] 郭庆光．传播学教程 [M]．北京：中国人民大学出版社，1999：214-225．

[15] 张国良．20 世纪传播学经典文本 [M]．上海：复旦大学出版社 2003：566-567．

[16] 黄忠怀，邓宏武，张堃．公共关系学 [M]．上海：华东理工大学出版社，2010：67-70．

[17] 郭国庆，钱明辉．市场营销学通论 [M]．北京：中国人民大学出版社，2007：33-41．

[18] 高宁，肖军，陈昆．公共关系实务 [M]．长沙：湖南大学出版社，2008：119-121．

[19] 陈福明，韦宏．公共关系理论与实务 [M]．上海：上海交通大学出版社，2010：222-250．

[20] 韩宝森．公共关系理论、实务与技巧 [M]．北京：北京大学出版社，2009：38-57．

[21] 李道平．公共关系学 [M]．4 版．北京：经济科学出版社，2011：9-374．

[22] 蔡志刚．公共关系原理与实务 [M]．西安：西北工业大学出版社，2010：116-133．

[23] 白玉，王基建．企业形象策划 [M]．武汉：武汉理工大学出版社，2003：218-222．

[24] 朱健强．企业 CI 战略 [M]．厦门：厦门大学出版社，1999：155-158．

[25] 孙恒有，王红．公共关系与商务礼仪 [M]．郑州：郑州大学出版社，2007：73-90．

[26] 关晓光．公共关系学 [M]．北京：中国中医药出版社，2010：120-136．

[27] 张践．公共关系学 [M]．北京：中国人民大学出版社，2011：85-93．

[28] 唐雁凌，姜国刚．公共关系学 [M]．2 版．北京：清华大学出版社，2011：103-193．

[29] 李付庆．公共关系学 [M]．南京：南京大学出版社，2012：124-133．
[30] 刘崇林，邢淑清．公共关系学 [M]．北京：北京大学出版社，2012：113-123．
[31] 申俊龙，王悦．公共关系学 [M]．北京：科学出版社，2006：215-217．
[32] 张美清．现代公共关系原理与实务 [M]．北京：中国林业出版社，2007：184-185．
[33] 栗玉香．公共关系 [M]．大连：东北财经大学出版社，2005：135-136．
[34] 杨俊．新型实用公共关系教程 [M]．北京：高等教育出版社，2008：133-134．
[35] 任焕琴．公共关系实用教程 [M]．北京：北京大学出版社，2012：204-270．
[36] 柯琳．企业行政文书写作技巧与范例 [M]．北京：人民邮电出版社，2008：187-193．
[37] 易大东．办公室文秘写作技巧与处理规范一本通 [M]．北京：国家行政学院出版社，2011：192-208．
[38] 黎运汉．公关语言学 [M]．4 版．广州：暨南大学出版社，2010：237-240．
[39] 向国敏．公共关系写作 [M]．北京：首都经济贸易大学出版社，2009：162-165．
[40] 周裕新．公关写作艺术 [M]．上海：同济大学出版社，2003：139-143．
[41] 张晓明，邬伟娥．基于生态文明建设背景的绿色公关现状分析 [J]．现代经济，2008（13）：98-100．
[42] 胡蓉．环保议题下企业的绿色公关 [J]．和田师范专科学校学报，2006（1）：34-35．
[43] 李媛，景庆虹．浅谈企业绿色公关策略 [J]．才智，2010（4）：21-22．
[44] 张梅贞．网络公关 [M]．武汉：武汉大学出版社，2012：2-9．
[45] 谢尔·霍茨．网上公共关系学 [M]．吴白雪，杨楠，译．上海：复旦大学出版社，2001：19-21．
[46] 大卫·菲利普斯．网络公关 [M]．陈刚，等译．北京：北京大学出版社，2005：21-50．
[47] 胡艾迪．“微时代”下的微博公关的研究——以加多宝“对不起”系列微博为例 [J]．商，2013（6）：78．
[48] 米晓彬．不可忽视的博客公关 [J]．传媒，2007（8）：62-63．
[49] 王巧丽．公共关系实用教程 [M]．北京：对外经济贸易大学出版社，2009：105-154．
[50] 管文虎，杨继瑞，卿成．公共关系原理与实务（下）[M]．成都：电子科技大学出版社，2005：110-113．
[51] 邓月英．公共关系 [M]．上海：复旦大学出版社，2009：164-165．
[52] 周安华，苗晋平．公共关系学理论、实务与技巧 [M]．3 版．北京：中国人民大学出版社，2010：356-359．
[53] 刘智勇．国际公共关系导论 [M]．四川：电子科技大学出版社，2005（9）：59-64．
[54] 郭惠民．国际公共关系教程 [M]．上海：复旦大学出版社，1996：1-35．
[55] 刘智勇．研究国际公共关系的必要性和内容体系的建构 [J]．西南民族大学学报·人文社科版，2004（11）：385-387．
[56] 宋庆军，董波．论我国企业“走出去”的国际公共关系策略 [J]．商场现代化，2008（8）：118-119．

普通高等院校 经济管理类应用型规划教材

课程名称	书号	书名、作者及出版时间	定价
财务管理（公司理财）	978-7-111-27692-0	财务管理学（李立新）（2009年）	30
商务策划管理	978-7-111-34375-2	商务策划原理与实践（强海涛）（2011年）	34
管理学	978-7-111-35694-3	现代管理学（蒋国平）（2011年）	34
管理沟通	978-7-111-35242-6	管理沟通（刘晖）（2011年）	27
管理沟通	即将出版	管理沟通（王凌峰）（2014年）	30
财经应用文写作	978-7-111-42715-5	财经应用文写作（刘常宝）（2013年）	30
职业规划	978-7-111-42813-8	大学生体验式生涯管理（陆丹）（2013年）	35
职业规划	978-7-111-40191-9	大学生职业生涯规划与学业指导（王哲）（2012年）	35
心理健康教育	978-7-111-39606-2	现代大学生心理健康教育（王哲）（2012年）	29
概率论和数理统计	978-7-111-26974-8	应用概率统计（彭美云）（2009年）	27
概率论和数理统计	978-7-111-28975-3	应用概率统计学习指导与习题选解（彭美云）（2009年）	18
国际贸易英文函电	978-7-111-35441-3	国际商务函电双语教程（董金铃）（2011年）	28
国际贸易实习	978-7-111-36269-2	国际贸易实习教程（宋新刚）（2011年）	28
国际贸易实务	978-7-111-37322-3	国际贸易实务（陈启虎）（2012年）	32
国际贸易实务	978-7-111-42495-6	国际贸易实务（孟海樱）（2013年）	35
国际贸易理论与实务	978-7-111-29587-7	国际贸易理论与实务（精品课）（孙勤）（2010年）	32
国际贸易理论与实务	978-7-111-33778-2	国际贸易理论与实务（吕靖烨）（2011年）	29
国际金融理论与实务	978-7-111-39168-5	国际金融理论与实务（缪玉林 朱旭强）（2012年）	32
会计学	978-7-111-31728-9	会计学（李立新）（2010年）	36
会计学	978-7-111-42996-8	基础会计学（张献英）（2013年）	35
金融学（货币银行学）	978-7-111-38159-4	金融学（陈伟鸿）（2012年）	35
金融学（货币银行学）	978-7-111-30153-0	金融学（精品课）（董金玲）（2010年）	30
个人理财	即将出版	个人理财（李燕）（2014年）	35
西方经济学学习指导	978-7-111-41637-1	西方经济学概论学习指南与习题册（刘平）（2013年）	22
西方经济学（微观）	978-7-111-39441-9	微观经济学（王文寅）（2012年）	32
西方经济学（宏观）	978-7-111-43987-5	宏观经济学（葛敏）（2013年）	29
西方经济学（宏观）	978-7-111-43294-4	宏观经济学（刘平）（2013年）	25
西方经济学（宏观）	978-7-111-42949-4	宏观经济学（王文寅）（2013年）	35
西方经济学	即将出版	经济学基础（胡伟清）（2014年）	28
西方经济学	978-7-111-40480-4	西方经济学概论（刘平）（2012年）	35
统计学	978-7-111-29027-8	统计学（张兆丰）（2009年）	32
统计学	978-7-111-45966-8	统计学原理（宫春子）（2014年）	35
经济法	即将出版	经济法（第2版）（葛恒云）（2014年）	35
经济法	978-7-111-32871-1	经济法（葛恒云）（2011年）	32
计量经济学	978-7-111-42076-7	计量经济学基础（ 张兆丰 ）（2013年）	35
财政学	978-7-111-29769-7	财政学（朱福兴）（2010年）	32
市场营销学（营销管理）	978-7-111-46806-6	市场营销学（李海廷）（2014年）	35
公共关系学	978-7-111-39032 9	公共关系理论与实务（刘晖）（2012年）	25
公共关系学	978-7-111-47017-5	公共关系学（管玉梅）（2014年）	30
管理信息系统	978-7-111-42974-6	管理信息系统（李少颖）（2013年）	30
管理信息系统	978-7-111-38400-7	管理信息系统：理论与实训（袁红清）（2012年）	35

普通高等院校 经济管理类应用型规划教材

课程名称	书号	书名、作者及出版时间	定价
财务会计	978-7-111-31107-2	财务会计实务（陈澎）（2010年）	32
网络营销	即将出版	网络营销基础与实践（谷虤）（2014年）	35
战略管理	978-7-111-46855-4	企业战略管理（肖智润）（2014年）	35
企业文化	978-7-111-36805-2	现代企业文化理论与实务（李建华）（2012年）	32
门店管理	978-7-111-36910-3	门店管理实务（陈方丽）（2012年）	32
创业管理	978-7-111-40537-5	创业学：创业思维·过程·实践（魏拴成）（2012年）	35
创业管理	978-7-111-43454-2	大学生创业基础（刘平）（2013年）	35
应用文写作	即将出版	工商管理类报告撰写指南及规范（双语）（张薇）（2014年）	19
项目管理	978-7-111-39419-8	项目管理理论与实务（刘常宝）（2012年）	32
项目管理	978-7-111-32847-6	项目管理与实践应用（吴健）（2011年）	32
技术创新管理	978-7-111-43794-9	创新创意基础教程（谭贞）（2013年）	30
税务会计与税收筹划	978-7-111-45487-8	纳税会计与税收筹划（王树锋）（2014年）	35
审计学	978-7-111-35528-1	审计学（高强）（2011年）	33
会计学其他专业课	即将出版	会计岗位综合实训（刘军）（2014年）	35
会计学	978-7-111-46705-2	会计学基础（杨艳秋）（2014年）	35
会计学	即将出版	会计学原理（奚正艳）（2014年）	30
会计信息系统	978-7-111-44539-5	会计电算化（陈曙光）（2013年）	35
会计信息系统	978-7-111-38800-5	会计信息系统理论与实验教程（管彦庆）（2012年）	32
管理会计	978-7-111-42521-2	管理会计（王永刚）（2013年）	35
成本会计	978-7-111-31688-6	成本会计（束必琪）（2010年）	32
人力资源管理	978-7-111-43455-9	人力资源管理（第2版）（张小兵）（2013年）	30
总部运营管理	978-7-111-33247-3	总部运营管理（刘常宝）（2011年）	33
营销渠道	978-7-111-36412-2	营销渠道管理（郑锐洪）（2012年）	32
营销策划	978-7-111-40631-0	营销策划：理论、案例与实务（赵静）（2012年）	35
市场营销学（营销管理）	978-7-111-29816-8	市场营销实训教程（郝黎明）（2010年）	32
市场营销学（营销管理）	978-7-111-42825-1	市场营销学（曹垣）（2013年）	39
市场分析与软件应用	978-7-111-35559-5	市场分析与软件应用（蔡继荣）（2011年）	36
品牌管理	978-7-111-33029-5	品牌管理（刘常宝）（2011年）	32
客户关系管理	即将出版	客户关系管理（姚飞）（2014年）	35
国际市场营销学	即将出版	国际市场营销（双语）（张薇）（2014年）	29
物流管理	978-7-111-32831-5	物流学（王斌义）（2011年）	32
供应链（物流）管理	978-7-111-32991-6	供应链管理（黎继子）（2011年）	29
供应链（物流）管理	978-7-111-32774-5	供应链管理（王凤山）（2011年）	30
港口物流	978-7-111-32818-6	港口物流（王斌义）（2011年）	32